Forschung, I
und Soziale

MW01717384

Herausgegeben von
Bringfriede Scheu, Feldkirchen
Otger Autrata, Feldkirchen

Die Soziale Arbeit hat in den mehr als hundert Jahren ihres Bestehens Wichtiges erreicht. Weitere Forschung sowie Anstrengungen zur Innovation sind aber notwendig. In der Buchreihe „Forschung, Innovation und Soziale Arbeit" sollen solche Forschungs- und Innovationsbemühungen in und aus der Sozialen Arbeit dokumentiert werden. Die Debatte um eine paradigmatische Bestimmung Sozialer Arbeit und damit um eine grundlegende theoretische Orientierung wird aufgegriffen; ebenso werden auch theoretische und empirische Aufarbeitungen von wichtigen Einzelthemen der Sozialen Arbeit sowie innovative Praxisformen dargestellt. Die Buchreihe wird Monografien und Sammelbände von WissenschaftlerInnen, aber auch Arbeiten des wissenschaftlichen Nachwuchses beinhalten. Zielgruppe der Reihe sind Studierende, WissenschaftlerInnen und Professionelle aus der Sozialen Arbeit, aber auch andere Interessierte.

Herausgegeben von

Bringfriede Scheu
Fachhochschule Kärnten
Feldkirchen, Österreich

Otger Autrata
Forschungsinstitut RISS
Feldkirchen, Österreich/
Universität Osnabrück
Deutschland

Konstanze Wetzel (Hrsg.)

Öffentliche Erziehung im Strukturwandel

Umbrüche, Krisenzonen, Reformoptionen

Springer VS

Herausgeber
Konstanze Wetzel
Feldkirchen, Österreich

Forschung, Innovation und Soziale Arbeit
ISBN 978-3-658-09806-3 ISBN 978-3-658-09807-0 (eBook)
DOI 10.1007/978-3-658-09807-0

Die Deutsche Nationalbibliothek verzeichnet diese Publikation in der Deutschen Nationalbibliografie; detaillierte bibliografische Daten sind im Internet über http://dnb.d-nb.de abrufbar.

Springer VS
© Springer Fachmedien Wiesbaden 2015
Das Werk einschließlich aller seiner Teile ist urheberrechtlich geschützt. Jede Verwertung, die nicht ausdrücklich vom Urheberrechtsgesetz zugelassen ist, bedarf der vorherigen Zustimmung des Verlags. Das gilt insbesondere für Vervielfältigungen, Bearbeitungen, Übersetzungen, Mikroverfilmungen und die Einspeicherung und Verarbeitung in elektronischen Systemen.
Die Wiedergabe von Gebrauchsnamen, Handelsnamen, Warenbezeichnungen usw. in diesem Werk berechtigt auch ohne besondere Kennzeichnung nicht zu der Annahme, dass solche Namen im Sinne der Warenzeichen- und Markenschutz-Gesetzgebung als frei zu betrachten wären und daher von jedermann benutzt werden dürften.
Der Verlag, die Autoren und die Herausgeber gehen davon aus, dass die Angaben und Informationen in diesem Werk zum Zeitpunkt der Veröffentlichung vollständig und korrekt sind. Weder der Verlag noch die Autoren oder die Herausgeber übernehmen, ausdrücklich oder implizit, Gewähr für den Inhalt des Werkes, etwaige Fehler oder Äußerungen.

Springer Fachmedien Wiesbaden ist Teil der Fachverlagsgruppe Springer Science+Business Media
(www.springer.com)

Vorwort

Es ist Bewegung gekommen in die öffentlichen Bildungs- und Erziehungsverhältnisse der Kinder und Jugendlichen in Österreich und Deutschland:

- Angestoßen durch die vielschichtigen und kontroversen PISA-Debatten wird intensiver gefragt, welche *Kompetenzen* die Heranwachsenden benötigen, um mündige Wirtschafts- und StaatsbürgerInnen zu werden.
- Es wird deshalb auch zunehmend als problematisch empfunden, dass in beiden Ländern im internationalen Vergleich betrachtet die *Spitzengruppe* relativ klein und die *Risikogruppe* ungewöhnlich hoch ist.
- Eine Konsequenz aus der mangelnden „Effektivität" des schulischen Bildungswesen ist die sich ausbreitende Bereitschaft, das vielgliedrige Schulsystem nicht mehr als sakrosankt zu betrachten, sondern die pädagogischen und besonders bildungspolitischen Bemühungen zur Implementierung *integrativer Schulformen* (in Österreich „Neue Mittelschule" und in Deutschland „Gemeinschaftsschule" genannt) zu verstärken.
- Generell wird der *sozialen Integration* der nachfolgenden Generation mehr Aufmerksamkeit geschenkt: zum einen der integrativen Beschulung von Menschen mit besonderen Bedürfnissen bzw. Behinderungen und Schädigungen; und zum anderen der Kinder und Jugendlichen aus prekären und deklassierten Milieus.
- Infrage gestellt wird auch das bisherige System der *Halb*-Tagesschule und die Etablierung unterschiedlicher Formen der *ganztägigen* Bildung, Erziehung und Betreuung.
- Obwohl die Schule auch in der absehbaren Zukunft ein gesellschaftlich privilegierter Raum der unterrichtlichen Lernförderung der Heranwachsenden sein wird (was von diesen selber auch so gewünscht wird!), so hat die alte reformpädagogische Einsicht, dass *„Schule mehr ist als Unterricht"* an Relevanz gewonnen: Das betrifft zum einen die Ausweitung der LehrerInnenkompetenzen (nicht zuletzt durch eine nachhaltige Reform der Lehrerinnenausbildung sowie LehrerInnenfort- und weiterbildung); und zum anderen die Kooperation mit anderen pädagogischen, aber auch nicht-pädagogischen Fachkräften.

- Die Ausweitung des schulischen Bildungs- und Erziehungsauftrages kommt insbesondere zum Ausdruck in der zunehmenden, vielschichtigen und flexiblen Kooperation zwischen der *Schulpädagogik* und der *Sozialen Arbeit*, die nicht nur die jeweilige
- Profession, sondern auch die Disziplin bereits jetzt erheblich verändert hat. In diesem Zusammenhang kommt der *Schulsozialarbeit* eine bedeutsame Brückenfunktion zu.
- Damit kommt auch der vorschulische Bereich in den intensivierten Blick: Es wird ausführlich über den *spezifischen* Bildungsauftrag der *Kindertageseinrichtungen* diskutiert – und dabei auch seine Instrumentalisierung für schulische Zwecke zurückgewiesen.
- Verstärkt erörtert werden auch die *krisenhaften Übergänge* von der schulischen in die berufliche Bildung und Ausbildung und den sich anschließenden ins Berufs- und Erwerbsleben, bei denen wir es einerseits mit einem *Marktversagen* (kompetente SchülerInnen erhalten keinen [angemessenen] Ausbildungs- bzw. Arbeitsplatz) und andererseits mit einem *Staatsversagen* zu tun haben (das Schulsystem qualifiziert die Jugendlichen nicht ausreichend für die Anforderungen des modernen Arbeitslebens).

Nun gibt es allerdings in der pädagogischen Praxis wie auch in der Bildungspolitik immer noch bedeutsame Stimmen und Strömungen, die diese häufig erst begonnenen Reformprojekte nicht für notwendig, manchmal sogar für kontraproduktiv halten. Wie sehr aber eine immer auch als Beitrag zur *Sozialreform* verstandene *nachhaltige Bildungsreform* notwendig ist, macht der Blick auf den längst noch nicht abgeschlossenen *sozialen Wandel* deutlich; auch dazu einige Stichworte:

- Die klassische Industriegesellschaft wird durch den *digitalisierten Kapitalismus* und eine stark dienstleistungsgestützte Industrieproduktion abgelöst.
- Durch den Siegeszug der neuen Medien wird das erfahrungszentrierte Qualifikationsprofil abgelöst durch das der *SymbolarbeiterInnen*.
- Die Flexibilisierung der Arbeitsverträge, -orte und -zeiten hat die alltägliche Lebensführung radikal verändert und zugleich die *sozialen Risiken* ausgeweitet und vertieft.
- Sowohl durch den Willen als auch den Zwang zur Berufstätigkeit der Frauen sind die *Familienbeziehungen* erheblich verändert worden (es müssen nunmehr zwei Berufsbiografien aufeinander abgestimmt werden) und zugleich ist die Familie als immer noch privilegierter Raum des Aufwachsens von den gesellschaftlichen Umstrukturierungen besonders betroffen, weil sich hier viele Faktoren bündeln, was in einer zunehmenden

Anzahl von Fällen zu ihrer Überlastung, Fragmentierung und Zerstörung führt.

- Die *gesellschaftlichen Ungleichheiten* nehmen immer mehr zu – und haben sich zugleich internationalisiert bzw. die nationalen Volkswirtschaften sind immer mehr betroffen von internationalen Prozessen und Entscheidungen (Stichwort Euro-Krise).
- Die Europäisierung und zum Teil Globalisierung der Arbeitsmärkte einerseits und die Flüchtlingsströme andererseits haben die *soziale, ethnische* und *religiöse* Vielfalt in Österreich und Deutschland schon jetzt erheblich ausgeweitet.
- Die *Selbstentmächtigung der Politik* gegenüber den zentralen Akteuren des Finanzmarktkapitalismus (Stichwort: „Das ist alternativlos!") haben die Reaktionsmöglichkeiten der nationalen Sozialstaaten erheblich eingeschränkt und dazu geführt, dass ca. ein Drittel der Menschen in Österreich und Deutschland *unter prekären* Bedingungen leben muss.

Diese Hinweise dürften plausibel gemacht haben, dass die *Umbrüche im öffentlichen Bildungs-* und *Erziehungssystem* der Heranwachsenden (im Übrigen aber auch in der Erwachsenenbildung [Stichwort „Lebenslanges Lernen"] – sowie in der Altenbildung) ihre tieferen und deshalb längerfristig wirksamen Ursachen in dem *gesellschaftlichen Epochenwechsel* haben, dessen ZeitzeugInnen wir sind. Deshalb sind die aufgeworfenen pädagogischen und bildungspolitischen Problemstellungen als *ernste Herausforderungen* systematisch zu bearbeiten, wozu es sowohl *theoretischer* und *empirischer Analysen* als auch *engagierter* und *nachhaltiger Reformprojekte* bedarf. Zu diesen Debatten und Anstrengungen will dieser Band einen Beitrag leisten. Er gliedert sich in drei Komplexe, die sich auseinandersetzen mit dem lebensweltlichen und pädagogisch-institutionellen Strukturwandel (Teil I); mit sozialpädagogischem Handeln und innerer Schulreform (Teil II) sowie mit den krisenhaften Beziehungen im Übergangsfeld von Schule und Ausbildung (Teil III)

An dieser Stelle möchte ich mich herzlich bedanken bei Daniel Kaaden für die Erstellung des Typoskripts.

Konstanze Wetzel

Inhaltsverzeichnis

I

Lebensweltlicher und pädagogisch-institutioneller Strukturwandel

Veränderte Lebens- und Bildungswelten von Kindern und Jugendlichen

Ulrich Deinet

1. Veränderungen von Kindheit und Jugend

Der Ausbau der Ganztagsschulen und der ganztägigen Betreuung führt dazu, dass Kinder und Jugendliche länger und intensiver in den Schulkontext eingebunden sind und die Freizeitangebote der Jugendeinrichtungen nicht mehr wie gewohnt wahrnehmen können. Auf der anderen Seite sind die Schulen auf der Suche nach verlässlichen Kooperationspartnern, um die für sie neuen Herausforderungen in der Gestaltung der Ganztagskontexte zu bewältigen.

Eine weitere Herausforderung könnte die demografische Entwicklung darstellen. In Deutschland wird der Anteil der Kinder und Jugendlichen an der Gesamtbevölkerung weiter zurückgehen und entsprechende Konsequenzen für soziale Institutionen, Bildungseinrichtungen und Leistungen der Jugendhilfe haben.

Veränderungen der Lebenswelt von Kindern und Jugendlichen sind u.a. die zu beobachtende Orientierung von Jugendlichen an kommerziell strukturierten Räumen (Shoppingmalls, McDonald's etc.) sowie virtuellen Räumen.

Auch virtuelle Räume spielen für Jugendliche heute eine besondere Rolle und sind teilweise als Bestandteil des öffentlichen Raumes zu interpretieren. Insbesondere Chatrooms und soziale Netzwerkportale wie z.B. „Facebook" werden von Jugendlichen intensiv genutzt und bieten Kommunikationsmöglichkeiten, die vergleichbar sind mit denen an gegenständlichen Orten und in Räumen in ihrer Umwelt. So stellt etwa die Studie von Wagner (Wagner 2008) zum Medienverhalten von Jugendlichen deutlich heraus, wie aktiv Jugendliche virtuelle Räume nutzen und welche Aneignungsmöglichkeiten damit verbunden sind. Einen weitergehenden Aspekt in der Nutzung virtueller und gegenständlicher Räume durch Jugendliche stellt die Dimension der „Verknüpfung von Räumen" (Löw 2001) und der damit intendierten Verbindung von virtueller und direkter „Face to Face-Kommunikation" dar. Wagner bezeichnet virtuelle Welten, auch im Sinne eines ständigen Wechsels der Kommunikationsräume, als

Dorfplätze. Mit diesem Begriff bezieht sie sich insbesondere auf die vielfältigen Möglichkeiten, sich in virtuellen Welten zu vernetzen:

> „Die Befragten treten in Kommunikation miteinander, vereinbaren gemeinsame Aktivitäten, die dann sowohl online, als auch offline realisiert werden. In den quantitativen Ergebnissen wird deutlich, dass diese kommunikativen Tätigkeiten viel Raum im Gebrauch multifunktionaler Medien einnehmen“ (Wagner 2008: 209).

An die Stelle der Parkbank, der Grünanlage etc. als Treffpunkt der früheren Jahre haben sich heute verhäuslichte öffentliche Räume geschoben wie z.B. McDonald's-Restaurants, die überall präsenten Shoppingsmalls: also im Wesentlichen auch Räume, die in der Bewertung von Erwachsenen eher als problematisch und negativ dastehen, aus Sicht der Jugendlichen aber anscheinend besondere Raumqualitäten besitzen. Dieser Beitrag beschäftigt sich mit „neuen“ Räumen von Jugendlichen aus einem aneignungsorientierten Blickwinkel und untersucht z.B. die neuen sozialräumlichen Funktionen von Schule auch auf der Grundlage aktueller Studien z.B. zur Frage, wie Grundschulkinder den Schulraum für Bewegung und Spiel nutzen oder wie Jugendliche ihrer Schule „Chillräume“ abringen. Die ambivalente Bedeutung von Shopping Malls steht im Mittelpunkt des dritten Teils, der einige der wenigen Arbeiten zum Verhalten von Jugendlichen in diesen Räumen referiert und damit auch die Grundlage für den vierten Teil bildet, in dem es um die Bedeutungen der o.g. Räume aus Sicht der Jugendlichen geht, die mit Hilfe der Operationalisierungen des Aneignungskonzepts interpretiert werden.

2. Bildungsprozesse finden in allen Lebensbereichen statt – Notwendigkeit eines breiten Bildungsbegriffs

In der folgenden Skizze aus dem zwölften Kinder- und Jugendbericht werden solche Bildungsprozesse und Settings in einem Spektrum beschrieben. In einem breiten Spektrum zwischen formellen und informellen Bildungsprozessen sowie formalen und non-formalen Settings zeigt diese Skizze die Gleichrangigkeit unterschiedlicher Bildungsprozesse an unterschiedlichen Orten. Auch hier gibt es einen deutlichen Hinweis auf informelle Bildungsprozesse in non- formalen Settings, etwa die Aktivitäten im Jugendzentrum oder die in der Clique.

Damit wird nicht nur eine Grundlage gelegt für einen breiten Bildungsbegriff, sondern auch für die unterschiedlichen Bereiche und Räume, in denen Bildungsprozesse stattfinden. Diese sollten in die Entwicklung lokaler Bildungslandschaften Eingang finden!

Durch diese Darstellung kann auch eine direkte Verbindung zwischen sozialökologischen Forschungen, dem Bildungsdiskurs und dem hier diskutierten Aneignungskonzept hergestellt werden.

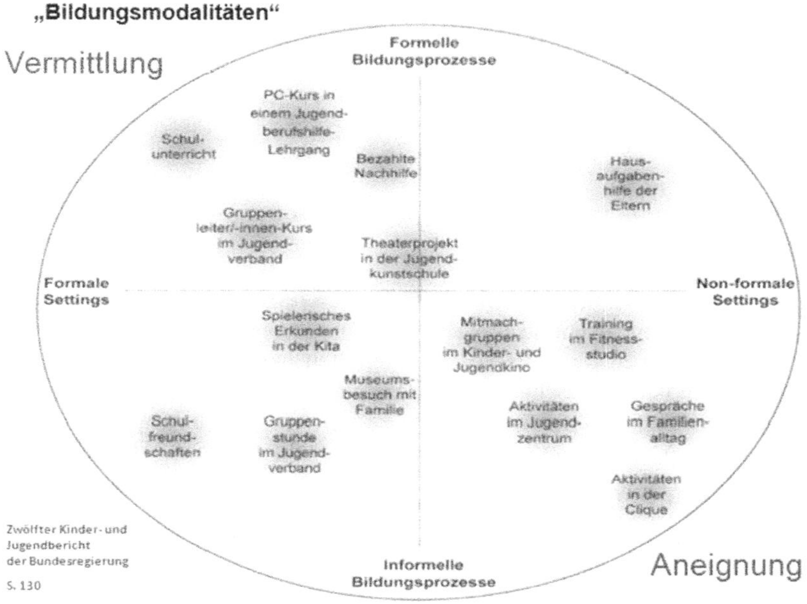

Abb.1: Bildungsmodalitäten (Quelle: BMFSFJ 12. Kinder- und Jugendbericht der Bundesregierung, 2005: 130, Erweiterung durch Ulrich Deinet)

Das Schaubild aus dem Zwölften Kinder- und Jugendbericht wurde durch die beiden Begriffe „Aneignung" und „Vermittlung" ergänzt, die den oben skizzierten Zusammenhang noch verstärken. Die im Schaubild gezeigten Bildungsräume im Bereich informeller Bildungsprozesse und non-formaler Settings können auch mit dem Aneignungskonzept als subjektive Former von Bildung verstanden werden. Die Bereiche formaler Bildungsprozesse in formalen Settings können auch mit dem Begriff der „Vermittlung" in Verbindung gebracht werden (Kade 1993).

Aber auch die neuere Bildungsforschung versucht, alltägliche Lebenswelten und ihre Bildungswirkungen zu fassen, so spricht etwa Thomas Rauschenbach von der „Alltagsbildung" (Rauschenbach 2009), die als aktive Erschließung der Welt verstanden werden kann und sich insbesondere auf informelle

Bildungsprozesse bezieht. In seinem Konzept einer Kooperation zwischen Jugendhilfe und Schule auf einer sozialräumlichen Grundlage geht Thomas Coelen auch auf die Bedeutung der lokalen Öffentlichkeit für Bildungsprozesse ein und spricht deshalb auch von „kommunaler Jugendbildung“ (Coelen 2000). Darüber hinaus schlägt er vor, besonders die Chancen der Zusammenarbeit von Jugendarbeit und Schule unter dem Begriff der „Ganztagsbildung“ zu fassen „...in doppelter Abgrenzung zur formell dominierenden Ganztagsschule als auch zu einer durch familiäre Betreuungsmängel induzierten Ganztagsbetreuung...“ (Coelen 2004: 84).

Die Bedeutung non- formaler und informeller Bildungsprozesse in außerschulischen Räumen

In ihrem Buch „Bildung und Kompetenz - theoretische und empirische Perspektiven auf außerschulische Handlungsfelder“ entwickelt Kathleen Grunert (Grunert 2012) einen theoretisch sehr fundierten breiten Zugang zu Bildungsprozessen außerhalb von Schule und anderen Institutionen und nimmt dabei auch informelle Bildungsprozesse in den Blick. Dabei bezieht sie sich auf den theoretischen Ansatz von Yrjö Engeström und seinem Tätigkeitsmodell (Engeström 2011), das den Blick auf die außerschulischen Aktivitäten lenkt und die dort stattfindenden Lernprozesse unter die Lupe nimmt.

Engeström selbst bezieht sich dabei auf das Aneignungskonzept der so genannten „Kulturhistorischen Schule“ der sowjetischen Psychologie und deren kritische Rezeption in den 1970er Jahren. Bei der historischen Einordnung des Konzepts spielen die Namen von Wygotzki, Leontjew oder Galperin eine große Rolle, sowie auch Klaus Holzkamp und seine Berliner KollegInnen, die für die kritische Rezeption im bundesdeutschen Diskurs der 1970er und 1980er Jahre stehen. Im Konzept der sozialräumlichen Aneignung wird die Entwicklung des Menschen als tätige Auseinandersetzung mit seiner Umwelt begriffen, die vordergründig in den Orten des informellen Lernens erfolgt (Deinet 2004: 178). Das Aneignungskonzept wurde in Deutschland von Holzkamp (1983) auf eine gesellschaftliche Ebene übertragen. Demnach vollzieht sich Entwicklung der Heranwachsenden in der eigentätigen Auseinandersetzung mit der Umwelt durch die „Aneignung der gegenständlichen und symbolischen Kultur“ (Deinet 2004: 178). Die Ansätze der kulturhistorischen Schule der Psychologie werden international in der englischsprachigen Wissenschaftswelt und im europäischen Raum als „Cultural Activity Theory“ intensiver diskutiert als im deutschen Sprachraum.

Grunert beschreibt das Modell von Engeström als Tätigkeitsmodell, das den Blick auf die soziale Infrastruktur der jeweiligen organisierten außerschulischen Aktivität lenkt und deren Einflüsse auf die instrumentell vermittelte Gegenstandsbearbeitung durch den Einzelnen.

Ein wichtiger Aspekt dieses „Aneignungslernens" im Vergleich zu curricular didaktisierten Lehr- und Lernsituationen ist die schon von Wygotski in den 30er Jahren beschriebene Zone der nächsten Entwicklung. Sein Konzept der Zone der nächsten Entwicklung ist bis heute von großem pädagogischem Interesse. Carlos Kölbl beschreibt (2005) die Zone der nächsten Entwicklung in Anlehnung an Wygotzki: „Wygotzki möchte nämlich zwischen einer Zone der aktuellen Entwicklung und einer Zone der nächsten Entwicklung (...) unterscheiden (Kölbl 2005: 298ff). Die erste Zone wird durch all die psychischen Leistungen charakterisiert, die ein Kind selbstständig ohne Hilfe erbringen kann. (...) Aus der Differenz zwischen den Aufgaben, die ein Kind selbstständig und denen die ein Kind unter Anleitung lösen kann, bestimme man die Zone der nächsten Entwicklung" (Kölbl 2005: 50). Für die Pädagogik insgesamt von Bedeutung ist die Frage, welche Rolle die Pädagogen in der Entwicklung des Kindes/des Jugendlichen in die Zone der nächsten Entwicklung haben können.

Heute stellt sich die Frage des Transfers der Erkenntnisse von Wygotzki auf die heutige gesellschaftliche Wirklichkeit, dabei spielt die gesellschaftlich-politische Situation der Zeit Wygotzkis in der Sowjetunion eine Rolle, in der bestimmte Fragestellungen aufgrund der Fiktion einer kommunistischen Gesellschaft nicht gestellt wurden, gerade in Bezug auf die subjektive Seite der Aneignung. Mit seinem Konzept der Zone der nächsten Entwicklung hat Wygotski aber die aktuelle pädagogische Diskussion angeregt und wird von zahlreichen zeitgenössischen Wissenschaftlern rezipiert, wie dem finnischen Pädagogen Yrjö Engeström, der mit seinem Konzept des „Expanded Learning" (s.u.) immer wieder auf Wygotski Bezug nimmt, aber dieses Konzept aus seiner individuellen Bedeutung bei Wygotski in ein soziales und gesellschaftliches Phänomen transferiert (Engeström 2011).

In seinem Werk bezieht sich Engeström immer wieder auf Wygotzkis Konzept der „Zone der nächsten Entwicklung" und dessen klassische Definition. Engeström's Leistung besteht u. a. darin, das Konzept der Zone der nächsten Entwicklung aus seiner individuellen Bedeutung (wie sie Wygotzki stark betont) als ein soziales und gesellschaftliches Phänomen zu entwickeln und zu erklären. In seinen empirischen Studien fragt er, wie Organisationen z.B. neue Lösungen, neue Handlungsweisen, neue Ebenen ihrer Kultur erreichen und hat damit das klassische, nur auf das Individuum bezogenen Verständnis der Zone der nächsten Entwicklung weiter gespannt.

Auch Grunert beschäftigt sich mit der Zone der nächsten Entwicklung bei ihrer Frage, wie Bildung und Kompetenz in außerschulischen Bereichen entsteht. Sie bezieht sich dabei besonders auf die sozialen Dimensionen, in denen solche Lernprozesse stattfinden und diese behindern oder fördern können: „Soziale Teilhabe ist damit in dieser soziokulturellen Perspektive die Grundlage allen Lernens, so das Lernen und damit auch Kompetenzerwerb als sozialer Konstruktionsprozess und notwendig als situiert und kontextgebunden betrachtet werden muss (Salomon/Perkins 1989: 9) (Grunert 2012: 170).

Ein weiterer Faktor für die Lernprozesse in informellen Settings ist die Bedeutung des jeweiligen Kontext und der räumlichen Rahmenbedingungen: „Herkömmliche Lerntheorien, so stellt auch Dierking fest (2002: 4) beachten zu wenig die Rolle, die der Kontext spielt, in dem das Lernen stattfindet und blenden damit häufig die Eingebundenheit des Lernens in interaktive Prozesse und gegenständliche Umwelt aus“ (Grunert 2012: 179).

Am Beispiel der Museumspädagogik beschreibt Grunert im Anschluss an Falk und Dierking (2000), welche Aspekte für ein erfolgreiches Lernen in einem solchen Rahmen entscheidend sind, etwa: Motivation und Erwartungen auf der personalen Ebene genauso wie Interessen, Vorwissen und Vorerfahrungen, aber auch Selbstbestimmung und Selbstkontrolle in dem jeweiligen Setting, die Bedeutung der sogenannten Vermittler, also der anwesenden Pädagogen oder Erwachsenen, genauso wie die strukturelle Ebene, bis hin zum Setting und der räumlichen Gestaltung, z. B. im Rahmen eines Museums.

Diese Mischung unterschiedlicher Einflussfaktoren und die daraus erwachsene sehr eigentümliche Form des Lernens sind für Grunert typisch für die außerschulischen Felder:

> „Es geht also primär um das Wechselverhältnis von Individuum und Lernort, der sich allererst aus den darin wirkenden intersubjektiven Beziehungen und Handlungsvollzügen, aber auch den materiellen und strukturellen Bedingungen konstituiert, das Ausgangspunkt für die Beantwortung der Frage nach den Möglichkeiten des Kompetenzerwerbs in unterschiedlichen Kontexten werden muss“ (Grunert 2012: 186).

Auch für Grunert sind in Anlehnung an Engeström Krisen und Irritationen Anstöße für außerschulische Lernprozesse: „Diese werden bei Engeström ähnlich wie bei Wygotzky als Lernanlässe betrachtet, die zur Suche nach neuen Handlungsstrategien herausfordern und damit zur Quelle von (Kompetenz-) Entwicklung werden können“ (Grunert 2012: 173).

Engeström thematisiert die Rolle von Krisen und Irritationen, aus denen neue Lernprozesse hervorgehen können, mit dem Begriff des Doublebinds: Der

Begriff des Doublebinds spielt in der Entwicklung expansiven Lernens bei Engeström eine bedeutende Rolle und wird an verschiedenen Stellen erklärt:

> „Die Form der Entwicklung, mit der wir es hier zu tun haben – die expansive Generierung neuer Tätigkeitsstrukturen – erfordert in anderen Worten vor allem eine instinktive und bewusste Beherrschung von Doublebinds. Ein Doublebind kann nun verstanden werden als ein soziales, gesellschaftlich wesentliches Dilemma, welches nicht durch voneinander getrennte individuelle Handlungen allein gelöst werden kann – in dem aber gemeinsame kooperative Handlungen eine historische neue Form der Tätigkeit hervorbringen können (...). Um in einem Dilemma erfindungsreich zu sein, bedarf es der Erfindung eines neues Instruments für die Lösung des Dilemmas" (Grunert 2012: 187f.).

Der Doublebind wird auch als Ambivalenz oder Widerspruch in einer herausfordernden Situation begriffen, in der anscheinend alte Verhaltensweisen nicht mehr gelten und neue entwickelt werden müssen, um die paradoxe Situation zu lösen. Aus der Zone der individuellen nächsten Entwicklung wird deshalb bei Engeström das Konzept des expansiven Lernens, das nur in einem sozialen und gesellschaftlichen Zusammenhang entstehen kann.

Besonders anschlussfähig für die Untersuchung von Bildungsprozessen im öffentlichen Raum, aber auch sozusagen auf der Hinterbühne von Institutionen ist das Aneignungskonzept mit seinem Blick für ungeplante bzw. auf den ersten Blick nicht sichtbare oder aus Konflikten entstehenden Lernprozessen:

> „Gleichzeitig eröffnet eine solche Perspektive auch den Blick auf das was in der aktuellen Diskussion als informelles Lernen im Sinne beiläufigen Lernens beschrieben wird, denn die Aneignung und Verwendung externer Hilfsmittel geschieht nicht immer primär unter einem Lernfokus. Vielmehr ist der Gebrauch solcher Tools häufig eingebunden in ganz andere Tätigkeiten, wie etwa einen Film zur Unterhaltung sehen, ein Computerspiel spielen oder per Mail mit einem Freund kommunizieren" (Grunert 2012: 169).

Grunert legt mit ihrer Arbeit eine wesentliche Grundlage um Bildungsprozesse in außerschulischen Feldern, aber auch im öffentlichen Raum besser interpretieren und in einer theoretisch fundierten Weise einordnen zu können. Für ihren speziellen Blick auf die Entwicklung sozialer Kompetenzen sind das Aneignungskonzept und die Activity Theory von Engeström besonders fruchtbar, weil sie ausgehend von den subjektiven Entwicklungsprozessen Situation und Kontext, aber auch soziale Dimensionen der außerschulischen Handlungsfelder einbeziehen:

> „Beziehungen bestehen damit ganz klar über Subjekt-Objekt-Dimension hinaus zu den sozialen Dimensionen des außerschulischen Handlungsfeldes. Primär können diese wiederum als Erfahrungsraum betrachtet werden, der Gelegenheitsstrukturen zur Entwicklung sozialer Kompetenzen bereithält. Dabei sind es sowohl die Beziehungen zwischen Subjekt und Gemeinschaft als auch die Vermittlungsinstanzen, der dem Kontext impliziten Regeln und der Arbeitsteilung die in diesen Erfahrungsraum auf der sozialen Ebene bestimmen" (Grunert 2012: 194).

3. Ein „aneignungsorientierter" Blick auf Schule

Auch die Schule ist ein Sozialraum, wo Aneignungsprozesse möglich sind. Allerdings ist hier die Vermittlung von Wissen über Welt zumindest aus gesellschaftlicher Sicht die zentrale Funktion. Aber auch dieses Wissen muss selbsttätig von den Kindern und Jugendlichen angeeignet werden, wobei nicht zuletzt die durch Aneignungsprozesse in der Lebenswelt erworben sozialen und personellen Kompetenzen als grundlegende Schlüsselkompetenzen von Bedeutung sind.

Mack u. a. kommen in ihrer vergleichenden Untersuchung „Schule, Stadtteil, Lebenswelt" von Schulen in sechs Regionen zu der Einschätzung: „Schule kann außerschulisch erworbene Kompetenzen nicht mehr ignorieren." Aus einer sozialräumlich orientierten Perspektive folgern sie, „dass auch die Aneignungsqualität des schulischen Raums betrachtet werden und danach gefragt werden muss, ob und in welcher Form schulische Räume selbstbestimmtes Aneignungshandeln von Kindern und Jugendlichen zulassen" (Mack u. a. 2003: 215). Schule und besonders die Ganztagsschule ist also selbst auch Ort der informellen Bildung; „Aneignung" als subjektive Seite der informellen Bildung findet auch am Ort der Schule statt. Insofern müssen beide Funktionen, die Vermittlungs- und die Aneignungsfunktion zusammen betrachtet werden. Die Wissensvermittlung als gesellschaftliche Funktionszuschreibung von Schule und anderen Institutionen steht der Aneignungsfunktion, die in der Schule einen Teil der subjektiven Lebenswelt und des Sozialraums darstellt, gegenüber. Mack u. a. betonen ebenfalls die soziale Funktion der Schule und konstatieren, „...dass Schule auch über den Unterricht hinaus als Aufenthalts-, Arbeits- und Lebensraum von Schülerinnen und Schülern nachgefragt ist" (Mack u. a. 2003: 224). Auf der Grundlage dieser Einschätzung empfehlen die Autoren eine intensivere Nutzung der Räume.

Die skizzierten Aspekte machen deutlich, dass besonders die Ganztagsschule ein sozialer Ort ist, an dem Kinder und Jugendliche einen großen Teil ihres Tages verbringen. Gerade deshalb spielen die genannten Aspekte für die Gestaltung der Ganztagsschule als Lebensort eine große Rolle. Eine solche

Gestaltung, besonders auch die Öffnung, funktioniert nur mit Kooperationspartnern. Hierbei möchte ich insbesondere zeigen, dass die Jugendarbeit ein besonders interessanter Partner für informelle Bildungsprozesse, die Gestaltung von Settings usw. auch im öffentlichen Raum ist.

Ganztagsschule als Lebensort

In zahlreichen unserer kleinen Studien wird ebenso deutlich, wie sehr Schule zum Lebensort für Kinder und Jugendliche wird. Schulhöfe (s. o. im Schaubild der genutzten öffentlichen Räume in Gevelsberg) gehören zu beliebten Treffpunkten im Nachmittags- und Abendbereich, wobei hier nicht deutlich wird, ob Jugendliche diese auf Grund ihrer Attraktivität aufsuchen oder weil sie aus anderen öffentlichen Räumen verdrängt werden. Insbesondere unter dem Aspekt der Entwicklung von der Halbtags- zur Ganztagsschule gerät Schule als Institution bzw. als öffentlicher Raum besonders in den Blick. Es stellt sich vor allem die Frage, welche Aneignungsqualitäten der Ort Schule außerhalb des Unterrichts bietet.

Ahmet Derecik (2011) hat in einer breit angelegten Studie untersucht, welche Formen informellen Lernens auf Schulhöfen von Ganztagsschulen, insbesondere in den Pausen von Kindern genutzt und entwickelt werden. Auch er geht von der Funktion der Schule als wichtigem und großem Sozialraum außerhalb der Familie aus und konzentriert sich in seiner Studie insbesondere auf das informelle Lernen im Kontext von Gleichaltrigengruppen. Auf der Grundlage des theoretischen Konzepts der sozialräumlichen Aneignung untersucht er, wie vor allem in den Pausen eine Vernetzung von Lern- und Peerkultur entsteht und wie diese so entstehenden Räume für informelle Lernprozesse genutzt werden. Dabei legt er besonderen Wert auf das kindliche Spiel und untersucht sehr detailliert, wie Grundschulkinder in ihrem Spiel informelle Lernprozesse gestalten, wie sie die vorhandenen Spielmöglichkeiten nutzen, aber auch umgestalten und welche sozialen Lernprozesse in diesen Spielen eingelagert sind.

Auch für Jugendliche werden die weiterführenden Schulen mit ihrem ausgedehnten Nachmittagsunterricht zu Lebensorten, an den sie viele Stunden ihres Tages verbringen. Vor diesem Hintergrund ist eine aneignungsorientierte Betrachung des Ortes Schule sehr interessant, weil sie Blick auf jugendliche Sichtweisen und ihre Nutzung bzw. Intentionen des Ortes Schule öffnet.

Die Schule als Ort zum „Chillen"?

In der konsequenten Betrachtung der Hinterbühne der Institution Schule aus aneignungstheoretischer Sicht interpretiert Evelyn Lehrer-Vogt aus der Sicht von weiblichen Jugendlichen Schule als Ort, an dem die Jugendlichen einen „Chillort" suchen (Lehrer-Vogt 2013): Auf Grund ihrer Lebenssituation erweitern die von ihr befragten Jugendlichen die Funktion von Schule über den Lernort hinaus zum Lebensort. Pausen, Hofgänge bis hin zu den Toilettenanlagen, das sind die Orte, an denen sich Jugendliche außerhalb der Unterrichtszeit aufhalten und die Aufenthaltsqualität von Schule quasi erzwingen.

Schnell wird deutlich, dass die Lebenswelt der befragten zwölf bis 15 jährigen Schülerinnen und Schüler mit einem Migrationshintergrund entscheidend für ihren Blick auf Schule ist: Das Treffen mit Gleichaltrigen kann für sie auch auf Grund ihrer familiären Bedingungen weniger stark im Freizeitbereich außerhalb der Schule stattfinden, sondern wird an den Ort der Schule verlagert, auch weil dies ein Ort ist, den die Eltern akzeptieren. Sie nutzen dabei die Schule als „Alibi" für ihre Freizeitaktivitäten und betrachten diese als Schutzraum!

Durch die im Rahmen einer Begehung aufgenommenen Fotos, die die Orte der Mädchen außerhalb von Schule zeigen, werden ihre Erwartungen an den Lebensort Schule besonders deutlich. Die für die Identitätsbildung so wichtigen Rückzugsräume fehlen im familiären und sozialräumlichen Umfeld und werden in der Schule gesucht und konstruiert.

Die Lieblingsorte der Mädchen sind private oder öffentliche Räume: Ihr Zimmer, ihr Zuhause und ihr Klassenzimmer. Dass diese drei Raumzugänge zusammengefasst in der Schule als Orte ihrer Vertrautheit zu finden sind, ist eine wirklich interessante Konsequenz der Interpretation der Autorin. Die Schule ist der Ort, an dem die Mädchen ihren besonderen Wunsch, das Zusammensein mit ihren Freundinnen verwirklichen können, etwas, das so in der Stadt nicht geht: „In der Stadt können wir das nicht alles machen, das wir in der Schule machen, z. B. Fußball spielen, auf dem Boden sitzen, laut sein, lernen (Gruppengespräch am 06.03.2012) (Lehrer-Vogt 2013: 149).

Sicher ist es die besondere Situation dieser Mädchen, aus der heraus die Schule ein so interessanter Ort wird. Man könnte auch von Schule als Ausweichraum sprechen, auf den die Mädchen auf Grund ihrer Lebenswelt angewiesen sind und den sie notgedrungen nutzen. Meiner Einschätzung nach wäre eine solche Interpretation zu einfach und würde dem in der Jugendhilfe verbreitetem Muster folgen, dass Kinder und Jugendliche Schule als formelle Bildungsinstitution sobald wie möglich verlassen wollen, wenn der Schulalltag zu Ende ist. Der Beitrag von Lehrer-Vogt zeigt die Erwartungen von Jugendlichen z. B. im Hinblick auf Freizeitangebote am Ort der Schule und weist damit auf die sicher nicht für alle Jugendlichen bedeutende Funktion von Schule als Lebensort hin.

Damit wird deutlich, dass Schule für Jugendliche als geschützter Ort einen hohen Stellenwert als Lebensort haben kann, den Lothar Böhnisch schon 2001 in einem Beitrag „Die soziale Verlegenheit der Schule“ beschrieben hat:

> „Die Schule hat für Kinder und Jugendliche inzwischen einen hohen sozialräumlichen Aufforderungscharakter erhalten. Schulklassen- und Peer-Kultur vermischen sich. Deshalb ist es nicht verwunderlich, wenn sich die Versuche der Schüler/innen mehren, diese Sozialräumlichkeit auch zu beanspruchen und durchzusetzen“ (Böhnisch 2001: 113).

Interessant ist auch der Widerspruch zwischen dem Bemühen und der Entwicklung der in dem Beitrag beschriebenen Schule, sich als Bildungsort möglichst gut aufzustellen (Kooperation mit Stadttheater und Bibliothek), und auf der anderen Seite die Unmöglichkeit, auch kleinere Dinge zur Verbesserung der Aufenthaltsqualität zu ermöglichen wie einen Getränkeautomaten oder einen Aufenthaltsraum zur Verfügung zu stellen. Anscheinend hat die beschriebene Schule noch keine Wahrnehmung ihrer sozialen Funktion, so wie sie heute im Übergang von der Halbtags- zur Ganztagsschule immer wichtiger wird:

> „Schule ist in der Vergangenheit hauptsächlich als funktionale Organisation mit entsprechenden Abläufen des Lernens und des Lehrens untersucht und thematisiert worden. Von ihrer von den Schülern selbst in sie hineingetragenen Eigenschaft als Gesellungsform ist in der Regel nur in didaktischen Zusammenhängen und Vorgängen abweichenden Verhaltens in der Schule die Rede“ (Böhnisch 2001: 116).

Eine wesentliche Aufenthaltsqualität aus Sicht der Jugendlichen ist das Chillen. Die mit dem Begriff „Chillen“ verbundenen sehr unterschiedlichen Bedeutungen werden in den beiden folgenden Aussagen deutlich: „Chillen ist ... wenn wir uns für eine bestimmte Aktion verabreden, z.B. shoppen, schwimmen gehen, etc... wenn wir einfach irgendwo zusammen rumhängen und nichts spezielles zu tun haben“ (ISPE 2013). Die Frage, was Jugendliche unter Chillen verstehen, ist wirklich sehr interessant, weil damit ein sehr breites Spektrum unterschiedlicher Aktivitäten oder auch den Rückzug in eine Passivität gemeint sein kann. Die Frage des „Chillens“ hat immer auch mit der Qualität von Räumen und den Aneignungsmöglichkeiten zu tun.

Öffnung von Schule, Schule als Teil des Sozialraums

Für die Entwicklung von Schule könnten diese Befunde bedeuten, dass sie stärker ihre sozialräumliche Seite verstehen muss, um sich entsprechend zu öffnen und sich auch als Lebensort zu gestalten:

> „Wenn es der Schule gelingt, trotz ihrer jugendkulturell gegenläufigen Organisationsstruktur im Interaktionsgeschehen des Schulalltags Bezugnahmen zur Jugendkultur und ihren Gesellungsformen aufzunehmen, ist es auch auf dem Weg, sich sozialräumlich zu erweitern" (Böhnisch 2001: 118).

Mit einem aneignungsorientierten Blick auf die Lebenswelten von Kindern und Jugendlichen kann auch der Lebensort Schule anders gesehen werden. In dieser Perspektive werden auch Schul-Räume als Teile sozialer Lebenswelten verstanden, die sich durch die individuellen Aneignungsprozesse von Kindern und Jugendlichen erschließen. Schulen sind dabei wesentliche Bestandteile öffentlicher Räume und ihre Bedeutung geht dabei weit über den Unterricht hinaus. Schulen sind auch Treffpunkte von Cliquen und Orte des informellen Lernens. Der Ort Schule bestimmt dabei durch seine architektonischen und strukturellen Gegebenheiten, in welchem Umfang informelle Bildungsprozesse und Aneignungsprozesse möglich sind. Dieser Zusammenhang und zu schaffende Raumqualitäten in der Kooperation von Schule und außerschulischen Partnern besonders der Sozialen Arbeit wurden von Braun/Wetzel schon 2006 intensiv beschrieben.

4. Einbeziehung informeller und öffentlicher Bildungsräume in die Bildungslandschaften

> „Lokale Bildungslandschaften sind langfristige, professionell gestaltete, auf gemeinsames planvolles Handeln abzielende, kommunal-politisch gewollte Netzwerke zum Thema Bildung, die ausgehen von der Perspektive des lernenden Subjekts formale Bildungsorte und informelle Lernwelten umfassen und sich auf einen definierten lokalen Raum beziehen" (Bleckmann/Durdel 2009).

Mit ihrer Definition lokaler Bildungslandschaften fassen Bleckmann und Drudel meiner Einschätzung nach die wichtigsten Aspekte sehr konzentriert zusammen, womit auch beschrieben werden kann was das „Neue" einer Bildungslandschaft ist gegenüber vorhandenen Kooperations- und Vernetzungsstrukturen:

Ein wichtiger Ausgangspunkt sind nicht die curricularen gesellschaftlichen anerkannten Bildungsziele in den dafür vorgesehenen Institutionen, sondern

Ausgangspunkt ist das lernende Subjekt, womit nicht nur subjektive, sondern auch lebensweltliche Aspekte des Lernens viel stärker in den Blick einer Betrachtungsweise gerückt wird, die Bildungsbiographie in den Vordergrund stellt und fragt, welchen Einfluss Institutionen, Orte und Räume haben können und wie diese entwickelt werden können.

Deshalb spielen formale Orte und informelle Welten eine gleichberechtigte Rolle weil man auf der Grundlage eines breiten Bildungsbegriffs heute weiß, dass diese in sehr unterschiedlicher Weise die Bildungsbiographie bestimmen und deshalb z. B. auch die informelle Bildung in einen Gesamtblick genommen werden muss.

Für die wichtigste Bildungsinstitution Schule bedeutet dies eine Öffnung in Richtung der skizzierten Lernwelten und Bildungsorte; lokale Bildungslandschaften sind deshalb mehr als die schon vorhandene und sicher noch ausbaufähige Kooperation von Bildungsinstitutionen und deren Vernetzung. Zuletzt werden Bildungslandschaften deshalb auch als langfristige, professionell gestaltete, auf gemeinsames planvolles Handeln abzielende kommunalpolitisch gewollte Netzwerke zum Thema Bildung verstanden, d. h. hier geht es nicht nur um einen regionalen, lokalen, kommunalen Rahmen, sondern auch um einen politischen Willensprozess, ohne den die Entwicklung einer so breiten Bildungslandschaft nicht bewerkstelligt werden kann (man denke an die vielen beteiligten Institutionen und Bereiche die zusammengebracht werden müssen).

2007 wurde im Rahmen eines Kongresses eine Aachener Erklärung veröffentlicht, die als Leitbild für kommunales Engagement in der Bildung den Begriff der Bildungslandschaft prägt (Deutscher Städtetag 2007). In dieser Erklärung werden eine Reihe von Merkmalen und Begründungen kommunaler/lokaler Bildungslandschaften genannt. Zum einen geht es um die Überwindung der Trennung von Bildung, Betreuung und Erziehung. Auch der Jugendhilfe und hier vor allem den Tageseinrichtungen im vorschulischen Bereich wird ein klarer Bildungsauftrag zugemessen (BMFSFJ 2005). Ein weiterer Aspekt der Diskussion bezieht sich auf den Bildungsbegriff: Bildung gehe über die Schule hinaus. Diese Auffassung steht im Zusammenhang mit einem z. B. vom Bundesjugendkuratorium formulierten erweiterten Bildungsbegriff. Danach wird neben formeller (schulischer) ebenfalls die nicht-formelle Bildung einbezogen, worunter „jede Form organisierter Bildung und Erziehung zu verstehen ist, die generell freiwilliger Natur ist und Angebotscharakter hat" (Bundesjugendkuratorium 2001).

Nach einer anfänglich eher institutionell geführten Diskussion um die Bildungslandschaften im Sinne einer besseren Kooperation und Vernetzung vorhandener Bildungsinstitutionen verweist der Deutsche Verein für öffentliche und private Fürsorge auch auf Bereiche der informellen Bildung u. a. im öffentlichen Raum. Seine Empfehlungen von 2009 basieren auf der Grundlage eines breiten Bildungsbegriffs:

> „Bildung ist ein wesentlicher Faktor bei der wirtschaftlichen und sozialen Entwicklung von Städten, Landkreisen und Gemeinden. Eine gut ausgebaute, konzeptionell aufeinander bezogene und verlässlich miteinander verknüpfte Bildungsinfrastruktur, die über die formalen Bildungsinstitutionen des Lernens hinaus (z.B. Kindertageseinrichtungen, Schule, Ausbildung, Universität etc.) auch die Familie, Cliquen, Jugendclubs, den Umgang mit neuen Medien, freiwilliges Engagement in Vereinen und Verbänden, Weiterbildungsangebote, Musikschulen, Bibliotheken, Jugendkunstschulen, Museen als Orte kultureller Bildung etc. einbezieht, kann zur gesellschaftlichen Teilhabe der BürgerInnen eines Gemeinwesens und zu mehr Chancengerechtigkeit beitragen" (Deutscher Verein 2009: 1).

Der Deutsche Verein verbreitert mit seinen Ausführungen die bisher formulierten Grundlagen der Entwicklung einer Bildungslandschaft in Richtung non-formaler und informeller Bildungsorte: „Denn Bildungsförderung kann nur dann für alle erfolgreich sein, wenn sie über die Schule hinaus den Blick auf die Vielfalt der non-formalen und informellen außerschulischen Bildungsorte öffnet und diese einbezieht" (Deutscher Verein 2009: 1).

Mit der Bezugnahme auf informelle Bildungsorte kommt auch der öffentliche Raum in den Blick: Kinder und Jugendliche lernen und bilden sich also nicht nur in Institutionen oder in der Schule, sondern insbesondere auch in ihren jeweiligen Lebenswelten, Nahräumen, Dörfern, Stadtteilen und nicht zuletzt auch im öffentlichen Raum. Diese Orte der informellen Bildung prägen die intentionalen Bildungsprozesse wesentlich mit. Die Entwicklung sozialer Kompetenz im Umgang mit fremden Bezugspersonen in neuen Situationen, die Erweiterung des Handlungsraumes und damit des Verhaltensrepertoires fördern dabei die Fähigkeit für den Erwerb von Sprachkenntnissen und folglich auch Bildungsabschlüssen. In Bezug zu den entstehenden Bildungslandschaften, die sich zunächst sehr stark an den Institutionen der formellen Bildung wie Schule, Musikschule etc. ausrichten, stellt sich die Frage, ob und in welcher Form die Bereiche der informellen Bildung und damit auch der öffentliche Raum Bestandteile einer Bildungslandschaft darstellen können. Der Jugendarbeit könnte dabei an der Schnittstelle zur informeller Bildung und den öffentlichen Räumen der Jugendlichen eine besondere Rolle zukommen.

Für die Konzipierung kommunaler bzw. regionaler Bildungslandschaften ergeben sich aus einem solchen breiten Bildungsverständnis Konsequenzen: Es geht um die Erweiterung des Verständnisses einer Bildungslandschaft über die alleinige Verknüpfung von Institutionen hinaus, in Richtung der Einbeziehung informeller Bildungsprozesse an Bildungsorten im öffentlichen Raum, in non-formalen Settings etc. Verbunden mit der Erweiterung sind jedoch Probleme bei der Konzipierung einer Bildungslandschaft in einer Kommune oder in einem Kreis: z.B. die planerische und konzeptionelle Frage, wie die Orte der informellen Bildung überhaupt einbezogen werden und wie sie entwickelt und geplant werden können.

Dass dies in der Praxis nur schwer umsetzbar sein wird, ergibt sich aus der Tatsache, dass informelle Bildung nicht planbar ist und sich insofern einer Bildungsplanung weitgehend entzieht. Es entsteht ein Paradoxon in der Weise, dass einerseits die Bedeutung informeller Bildungsprozesse und deren Orte gesehen und diese in die Konzipierung von Bildungslandschaften einbezogen werden sollten. Andererseits können im Rahmen der Entwicklung und Konzipierung einer Bildungslandschaft solche Orte eigentlich nicht wirklich durchgeplant und strukturiert werden, da dann keine informelle Bildung mehr stattfinden kann!

Die Einbeziehung informeller Bildungsorte und die Anerkennung informeller Bildungsprozesse besonders im öffentlichen Raum in die Entwicklung einer Bildungslandschaft könnte bedeuten, neben der Vernetzung und Kooperation der Bildungsinstitutionen vielfältige Gelegenheiten (Settings, s.u.) für informelle Bildungsprozesse zu schaffen. Der Deutsche Verein bezieht in diesem Zusammenhang auch Aspekte der Stadtplanung mit ein und spricht von einer breiten Nutzung des kommunalen Raums:

> „Kommunale Bildungslandschaften sind nicht dazu da, den Alltag von Kindern und Jugendlichen curricular zu verplanen. Sie finden ihren gültigen Ausdruck vielmehr in einer umfassenden Nutzung und Gestaltung des kommunalen Raums als einer vielfältig vernetzten, anregenden Lern- und Lebensumgebung – auch für das ungeplante, in Alltagsvollzüge eingebundene informelle Lernen“ (Deutscher Verein 2009: 16).

In der Auswertung des Projektes des Deutschen Jugendinstituts „Lokale Bildungslandschaften in Kooperation von Ganztagsschule und Jugendhilfe“ beklagen die Autoren unter anderem, dass in den untersuchten lokalen Bildungslandschaften gerade die hier skizzierte Perspektive von informeller und nonformaler Bildung nicht ausreichend thematisiert wird, so

> „...muss aus Sicht der Forscher/innen die Vernachlässigung der Subjekt- und Aneignungsperspektive als wichtigstes Desiderat der Gestaltung lokaler Bildungslandschaften benannt werden. Dies steht in scharfem Kontrast zur institutions- und regionsübergreifend konsensuellen Benennung der Leitperspektive eines „ganzheitlichen“ Lern- und Bildungsverständnisses. Untermauert wird dieser – gemessen an den vor Ort und im Diskurs deklarierten Zielperspektiven kritisch zu

> sehende – Befund durch die Tatsache, dass es in den Modellregionen bislang nicht zur verlässlichen und erwartbaren Beteiligung von Kindern und Jugendlichen bei allen sie unmittelbar betreffenden Angelegenheiten kommt" (Bradna u. a. 2010: 7).

Die Anerkennung von Möglichkeiten eines ganzheitlichen Lernens in einem lokalen Rahmen scheint in den vom DJI untersuchten lokalen Bildungslandschaften keine große Rolle zu spielen:

> „Ungeachtet der damit verbundenen Betonung der Bedeutung von „Selbstbildung" und (ko-) konstruktivistischer Lerntheorie, schlägt sich diese Gestaltungsdimension nur wenig in den organisationalen Aktivitätsstrukturen nieder; dies gilt ganz speziell auch im Hinblick auf die Leitlinie einer konsequenten, erwartbar und verlässlich gestalteten Implementierung beteiligungsorientierter Planungsverfahren" (Bradna u. a. 2010: 10).

Gerade die von den DJI Autoren bemängelten Aspekte könnten durch eine Kooperation von Jugendarbeit und Schule in die entstehenden Bildungslandschaften eingebracht werden.

Die Bedeutung des öffentlichen Raums für die Bildungslandschaften

Die Grundlagen für die Einbeziehung informeller Bildungsprozesse und damit auch deren Orte in die entstehenden Bildungslandschaften sind damit gelegt. Wie kann aber die Dynamik solcher Prozesse und wechselnder Orte in ein Konzept einer „Landschaft" einbezogen werden, das doch eher statisch wirkt?

Die Heterogenität der Bildungsorte passt nicht zu dem weit verbreiteten statischen Verständnis einer Bildungslandschaft, so wie sie von Reutlinger kritisiert wird (Reutlinger 2009). Er beklagt nicht nur die „unkritisch-harmonische Tradition" des verwendeten Begriffs der Landschaft in diesem Zusammenhang, mit der häufig Harmonie, Schönheit und Ganzheit verbunden wird. Entscheidend sind seine raumtheoretischen Einwände gegen die Bildungslandschaftsdiskussion. Ein zentraler Begriff ist hier der Bildungsort. Die Kinder und Jugendlichen bewegen sich zwischen Orten, die in erster Linie geografisch verstanden werden. Hier werden sie in zeitlichen Abfolgen beschult, beraten, betreut oder erzogen.

Im Konzept der Bildungslandschaften sollen die Orte systematisch zusammengeführt werden. In dieser Diskussion wird ausgeblendet, dass es nicht nur territorial unterschiedliche Bildungsorte gibt, sondern dass diese in einem hierarchischen Sinne auch unterschiedlich positioniert sein können. So steht die Schule als Bildungsort immer noch im Zentrum, während die außerschulischen

Bildungsorte auf eine Zulieferfunktion reduziert werden können. Reutlinger folgend baut die Verkürzung des Bildungsorts auf einen territorial definierten Raum auf einem banalen Raumverständnis auf. Räume werden als Behälter oder Container verstanden, die mehr oder weniger geschlossen sind. Notwendig ist dagegen ein flexibles Verständnis von Räumen als sich „ständig (re)produzierte Gewebe sozialer Praktiken“ (Reutlinger 2009), d. h. ein Raum, der sozial konstruiert wird. Mit diesem Raumverständnis gerät bezogen auf die Bildungsorte in den Bildungslandschaften die unterschiedliche Raumqualität in den Blick. Welche Ressourcen beinhalten sie, wie viel Handlungsoptionen sind möglich?

Für die Beantwortung der Frage, wie besonders die für Kinder und Jugendliche als Bildungsorte bedeutsamen Bereiche des öffentlichen Raums in die Bildungslandschaften einbezogen werden können, sind Ansätze der Raumsoziologie hilfreich. Einen interessanten Beitrag zur Interpretation und Gestaltung des öffentlichen Raums leistet die moderne Raumsoziologie – insbesondere der von Martina Löw entwickelte dynamische Raumbegriff, der die vielfach tradierte Trennung von Subjekt und Raum überwindet:

> „Meine These ist, dass nur, wenn nicht länger zwei verschiedene Realitäten – auf der einen Seite der Raum, auf der anderen die sozialen Güter, Menschen und ihr Handeln – unterstellt werden, sondern stattdessen Raum aus der Struktur der Menschen und sozialen Güter heraus abgeleitet wird, nur dann können die Veränderungen der Raumphänomene erfasst werden" (Löw 2001: 264).

Räume entstehen danach durch die Interaktion von Menschen und können für diese unterschiedlich gestaltet sein. Insofern geht Löw davon aus,

> „dass an einem bestimmten Ort (als eindeutig bestimmbare sozialgeografische Lokalisierung, eine bestimmte Stelle unserer Erdoberfläche) unterschiedliche Räume entstehen können, je nachdem, welche Bedeutungen, Veränderungen Menschen den Orten verleihen. Raum ist eine relationale (An-)Ordnung von Lebewesen und sozialen Gütern an Orten" (Löw 2001: 271).

Damit ist die Grundlage für ein breites Verständnis des öffentlichen Raums gelegt, das sich auch auf Bildungslandschaften beziehen lässt. Der dynamische Raumbegriff von Martina Löw ist gut geeignet, unterschiedliche Qualitäten von Räumen für verschiedene Zielgruppen zu beschreiben und die rein funktionalistische Definition von Räumen zu überwinden. Dabei ist es notwendig zu wissen, wie Kinder und Jugendliche den öffentlichen Raum nutzen, wie dabei verschiedene Raumqualitäten entstehen und mit welchen Interventionen und Elementen Aneignungsprozesse unterstützt werden können. Mit dem Konzept der Raumaneignung (Deinet 2005) und der Operationalisierung des Aneignungsbegriffs lassen sich im öffentlichen Raum unterschiedliche Raumqualitäten aus Sicht von Kindern und Jugendlichen interpretieren (Deinet 2005).

Auf der Grundlage eines dynamischen Raumbegriffes müssen Bildungslandschaften deshalb weiter gefasst werden und können sich nicht nur auf die Vernetzung von Bildungsinstitutionen beziehen. Die Einbeziehung weiterer Bildungsorte - insbesondere im öffentlichen Raum - und die Orte der informellen Bildung machen eine interdisziplinäre Sichtweise erforderlich, in der z. B. die Stadtplanung viel stärker ins Spiel kommt. Die Planung von Spielräumen, Spielplätzen, öffentlichen Räumen bis hin zur Umnutzung und Zwischennutzung von Räumen kann die Grundlage für die Entwicklung einer Bildungslandschaft sein, die vielgestaltig ist, vielfältige Settings unterscheidet und die Förderung formeller, non-formaler und informeller Bildungsprozesse zum Ziel hat.

Literatur

Bleckmann, Peter/Durdel, Anja (Hrsg.) (2009): Lokale Bildungslandschaften. Perspektiven für Ganztagsschulen und Kommunen. Wiesbaden: VS

Böhnisch, Lothar (2002): Räume, Zeiten, Beziehungen und der Ort der Jugendarbeit. In: Deutsche Jugend 50. Jahrgang, Heft 2/2002, Weinheim u. München: Juventa, 70-77

Böhnisch, Lothar (2008). Sozialpädagogik der Lebensalter. Eine Einführung. Weinheim: Juventa

Bradna, Monika., Meinecke, Annika., Schalkhausser, Sofie, Stolz, Hans-Jürgen, Täubig, Vicki (2010): Lokale Bildungslandschaften in Kooperation von Ganztagsschule und Jugendhilfe. Abschlussbericht (unveröffentlicht). München: Deutsches Jugendinstitut e.V.

Braun, Karl - Heinz/Wetzel, Konstanze (2006): Soziale Arbeit in der Schule. München: Reinhardt

Bundesjugendkuratorium (2001): Zukunftsfähigkeit sichern! Für ein neues Verhältnis von Bildung und Jugendhilfe. Berlin

Bundesministerium für Familie, Senioren, Frauen und Jugend (BMFSFJ) (2005): Zwölfter Kinder- und Jugendbericht: Bildung, Betreuung und Erziehung vor und neben der Schule. Berlin

Coelen, Thomas (2000): Kommunale Jugendbildung. Raumbezogene Identitätsbildung zwischen Schule und Jugendarbeit. Frankfurt. a. M.: Hessische „Landesservicestelle Jugendhilfe - Schule“

Coelen, Thomas/Hetz, Heidi/Wolf, Stefan (2004): Wer bildet die „Offene Ganztagsschule“? Bildungsanspruch und Bildungspraxis in der Kooperation von Grundschule und Jugendhilfeträger. In: Sturzenhecker, Benedikt/Lindner, Werner (Hrsg.) Bildung in der Kinder- und Jugendarbeit. Vom Bildungsanspruch zur Bildungspraxis. Weinheim und München: Juventa, 77-93

Deinet, Ulrich/Reutlinger, Christian (2014): Tätigkeit - Aneignung - Bildung, Positionierungen zwischen Virtualität und Gegenständlichkeit, Sozialraumforschung und Sozialraumarbeit Bd. 15. Wiesbaden: VS

Deinet, Ulrich (2014): Vom Aneignungskonzept zur Activity Theory. Transfer des tätigkeitsorientierten Aneignungskonzepts der kulturhistorischen Schule auf heutige Lebenswelten von Kindern und Jugendlichen. Veröffentlicht am 01.08.2014 in socialnet Materialien unter: http://www.socialnet.de/materialien/197.php, ISBN (PDF): 978-3-936978-01-8, 2014 socialnet Verlag, www.socialnet.de (Zugriff am 15.08.2014)

Deinet, Ulrich/Icking, Maria (Hrsg.) (2006): Jugendhilfe und Schule, Analysen und Konzepte für die kommunale Kooperation, Leverkusen - Opladen: Verlag Barbara Budrich

Deinet, Ulrich (2005) (Hrsg.). Sozialräumliche Jugendarbeit. Grundlagen, Methoden, Praxiskonzepte (2., völlig überarbeitete Auflage). Wiesbaden: VS

Deinet, Ulrich (2010) Von der schulzentrierten zur sozialräumlichen Bildungslandschaft www.sozialraum.de, Ausgabe 1/2010

Derecik, Ahmet (2011): Der Schulhof als bewegungsorientierter Sozialraum. Eine sportpädagogische Untersuchung zum informellen Lernen an Ganztagsschulen. Aachen: Meyer & Meyer

Deutsches Jugendinstitut: Lokale Bildungslandschaften in Kooperation von Jugendhilfe und Schule, Sofie Schalkhaußer, Franziska Thomas http://www.dji.de/bibs/2011_06_08_Lokale_Bildungslandschaften_in_Kooperation_von_Jugendhilfe_und_Schule.pdf

Deutscher Städtetag (2007): Aachener Erklärung des Deutschen Städtetags anlässlich des Kongresses „Bildung in der Stadt“ am 22./23.11.2007 http://www.staedtetag.de/imperia/md/content/veranstalt/2007/58.pdf

Deutscher Verein für öffentliche und private Fürsorge e.V. (2009): Empfehlungen des Deutschen Vereins zur Weiterentwicklung Kommunaler Bildungslandschaften. http://www.deutscher-verein.de/05-empfehlungen/empfehlungen_archiv/2009/pdf/DV%2019-09.pdf (Zugriff am 14. Februar 2011)

Eisnach, Kristina (2011) Ganztagsschulentwicklung in einer kommunalen Bildungslandschaft. Möglichkeiten und Grenzen von Unterstützungsstrukturen. Wiesbaden: VS

Engeström, Yrjö (2011): Lernen durch Expansion (2. stark erweiterte Auflage). Band 36 ICHS International Cultural-historical Human Sciences, herausgegeben von Falk Seeger. Berlin: ICHS

Grunert, Cathleen (2012): Bildung und Kompetenz. Theoretische und empirische Perspektiven auf außerschulische Handlungsfelder. Wiesbaden: Springer VS

Holzkamp, Klaus (1973): Sinnliche Erkenntnis. Frankfurt a.M.: Fischer

Kade, Jochen (1993): Aneignungsverhältnisse diesseits und jenseits der Erwachsenenbildung. In: Zeitschrift für Pädagogik 39/ 3, 392-408, Weinheim: Beltz

Kölbl, Carlos (2006): Die Psychologie der kulturhistorischen Schule. Vygozskij, Lurija, Leontjev. Göttingen: Vandenhoeck u. Ruprecht

Lehrer-Vogt, Evelyn (2013): „Chillorte - wo seid ihr“? Auf der Suche nach Räumen von Schülerinnen außerhalb ihrer Schulzeit. In: Alisch, Monika/ May, Michael (Hrsg.) Sozialraumentwicklung bei Kindern und Jugendlichen, Beiträge zur Sozialraumforschung, Band 9. Opladen, Berlin und Toronto: Barbara Budrich, 139-153

Löw, Martina (2001): Raumsoziologie. Frankfurt a. M.: Suhrkamp

Mack, Wolfgang/Raab, Erich/Rademacker, Hermann (2003) „Schule, Stadtteil, Lebenswelt. Eine empirische Untersuchung“. Opladen: Leske u. Budrich

Rauschenbach, Thomas (2009): Zukunftschance Bildung, Familie, Jugendhilfe und Schule in neuer Allianz. Weinheim und München: Juventa

Reutlinger, Christian (2009): Bildungslandschaften - raumtheoretisch betrachtet, in: Böhme, Jeanette (Hrsg.): Schularchitektur im interdisziplinären Diskurs. Territorialisierungskrise und Gestaltungsperspektiven des schulischen Bildungsraums. Wiesbaden: VS, 157-170

Wagner, Ulrike (2008): Medienhandeln in Hauptschulmilieus. Mediale Interaktion und Produktion als Bildungsressource. München: kopaed

Die Transition vom Kindergarten zur Grundschule – Der Zeitpunkt der Weichenstellung zum Einstieg in den Anfangsunterricht oder mystifizierter Übergang im Bildungssystem?

Anke Spies

Die Bedingungen einer sich demografisch wandelnden Migrationsgesellschaft (Mecheril et al. 2010) verlangen nach Reformen innerhalb des Bildungs- und Hilfesystems, dessen traditionelle Trennung zwischen schulischen Strukturen und den sich an Familienförderung und Hilfesystem orientierenden sozialpädagogischen Bildungsstrukturen in den Angeboten der Kindertagesbetreuung sich immer mehr als ineffektiv erweist. Neben neuen Vernetzungsstrukturen (Kommunale Bildungslandschaften, siehe Deinet in diesem Band) werden diese Funktionalitätsdefizite derzeit über Formatvarianten wie Ganztagsschulmodelle und strukturierte Übergangskonzepte auszugleichen versucht. In der Praxis steht dabei vor allem der Übergang vom Kindergarten zur Grundschule im Fokus und wird als maßgeblich für die erfolgreiche Bewältigung schulischer Anforderungen betrachtet, von einer Vielfalt an Modellerprobungen begleitet und über formalisierte Verfahren, wie sie beispielsweise Bildungspläne und Orientierungsrahmen der Bundesländer ausdrücken, zu steuern versucht. Auf der theoretischen Ebene betrifft die öffentlich wie fachlich geführte Debatte um a) Veränderungen des Verständnisses frühkindlicher Bildung und b) die Transition aus dem elementarpädagogischen in das primarpädagogische Bildungssetting sowohl die c) sozialpädagogischen Professionalisierungskontexte der Jugendhilfe als auch den d) schulpädagogischen Qualifizierungs- und Organisationsdiskurs: Neben institutionellen Kooperationspraxen und Übergangsmodellen stehen u.a. auch Professionalisierungsfragen und Planungskonzepte kindlicher Bildung in der Kritik (Deutscher Städtetag 2012) und verlangen nach Verfahren der Schulentwicklung, für die aber der Primarstufe weitgehend die erforderlichen Ressourcen fehlen (Spies 2013).

Dieser Beitrag wird die Transition vom Kindergarten in die Grundschule zunächst aus einer biografischen Perspektive betrachten, im zweiten Schritt die Konsequenzen für die Organisationsentwicklung skizzieren und schließlich einige Fragen der Professionalisierung diskutieren.

1. Bildungsbiografische Problembetrachtungen

Die Transition aus dem Kindergarten in die Grundschule suggeriert zunächst ein Setting der Betreuung und Erziehung zur kindlichen Förderung, das die vom Kindergarten vorgehaltenen Bildungsangebote mit Blick auf die Schuleingangsphase reflektiert und die Anforderungen der Primarstufe zu dem von der Elementarpädagogik und im rechtlichen Rahmen der Jugendhilfe konzipierten Bildungsverständnis in Beziehung setzt.

Mit Blick auf die Ansprüche frühpädagogischer Bildungsförderung betont aber Stamm (2010), dass es darauf ankomme,

> „das Kind selbst und sein Verhalten bedingungslos in den Mittelpunkt zu stellen und es dabei als stark und kompetent, als aktiv, sozial und dynamisch zu betrachten. Diese Haltung gilt sowohl für Kinder aus privilegierten als auch für Kinder aus benachteiligten Milieus. Für diese gilt jedoch ganz besonders, dass das Fachpersonal auch eine aktivierend-provozierende Rolle einnimmt" (Stamm 2010: 136).

Stamm unterscheidet nach metakognitiven Ansätzen, die ein Bewusstsein für Lernprozesse erzeugen und Kompetenzen der Selbststeuerung vermitteln wollen, nach Ansätzen, die das Spiel als Förderstrategie betrachten und jenen, die die Möglichkeiten neuer Medien (Computer) nutzen. Sie betont, dass frühkindliche[1] Bildungsförderung kindgerecht, d.h. eine auf die jeweiligen Entwicklungsbesonderheiten und Bedürfnisse abgestimmte „entwicklungsangemessene Mischung von Bildung und Betreuung, von Stimulation und Förderung, von Arbeit und Spiel" (Stamm 2010: 146) sein sollte und die entwicklungsunterstützende sprachliche Förderung ebenso wie die mathematisch-naturwissenschaftliche stets so auf das jeweilige Entwicklungsniveau bezogen sein müssen, „dass das Kind immer knapp unterhalb seiner Kapazität lernen kann" (Stamm 2010: 146), weil das aktuelle Entwicklungsniveau den Maßstab für die Lernherausforderung vorgibt und eine entsprechende professionelle Sensitivität für die Gestaltung des pädagogischen Settings erfordert. Es scheint, als würde in diesem Verständnis der im SGB VIII formulierte *triadische* Auftrag an die

---

1 Im Verständnis der Sachverständigenkommission des 14. Kinder- und Jugendberichts sind damit die frühe und die mittlere Kindheit gemeint (BMFSFJ 2013).

Kindertagesbetreuung um die Komponente ‚Erziehung' gekürzt und auf ‚Bildung' und ‚Betreuung' reduziert werden.

Die elementarpädagogische Bildungsprogrammatik und transitorische Prozessdynamik am Übergang in die Schule betreffen ein Kind, das entweder alleine oder gemeinsam, mit leiblichen oder sozialen Geschwistern, mit einem oder zwei leiblichen oder sozialen Elternteilen zusammenlebt, und vor diesem familiären Hintergrund, aber auch in Abhängigkeit zur Ausformung von dessen monetären oder soziokulturellen Kapitalressourcen und Erwerbsstrukturen, eines von mehreren Formaten (Kindertagesstätte, Kindergarten, Tagesmutter) der regelmäßigen außerfamiliären Betreuung wahrnimmt und dort über einen bedingt variabel zu wählenden Zeitraum (vormittags, nachmittags, ganztags, stundenweise) und entlang einer breiten, auch trägerschaftlich (z.B. kommunal, konfessionell, frei) bedingten Konzeptvielfalt und/oder pädagogisch begründeten Theorien (z.B. reformpädagogischer Ansatz nach Montessori, Steiner etc., Situationsansatz, Reggiopädagogik, Waldpädagogik usw.) hinsichtlich seiner sozialen, kognitiven und emotionalen Entwicklung gefördert werden soll. Ab dem Zeitpunkt der Schulpflicht mindert sich die Vielfalt der Formate und Konzepte erheblich, während sich die Erwartungen an das einzelne Kind vor allem auf dessen Leistungspotenzial konzentrieren. Die für die Entwicklungsphase der *späten* Kindheit (BMFSFJ 2013) relevanten Entwicklungsaspekte der sozialen und emotionalen Entwicklung treten gegenüber den kognitiven Entwicklungsanforderungen in den Hintergrund.

Die Transition ist also aus der Sicht des Kindes von einem Bruch in der Anforderungsstruktur geprägt und von Erwartungswechseln begleitet: Die Konzentration auf die kognitive Entwicklung impliziert eine Nachrangigkeitserklärung des im sozialen und emotionalen Bereich begonnenen Fähigkeits- und Fertigkeitserwerbs und erfordert eine weitreichende Umorientierung, die angesichts der institutionellen und konzeptionellen Vielfalt der zuvor als verlässlich erlebten elementarpädagogischen Struktur und Orientierungsvorgaben mit hoher Wahrscheinlichkeit einen – aus Kindersicht kaum nachvollziehbaren – pädagogischen Konzeptwechsel mit sich bringt, der (mit Ausnahme durchgängiger reformpädagogischer Konzepte wie z.B. Waldorfkindergarten und -schule) der Institution Schule und nicht den kindlichen Bedürfnissen (s.u.) geschuldet ist.

Neben der Umorientierung im institutionellen Setting und in der Anforderungsstruktur bringt die Transition Beziehungsabbrüche (Erzieherinnen, Freundschaften) und veränderte Zeitstrukturen (z.B. vom rhythmisierten Ganztagskindergarten in die getaktete Halbtagsgrundschule) mit sich, die durchaus Potenzial haben, ein Kind derart emotional und sozial zu fordern, dass für die Umorientierung auf den kognitiven Schwerpunkt kaum Ressourcen bleiben. Je nach Anpassungserwartung und -anforderung, aber auch je nach individueller

Verfasstheit (offen(siv), zurückhaltend, selbstsicher, unsicher etc.) und zusätzlich vorhandenem Belastungsspektrum aus lebensweltlichen Belastungen und persönlichen Widerfahrnissen in der individuellen Biografie (Trennungserfahrung, Stigmatisierungserfahrungen, Erkrankungen, Ortswechsel durch Umzug, Bezugspersonenverlust, -wechsel, elterliche Arbeitslosigkeit etc.) kann sich das Kind mehr oder weniger schnell und passend auf die Erwartung der aktiven Rollenübernahme als Schulkind/SchülerIn und den Einstieg in die Anforderungsstruktur schulischen Lernens und schulischer Leistungserbringung einlassen und entweder den Anschluss finden, oder ihn auch schon früh verlieren bzw. verpassen.

Damit der Einstieg in schulisches Lernen mit seinem kognitivem Schwerpunkt erfolgreich bewältigt werden kann, müssten also – jenseits familiärer Gepflogenheiten und lebensweltlicher Praxen – seitens der Elementarbildung die Grundlagen für die in der Grundschulzeit zu bewältigenden Entwicklungsaufgaben, die Selbstkonzeptentwurf, Empathiefähigkeit, Interaktionskompetenz, Aufbau von sozialen Beziehungen, Verständnis sozialer Situationen und die Regulation von Emotionen betreffen, gelegt werden. Außerdem wird vom Schulkind erwartet, dass es sich akzeptierte Umgangsformen für Aushandlungsprozesse des Helfens und Streitens aneignet und Freundschaftsbeziehungen pflegen kann – und darüber hinaus selbstverständlich bereits ein mathematisches Grundverständnis von Mengen und Zahlen (Numeracy), eine Zugang zu Texten und Sprache (Literacy), Neugier hinsichtlich naturwissenschaftlicher Phänomene und Sachverhalte, motorische Grundlagen für sportliche und künstlerische Gestaltung und die Bereitschaft zur Übernahme von normierten Ordnungsprinzipien (Mappenführung, Pünktlichkeit, Selbstkontrolle etc.) mitbringt . Die Anforderungen an die Verantwortlichkeit im Sinne einer ‚Weichenstellung' für den schulischen Bildungserfolg sind also auf der Seite der Elementarbildung (zu) hoch und die Konsequenzen für jene Kinder, die an dieser ‚Weiche' ihrer bildungsbiografischen Laufbahn mit einzelnen Anforderungen Schwierigkeiten haben, sind weitreichend – während es verhältnismäßig still um die schulische Beteiligung und Verantwortung an den bildungsbiografischen Verläufen ist, deren Ergebnisse die Sicherstellung gesellschaftlicher Teilhabe zur Orientierung haben müss(t)en.

Die Sachverständigenkommission des 14. Kinder- und Jugendberichts (BMFSFJ 2013) betont, dass die großen Erwartungen, die derzeit mit frühkindlichen Bildungssettings verbunden sind, relativiert betrachtet werden müssen, da noch keine Belege für die These der Korrelation zwischen elementarpädagogischer Arbeit und schulischer Anschlussfähigkeit vorliegen. Bis dahin bleibt festzuhalten, dass familiäre Ausstattung (soziale Lage, materielle Bedingungen, familiäre Kontexte) und individuelle Ausstattungen sehr eng mit Umweltbedingungen in Relation stehen und die Persönlichkeitsentwicklung maßgeblich bestimmen, aber die „Möglichkeiten und Grenzen der Frühförderung“ nur auf eine sehr „bescheidene empirische Basis“ (BMFSFJ 2013: 104) bezogen werden können. Es ist also noch offen, inwieweit kognitiv, sprachlich und kulturell anregungsarme Umgebungen (familiärer Mangelsituationen) institutionell kompensiert werden können. Der Befund, dass „Armutskontexte und Zuwendungseinbußen“ die Möglichkeiten der Persönlichkeitsentwicklung einschränken und ausgeprägte schulische Ängste befördern können (BMFSFJ 2013), relativiert die These von der Bedeutung der elementarpädagogischen Reichweite, da

> „Unterschiede bzw. selektive Zugänge zu pädagogischen Qualitäten in außerfamilialen Betreuungssettings nur sehr wenig erforscht sind (…). Hinzu kommt, dass selbst eine gute pädagogische Qualität in der Kindertagesbetreuung nicht ihre volle Wirkungskraft entfalten kann, wenn nicht auch Familien entsprechende Bildungs- und Betreuungsqualitäten bieten“ (BMFSFJ 2013: 117).

Die postulierte Reichweite der Weichenstellkraft der Elementarpädagogik muss auch aufgrund der Befunde von Lichtblau (2013) zu Verläufen kindlicher Interessensentwicklung am Übergang von der Kindertagesstätte in die Grundschule in Zweifel gezogen werden: In dieser explorativen Longitudinalstudie über Interessenentwicklungsverläufe von 15 soziokulturell benachteiligten Kindern aus 13 Familien, die während des Übergangs vom Kindergarten in die Grundschule beobachtet und begleitet wurden, stellte sich heraus, dass es den sechs mit überdurchschnittlichen „räumlich-materiellen Ressourcen“ und „qualitativ sehr hochwertiger pädagogischer Interaktion“ arbeitenden Kindergärten sehr gut gelang, die Kinder in ihrer Interessensentwicklung innerhalb der vier Interessengebiete (konzeptuelles, prozedurales, kreatives und soziales Interesse) durch gezielte Unterstützung zu fördern und zu begleiten. Nur in zwei Fällen blieb es aufgrund von Entwicklungsproblemen bei einer „fragmentarische Interessenentwicklung“, die ungünstige Startbedingungen für die Schule darstellt. Lichtblau zufolge besitzen alle Kinder am Ende der Kindergartenzeit

> „Interessen, die eine individuelle Ressource darstellen, emotional besetzt und ein elementarer Bestandteil des kindlichen Selbstkonzeptes sind. Die Wahrnehmung, Einbindung und Förderung individueller Interessen führt zu einer Individualisierung des Lernens und unterstützt den bewussten und sensiblen Umgang mit den Stärken und Schwächen jedes Schülers und jeder Schülerin in heterogenen Lerngruppen“ (Lichtblau 2013: 84).

Nach dem Übergang in die Grundschule zeigten die Kinder dieser Studie z.T. rückläufige Entwicklungen, da die Interessensentwicklung in der Schuleingangsphase durch curriculare Vorgaben, die Erwartung an hohe Eigenmotivation bei geringer Unterstützung und die Bindung von Freispielphasen an zuvor zu erbringende Leistungen beeinträchtigt wird. Die im Kindergarten obligatorische umfangreiche Dokumentation der Entwicklungsstände wurde von den Grundschulen nicht rezipiert, die Interessen nicht als Anknüpfungspunkte für Lernmotivation genutzt und Kooperationsbeziehungen zwischen den pädagogischen Institutionen waren kaum erkennbar (Lichtblau 2013).

Wenn also Orientierungspläne und Maßnahmen zur Optimierung von elementarpädagogischen Settings zur besseren Bewältigung des Übergangs in die Grundschulzeit die kindlichen Ausgangslagen zur schulischen Bildungsbiografie verbessern sollen, dann müssen Fragen an konzeptionelle Zugänge zum Erhalt (!) der Motivation, des Interesses am Lernen, der emotionalen und sozialen Entwicklung ab dem Zeitpunkt des Schuleintritts gezielt in den Blick genommen und die Suche nach den weichenstellenden Bedingungen oder deren Verhinderungen für erfolgreiche Lern- und Bildungsprozesse auf schulischer Ebene fortgesetzt werden. Anders als in der Kita, gelten dort keineswegs die Bedürfnisse von Kindern als Ausgangspunkt für die Inszenierung erfolgreicher Lernsettings. Enderlein (2007) legt eindrucksvoll dar, mit welchen besorgniserregenden Werten Studien die Gesundheitsgefährdung durch das schulische Setting belegen und welche entwicklungsrelevanten Bedürfnisse von Kindern durch die gegenwärtige Struktur und Gestaltung des schulischen Alltags mit weitreichenden Konsequenzen unterdrückt werden, weil die Befriedigung von individuellen Bedürfnissen, wie jenen nach Verständnis, Wertschätzung und Selbstverwirklichung hinter das Interesse an Normierung und Anpassung gestellt werden. Enderlein (2007) zufolge kann Schule durch ihre nach wie vor relativ verbreitete, historisch gewachsene Inszenierung als Angst-, Stress- und Zwangssystem zu erheblichen emotionalen Belastungen führen, die das Lernen beeinträchtigen und Bildungsprozesse stören. Ihrer Analyse der beiden großen repräsentativen Untersuchungen des Deutschen Jugendinstituts von 2003 und 2005 (Kinderpaneel) zufolge, haben *Schul*kinder Angst vor Versagen, sozialer Ausgrenzung, Bloßstellung, Demütigung und Bestrafung. Fast die Hälfte (44%) der Acht- bis Neunjährigen gibt an, *oft* Angst zu haben, in der Schule einen Fehler zu machen. Auch die neuere DAK-Studie der Uni Lüneburg zu „subjektiven Gesundheitsbeschwerden von Schülern“ (Paulus et al. 2010) betont die Zusammenhänge zwischen Belastungssymptomen durch den Schulbesuch und daraus folgenden Gesundheitsproblemen. Enderlein (2007) schließt aus den DJI-Daten, dass Unruhe, Ängste, Depression, Psychosomatik, Suchtverhalten und Zwangsstörungen auch darauf zurückzuführen sind, dass Bedürfnisse permanent unterdrückt werden. Wenn alterstypische Grundbedürfnisse nicht befriedigt werden, sondern körperliche, geistige, soziale und emotionale Belastungen zur Folge haben, ist in der Transition die *Grundschule* als Institution dafür verantwortlich, dem Abhilfe zu verschaffen und Settings zu entwickeln, die angemessene Entwicklungsräume eröffnen, damit junge Menschen sich nicht nur kognitiv entwickeln, sondern auch seelisch, körperlich und sozial gesund aufwachsen können.

Während im schulischen Kontext künftige Settings an positivem Lernerfolg und inklusiven Bildungswegen auszurichten sind, verlangen pädagogische Konzepte der Kindertagesbetreuung aber ebenfalls nach bedürfnissensiblen Perspektiven, die Präventions- und Interventionsstrategien für Familien so anlegen, dass soziale Verwerfungen Ausgleiche finden und Institutionen systemisch vernetzt arbeiten können, ohne entmündigende und normierende Prozesse weiter zu verschärfen. Die Expertise des 13. Kinder- und Jugendberichts (BMFSFJ 2009) hat dies vor allem mit Blick auf die Situation von Kindern und Jugendlichen getan, die von Gesundheitsbeeinträchtigungen und speziellen Versorgungsbedarfen betroffen sind. Dabei betont die Kommission in der Bündelung ihrer Leitlinienempfehlung, dass Förderprogramme an den Bedürfnissen und Handlungsmöglichkeiten von Heranwachsenden und deren Familien auszurichten sind, damit bedarfsgerechte und passgenaue Förderkonzepte möglich werden.

Dies- und jenseits von Schule gilt die Beziehungsqualität zwischenzeitlich als entscheidender Faktor, der sich zugleich auch als Qualitätsfaktor für schulisches Lernen anbietet: Hattie (2012) zufolge bestimmt die wertschätzende und an positivem Feedback orientierte Beziehungsqualität ganz maßgeblich auch den Lernerfolg, während Maßnahmen und Differenzierungen zur Betonung von Unterschieden und Segregationsmechanismen mit Hatties Metastudie einmal mehr in ihrer desaströsen Wirkung auf Lernprozesse belegt sind, während Faktoren wie Klassengröße oder Hausaufgaben als irrelevant gelten können. Für schulisches Lernen kommt es darauf an, das Fähigkeitsselbstkonzept zu befördern, sich an den Entwicklungsphasen von Kindern zu orientieren, Lehrkonzepte zu evaluieren und in glaubwürdige Beziehungsqualität zu investieren, sowie Stereotypisierung und Labeling konsequent zu vermeiden – so wie es in den Einrichtungen der Kindertagespflege gleichfalls die gängige Praxis sein sollte.

Der Mythos von der bildungsbiografisch weichenstellenden Funktion der Kindertagesstätte am Übergang in die Grundschule muss also nachdrücklich in Frage gestellt werden. Wo aber liegen seine berechtigten Funktionen für lebensweltorientierte Strukturveränderungen?

2. Interdisziplinäre Organisationsentwicklung

Die anscheinend friedliche Koexistenz zwischen Kindertagesbetreuung und Grundschule, wie sie zunächst durch überbrückende Modelle der Kooperation zwischen Kita- und Schule, durch Anbindungen von Horteinrichtungen an ganztägige Grundschulen oder durch die Zusammenführung von Jugendhilfe und Grundschule in den nordrhein-westfälischen Familienzentren aufgebrochen wird, scheint mittlerweile nachhaltig in Bewegung geraten. Nun offenbaren sich Strukturprobleme, die jenseits konkreter pädagogischer Handlungsmodelle oder Kooperationspraxen zu verorten sind. Wenngleich das Konstrukt von der kommunalen Bildungslandschaft den Vernetzungsgedanken und seine Verbreitung durch die wiederholte Auseinandersetzung des Städtetages mit diesem Thema zu einer strukturpolitischen Angelegenheit macht, die deutlich über bildungspolitische Anliegen hinausgeht (Spies 2013).

Im deutschsprachigen internationalen Diskurs (D/CH/A) wird die Zeit der Elementarbildung entweder allgemein auf die Lebensspanne der null- bis sechsjährigen Kinder bezogen, oder aber mit Rekurs auf die „Gruppenbetreuung von Kindern im Alter von drei bis acht Jahren“ (Meyer/Walter-Laager 2012: 16) begrenzt – womit im letzten Fall einerseits eine Abgrenzung von als *früh*-pädagogisch verstandener Krippenarbeit und andererseits die Einbeziehung der Transition in der Schuleingangsphase begrifflich abgebildet werden sollen. Im Verständnis der Elementar- und Primarstufe setzt sich hier das schulvorbereitende Paradigma (s.u.) fort, indem u.a. die ErzieherInnen zu „Lehrpersonen“ (Meyer/Walter-Laager 2012: 20) erklärt werden. Die Trennung in Früh-, Elementar- und Primarpädagogik hält dabei die institutionelle Abgrenzung zwischen den, auch nach pragmatischen Gesichtspunkten geregelten, Altersgrenzen[2] der Krippen-, Kita- und Grundschulpädagogik

2 Die Beschäftigung staatlicher Instanzen und fachlicher Diskurse mit den Belangen und Bildungsanliegen frühkindlicher Erziehung und Betreuung, sowie die entsprechende fachliche Qualitätssicherung qua Ausbildungskonzept steht in einer langen pädagogischen Tradition: Während für Friedrich Fröbel (1782-1852) auch Säuglinge zu den Adressaten des Kindergartens gehören und eine Reihe von in den 1970/80er Jahren gegründeten Elterninitativkindergärten und Kinderläden gezielt die Altersmischung der null- bis sechsjährigen Kinder in ihren Konzepten haben, findet sich gegenwärtig im Diskurs zu deren Erziehung und Betreuung ein deutlicher Trend zur Differenzierung zwischen der Gruppe der null- bis dreijährigen und jener der drei- bis sechsjährigen Kinder, für den allerdings bislang kaum empirische Grundlagen vorliegen. Die durchaus stark normativ geführte Diskussion dazu hat zunächst den Anschein, sich an einer Tradition zu orientieren, die davon ausgeht, dass Kinder mit etwa drei Jahren keinen Windelwechsel mehr benötigen und entsprechend weniger Pflegeaufwand in den Einrichtungen

aufrecht, indem sie die institutionelle Trennung an entwicklungspsychologisch begründeten Differenzierungsbedarfen festmacht. Dabei bleibt aber offen, inwieweit diese fraglos relevanten Differenzierungen nicht nur konzeptionell und professionell, sondern unbedingt auch über institutionelle Strukturen abgebildet werden müssen, statt ein gemeinsames Verständnis für die Entwicklungsprozesse der Kindheit und deren allmählichen Übergänge zu vertreten.

Derzeit nehmen Tageseltern, Kinderkrippen und Kindergärten innerhalb der Bildungslandschaft einerseits die Aufgaben der Betreuung von Kindern zwischen null und sechs Jahren wahr, während die Kindertagespflege als elementarpädagogisches ‚Ganzes' sich auch an Kinder im Grundschulalter richtet, die entweder im Hort oder von Tageseltern betreut werden. Stets lautet der Auftrag, für förderliche Entwicklungsbedingungen der anvertrauten Kinder zu sorgen. Rechtssystematisch sind sie der Jugendhilfe zugeordnet und in den §§ 22-25 des SGB VIII hinsichtlich ihres Auftrags und ihrer Leistungen beschrieben. Organisationssystematisch bildet sich diese Zugehörigkeit jedoch nicht immer ab: Einige Bundesländer in Deutschland durchbrechen die Systematik der Jugendhilfe und verlagern die Kindertagesbetreuung in die kultusministerielle Zuständigkeit. Diese bildungspolitische Steuerungsmaßnahme kann auch als ein Zeichen für ein sich wandelndes Verständnis für (früh)kindliche Bildungsprozesse und deren Verantwortung gedeutet werden – wenngleich dabei die Gefahr besteht, dass im Zuge der Steuerungsverfahren Errungenschaften der Jugendhilfe verloren gehen oder die Orientierung an schulischen Maximen die künftigen Rahmungen der pädagogischen Arbeit in der Kindertagespflege bestimmen sollen. Zu dieser Frage unterscheidet Stamm (2010) zwischen dem schulvorbereitenden und dem sozialorientierten Paradigma der frühkindlichen Bildung: „Das eine Paradigma fokussiert auf schulvorbereitende Wissens- und Kompetenzbereiche wie Sprachförderung (literacy) und Zahlenverständnis (numeracy). (...) Das andere Paradigma betont die Entwicklung des Kindes als ein in verschiedenen Domänen lernendes Individuum" (Stamm 2010: 31). Während das schulvorbereitende Paradigma Bildung als Ressource (Erzeugung von Humankapital, Wettbewerbsfähigkeit) versteht, betont das sozialorientierte Paradigma „den Wert des Spiels und sämtlicher vom Kind selbst ausgehenden kulturell geprägten Aktivitäten" (Stamm 2010: 31),

---

einkalkuliert werden muss. Ein nachvollziehbarer aber nicht zwingender Orientierungspunkt, denn als Anfang der 2000er Jahre die Kindergärten in ländlichen Gebieten von Rheinland-Pfalz einen großen Nachfragerückgang zu verzeichnen hatten (demografischer Wandel), war es den Trägern der Einrichtungen problemlos möglich, ihre Betreuungsangebote auch für die zweijährigen Kinder zu öffnen. Orientierungshilfen und Empfehlungen sowie die rechtlichen Rahmungen zur Aufnahmen von Kindern unter drei Jahren stehen in Rheinland-Pfalz seit 2007 zur Verfügung.

dessen Entwicklung von vorzeitiger Konfrontation mit akademischen Inhalten gefährdet sei. Für den internationalen Vergleich konstatiert Stamm, unabhängig vom jeweils vorherrschenden Paradigma frühkindlicher Bildung, ein durchgängiges Problem bei der Gestaltung der Transition vor und während der Schuleingangsphase, weil die Versuche der Kombination von Sozialisations- und Bildungsfunktionen Schwierigkeiten bereiten.

In solchem Ansinnen ist die Kindertagesbetreuung beispielsweise seit Anfang der 2000er Jahre in Niedersachsen im Kultusministerium in der Abteilung „Frühkindliche Bildung" verortet und inhaltlich u.a. über den „Orientierungsplan für Bildung und Erziehung im Elementarbereich niedersächsischer Tageseinrichtungen für Kinder" gesteuert. Auch in Thüringen wird die Kindertagesbetreuung von der Kultusbehörde verwaltet (Ministerium für Wissenschaft, Bildung und Kultur) und ebenso in Brandenburg (Ministerium für Jugend, Bildung und Sport). Andere Bundesländer wie beispielsweise Nordrhein-Westfalen (*Ministerium* für Familie, Kinder, Jugend, Kultur und Sport des Landes Nordrhein-Westfalen), Rheinland-Pfalz (Ministerium für Integration, Familie, Kinder, Jugend und Frauen in Rheinland-Pfalz), Hessen (Sozialministerium), Bayern (Familienministerium) oder Sachsen (Ministerium für Gesundheit und Soziales) haben diese Auslagerung aus dem weiteren Kontext der Jugendhilfe (noch?) nicht vorgenommen – und nehmen den Bildungsauftrag für die pädagogische und betreuerische Arbeit mit Kindern zwischen Geburt und Schuleintritt ebenso verantwortungsvoll wahr, wie dies die Länder mit der Anbindung an die Kultusbehörde auf der legislativen Ebene vermutlich ausdrücken wollen. Letztlich zeigen vor allem die systematischen „Brüche" der Zuordnung, dass in der jüngeren Vergangenheit eine fachlich und systematisch veranlasste Bewegung in die Organisationsstrukturen der Institutionen gekommen ist, die den systemisch bedingten Bruch in der Bildungsbiografie von Kindern, die von der Kindertagesbetreuung in die Grundschule wechseln (Transition), mit unterschiedlichen institutionellen, strukturellen und inhaltlichen Maßnahmen abfangen will.

Neuerungen sind dabei von verschiedenen politischen Anliegen beeinflusst und in Absicht und Wirkung keinesfalls solitär oder gar trennscharf zu differenzieren (und längst noch nicht in ihrer Breite und gegenseitigen Beeinflussung empirisch durchdrungen): So korreliert beispielswiese der wirtschaftlich bedingte Betreuungsbedarf zur Ermöglichung von Berufstätigkeit (Öffnungszeiten, Rechtsansprüche, Ganztagsformate etc.) mit Argumentationen, die von Settings der Kindertagesbetreuung sowohl eine ausgleichende Minderung von herkunftsbedingten sozialen Benachteiligungen und strukturellen Diskriminierungen als auch einen kinderschützenden Effekt erwarten, und jenen, die diesen Settings (Krippe, Kita, Tagesmutter) einen expliziten Bildungsauftrag geben, sowie die Relevanz von früher institutionalisierter Bildung für die anschließende schulische Laufbahn betonen und die Leistungserwartungen auch in den Kontext problematischer demografischer Entwicklungen setzen – aber die Diskrepanz in den fachlichen Qualifikationen von Tageseltern und ErzieherInnen *nicht* thematisieren – denn damit würde das Betreuungsmodell in Frage gestellt.

Die o.g. Korrelation ist aber keineswegs neu, sondern seitens der Jugendhilfe seit 25 Jahren ausdrücklich gewollt: § 22 des SGB VIII formuliert die rechtliche Rahmung, dass Tageseinrichtungen für Kinder und Kindertagespflege die Entwicklung zur eigenverantwortlichen und gemeinschaftsfähigen Persönlichkeit fördern, die Erziehung und Bildung in der Familie unterstützen und ergänzen, sowie Eltern dabei helfen sollen, Erwerbstätigkeit und Kindererziehung besser miteinander vereinbaren zu können. In der gleichen Rechtsgrundlage findet sich auch der Auftrag zur partnerschaftlichen Zusammenarbeit mit Schule, damit Risiken am Übergang in die Grundschule gemindert werden, „um den Kindern einen guten Übergang in die Schule zu sichern und um die Arbeit mit Schulkindern in Horten und altersgemischten Gruppen zu unterstützen (...)" (SGB VIII § 22a). Mit anderen Worten: Die Kita ist zur kooperativen Gestaltung der Transitionsphase in die Grundschule und zur Zusammenarbeit mit Schulen (SGB VIII, §81) seit 25 Jahren rechtsverbindlich verpflichtet. Aber für Schule ist eine kooperative Grundhaltung gegenüber außerschulischen Bildungsanbietern bislang kein ausdrückliches „Muss". Erst die neuen multiprofessionellen Teamansätze, staatliche Steuerungsmaßnahmen wie beispielsweise das Modell des niedersächsischen „Brückenjahres" u. ä. verändern allmählich den schulischen Blick auf die Notwendigkeit vernetzter Bildungsverantwortung. Im Rahmen der Möglichkeiten von Schulentwicklung und eigenständiger Verantwortung von Kooperationsbeziehungen ist die Einsicht in die systemische Gestaltungsaufgabe und die dafür erforderlichen habituellen Veränderungen von der Offenheit der Einzelschule abhängig, die im Vorfeld der konzeptionellen Zusammenarbeit zunächst zur Einsicht kommen muss, dass kooperative Konzepte – jenseits des Delegationsprinzips (de Boer/Spies 2014) – den systemischen Blick auf die Organisation Grundschule und auf eine ausdrücklich über die Unterrichtsgestaltung hinausgehende aktive Zusammenarbeit erfordern und jeden Baustein der Trias zur Schulentwicklung (Personal-, Organisations- und Unterrichtsentwicklung; Rolff 2010) gleichwertig gewichten, um nachhaltige Effekte im Sinne einer Systemreform zu erzielen. Hier beginnen vor allem für die Schulen die Herausforderungen in der Auseinandersetzung mit ihrem Professionalisierungsbedarf zur Optimierung von Transitionssettings.

3. Professionalisierungsfragen

Die Entwicklungsherausforderungen zur Professionalisierung der Zusammenarbeit zwischen Grundschule und Kindertageseinrichtungen beginnt mit der konzeptionellen Gestaltung der Beendigung der Kindergartenzeit und führt hinein in die konzeptionelle Gestaltung (ganztägiger) Grundschulformate sowie zu deren fachlichen Zusammenarbeit mit Einrichtungen des Hilfesystems (z.B. Erziehungsberatung, Jugendhilfeträger im Ganztag; de Boer/Spies 2014; Familienzentren in NRW). Innerhalb der Schulentwicklung steht aber auch das professionelle Bild vom Kind auf dem Prüfstand: Soll die fachliche Arbeit in der Kita weiterhin davon bestimmt sein, Lernen in der Gruppe, im nicht angeleiteten Spiel und im Alltag anzuregen und dabei stets vom Fähigkeitsselbstkonzept der Kinder ausgehen, dass es zu stützen und zu erweitern gilt und dafür eine vertrauensvolle Atmosphäre und Bestätigung aktiv herzustellen, oder soll sie sich dem tradierten schulischen Lernen anpassen?

Wie weit sind schulische Konzepte bereit, an die Maximen des Kindergartens anzuknüpfen, um die Lernsettings der Schuleingangsphase zu optimieren? Wie weit trägt die Differenzierung zwischen intuitivem und schulischem Lernen, dessen Übergang der Anfangsunterricht leisten soll (Hacker 2011)? Der Anfangsunterricht wird im Fachdiskurs als erziehend und sozialisierend, mit Einfluss auf Persönlichkeitsentwicklung sowie alters- und entwicklungsabhängig erörtert, soll an vorschulische Bildungsanregungen anknüpfen und Grundlagen für das weitere schulische Lernen legen (u.a. Hellmich 2010). Hier sollen Zugänge zum Schriftspracherwerb eröffnet werden, das mathematische Grundverständnis angeregt und Sachkompetenz aufgebaut werden, für die im Kindergarten der Grundstein gelegt werden soll, damit Interesse geweckt und die kognitive Leistungsbereitschaft aufgebaut werden kann. Den oben zitierten Befunden von Lichtblau (2013) zufolge kann dies (für einige SchülerInnen) aber nur Postulat sein, denn die Studie belegt, dass Interessen kaum Berücksichtigung im Anfangsunterricht finden. Hacker (2011) weist auf die Diskrepanz zwischen idealtypischen Ansprüchen und den davon noch weit entfernten Umsetzungsergebnissen in der schulischen Praxis hin. Diehm (2008) betont ausdrücklich, dass veränderte Einschulungsbedingungen nicht davon entbinden können „die Grundschule samt ihrer Pädagogik als ein System zu beobachten, das auch strukturbedingt Selektionsergebnisse produziert, die nicht im Einklang mit den geläufigen Reformsemantiken stehen bzw. durch diese nicht sogleich zu entschärfen sind“ (Diehm 2008: 573).

Sowohl die Praxen zur Gestaltung der (altersgemischten) Schuleingangsphase im Sinne eines strukturierten und pädagogisch motivierten Übergangskonzepts bzw. des Anfangsunterrichts, als auch jene für die weiteren Klassenstufen sind insgesamt derart vielfältig, dass keineswegs von einheitlichen schulischen Grundlegungen für Bildungssettings in der Primarstufe ausgegangen werden kann. Denn wenngleich derzeit die individuelle Förderung und Lernprozessbegleitung den pädagogischen Schwerpunkt in der Grundschule legen soll und die gleichzeitige Postulierung der Wertschätzung von Vielfalt diese individualisierende Haltung stützt und zur Grundlage demokratischen Lernens sowie der institutionellen Öffnung bzw. gewünschten Verschränkung von Elementar- und Primarpädagogik führen soll, können die Umsetzungen dieses Anliegens in der Praxis je Einzelschule derart unterschiedlich ausfallen, dass die Bedingungen des schulisch formalisierten Lernens in der Primarstufe sogar innerhalb einer Kommune so verschieden sein können, dass es geradezu zur bildungsbiografischen Schicksalsfrage werden kann, welcher Schule mit welchem Unterrichtskonzept das einzelne Kind zugewiesen wird[3].

Die Palette der innovativen Möglichkeiten der staatlichen Grundschule reicht einerseits von der Flexibilisierung der Einschulungszeitpunkte (z.B. Hessen) über den jahrgangsgemischten Unterricht der Klassen 1-4 bis zum grundsätzlichen Verzicht auf Benotung bis Mitte der vierten Klasse. Andererseits finden sich aber auch ausgesprochen traditionelle Konzepte des Primarunterrichts und eine Vielzahl von Mischformen, die sowohl reformpädagogische Elemente aufgreifen, Selbstbestimmung und demokratische Grundlagen betonen und Eltern intensiv beteiligen, als auch u.a. an i.d.R. wenig demokratischen, stark selektierenden und exkludierenden strukturellen Traditionen festhalten, didaktische Varianten (z.B. „Anlauttabelle") erproben, ohne sie kritisch zu evaluieren oder (empirisch ungeprüften) Trends und Programmatiken des Bildungsmarktes folgen und dabei wohlmöglich auch noch ein problematisches Schulklima haben.

Während die Fachkräfte der Elementarpädagogik als LernbegleiterInnen die Selbstbildungsprozesse der Kinder einschätzen und professionell aufgreifen, indem sie anregende Lernumgebung gestalten (Projekte, Materialien, Kontakte etc.), Beobachtung und Dokumentation von individueller Entwicklung betreiben (u.a. Portfolio, Sprachlerntagebücher, Bildungs- und Lerngeschichten) und damit einer mittlerweile fundierten Systematik folgen (sollten), verlangt die staatliche Schulaufsicht eine enge Orientierung am Leistungsprinzip und am Bild der fachdidaktisch spezialisierten Lehrkraft, die sich an tradierten professionellen Werten und Überzeugungen orientiert und normative Präferenzen und Ziele vertritt (Baumert/Kunter 2006: 481). So sind beispielsweise die Entwicklungszeugnisse für die Schuleingangsphase in Niedersachsen von vorgegebenen

---

3 In den meisten Bundesländern werden die SchülerInnen nach wie vor über den Schulsprengel, dessen Einzugsgebiet festgelegt ist, zugeteilt.

Textbausteinen zur Bewertung von Arbeits- und Sozialverhalten bestimmt, die letztlich eine Umformulierung des Notenzeugnisses und keineswegs eine differenzierte *Entwicklung* dokumentieren. Auch Strategien des Teamteachings und der inneren Differenzierung, offene Arbeitsformen, Projektarbeit oder moderierte Gruppen- und Einzelsituationen sind eher Alltag in der Kita aber ungewohnte Neuheiten in der Grundschule, die sich nach wie vor an der stark strukturierten, leistungsbezogenen Übungs- und Förderpraxis orientiert, weil sie formalisierte Bildungszugänge vertreten muss und sich kaum vorstellen kann, dass diese in nachweislich enger Wechselwirkung mit nichtformalisiertem Lernen stehen (Szczesny et al. 2009). Eine Perspektive auf die Transition, die das nicht-formalisierte (bzw. nach den Bildungs- und Orientierungsplänen schon fast-formalisierte) Lernen vor Schuleintritt zur chronologischen Voraussetzung für formalen Lernerfolg nach dem Schuleintritt macht, scheint wenig förderlich und verkennt die Abhängigkeit von informellem, formellem und nicht-formellem Lernen, die neben den von Enderlein (2007) betonten Wechselwirkungen auch in Abhängigkeit von lebensweltlichen Erfahrungskontexten und Rahmungen stehen.

Die innovationsbereite Grundschule befindet sich letztlich in einem Dilemma, das an eine „Zwickmühle" aus Struktur und Anforderung erinnert: Einerseits ist sie an Strukturzwänge gebunden, die sich aus schuladministrativen Vorgaben (Curriculum; Leistungsvergleichstests, Inklusionsauftrag und Strukturunterstützung) und kommunalen Konzepten (z.B. Bildungslandschaft, Halb-/Ganztagsschulformate) ergeben. Andererseits steht sie als eigenverantwortliche Grundschule vor der Herausforderung, Entwicklungsanforderungen auf der konzeptionellen Ebene (inhaltlich und kooperativ) zu bewältigen, die zugleich den Vorgaben des strukturellen Rahmens entsprechen müssen (de Boer/Spies 2014). Sie muss die drei Pole der Schulentwicklung (Organisation, Unterricht, Personal; Rolff 2010) hinsichtlich der professionellen Ausgestaltung und in Beziehung zueinander gestalten – ohne dass verlässliche Orientierungsrahmungen die Diskrepanz zwischen den Aufträgen von elementarpädagogischen und primarpädagogischen Settings auffangen.

4. Qualitätsfragen

Nun steht aber seit den Veröffentlichungen der ersten OECD-Bildungsstudien zu Beginn der 2000er Jahre vor allem das Handlungsfeld der Kindertagesbetreuung in der Kritik und ist seitdem ungebrochen dem Vorwurf der fachlichen Qualitätsmängel ausgesetzt. Seine pädagogischen Qualität steht stark unter Beobachtung (Baader et al. 2012; Blossfeldt et al. 2012; Förster/Müller 2011;

König/Pasternack 2008; Wildgruber/Becker 2011; Viernickel et al. 2013; Sulzer/ Wagner 2011) während in der Auseinandersetzung mit der Grundschule vor allem die didaktischen Perspektiven verfolgt werden und die pädagogischen oder strukturellen Aufgaben nur selten in den Blick genommen werden (de Boer 2014; Peters/de Boer 2011).

Derzeit reichen die internationalen Forschungskontexte zu Fragen frühkindlicher Bildung von der Auseinandersetzung mit kognitiven, sozialen und emotionalen Entwicklungsbedingungen und deren Förderkonzepten, über individuelle und herkunftsbedingte Faktoren. Außerdem setzt man sich sehr intensiv mit Angeboten, Qualitätsmarkern und Fragen der Professionalisierungsbedarfe auseinander, weil die Qualitätsunterschiede der Konzepte und ihre Reichweiten bzw. Wirksamkeiten ebenso wie ihr volkswirtschaftlicher Nutzen oder Differenzierungsfragen, wie z.B. jene nach dem optimalen Zeitpunkt der Einschulung, noch längst nicht hinreichend empirisch untersucht sind (Peters/de Boer 2011).

Die Sachverständigenkommission des 14. Kinder- und Jugendberichts stellt dazu fest, dass sich fundamentale „Verschiebungen und Neujustierungen im Verhältnis des Aufwachsens in privater und öffentlicher Verantwortung, also die zunehmende Bedeutung öffentlich verantworteter Orte des Aufwachsens in der frühen und mittleren Kindheit" (BMFSFJ 2014: 307) beobachten lassen, die von der verhältnismäßig zögerlichen Entwicklung ganztägiger Schulkonzepte für die späte Kindheit ergänzt werden (Fischer 2012). Der Diskurs konzentriert sich derzeit vor allem auf die Auseinandersetzung mit Bildungs- und Entwicklungsaufgaben der frühen und mittleren Kindheit, fordert die Gestaltung von lernanregenden Settings, Entwicklungsdokumentation, Elternberatung und Kooperationskonzepten und verlangt nach veränderten Ausbildungskonzepten – die allerdings gleichzeitig Gefahr laufen, die „Curricularisierung von Krippe und Kindertagesbetreuungseinrichtung, eine Verplanung von Kindheit, die die frühkindliche Bildung stark auf die Produktion von Humankapital und ihre Verwertbarkeit in der Schule" (BMFSFJ 2013: 306) voranzutreiben.

Ein lebensweltbezogener Vorschlag zur Prüfung von Qualitätsstandards liegt mit den Eckpunkten *Befähigung* und *Wohlbefinden* zur Prüfung von Erziehungs- und Bildungskonzepten der Elementarpädagogik vor: „Ersteres eher als gezielt eingesetzte Einflussnahme auf Kinder und letzteres eng verbunden mit Entwicklung und Lernen" (BMFSFJ 2013: 129). Diese Kompetenzen gilt es also für alle Stufen und Variationen der möglichen Ausbildungsgänge für das Berufsfeld als Maßstab zu nehmen und die damit verbundenen Tätigkeiten (gegenwärtiger und zukünftiger Beschäftigungsverhältnisse) so gestalt- und erlernbar zu machen, dass *jegliche* pädagogische Handlung im institutionellen (Kindertagesstätte, Grundschule) wie im privaten (Tageseltern) Setting daran gemessen werden kann. In der Zusammenschau der entsprechenden Empirie und den Analysen zur Qualifikation als Grundlage für Qualität in der Kita kommen Baader et al. (2012) zu dem Befund, dass der Qualifikationsbedarf von Fachkräften vor allem hinsichtlich *angemessener* Konzepte zum Umgang mit sozialer Ungleichheit, Interkulturalität und Migration besteht.

Da das gleiche Professionalitäts- und Qualitätsdefizit für die Schule als symptomatisch bezeichnet werden kann (Dirim/Mecheril 2010), liegt der Gedanke der gemeinsamen Ausbildung von Fachkräften für beide Institutionen nahe, ist aber rechtlich und fachlich (jenseits einer Doppelausbildung) derzeit aufgrund der bestehenden Berufsbilder und Beschäftigungsverhältnisse nicht umzusetzen (Spies/Wolter i.E.). Mit dieser Perspektive verlagert sich das institutionell-strukturelle Problem auf die Ebene der Professionalität und wirft weitere Fragen auf, weil die Akademisierungsbestrebungen der ErzieherInnenausbildung als fachlicher Anspruch mit Verweis auf Qualitätsanforderungen den aktueller Personalnot geschuldeten Quereinstiegsprogrammen und Tageselternkonzepten zur Erfüllung rechtlich verankerter Betreuungsansprüche diametral gegenüber stehen – sowohl Quereinsteiger als auch Tageseltern können in ihren Qualifikationsprofilen nicht den Sachstand der derzeitigen fachschulischen ErzieherInnenausbildung erreichen.

Die Lösung des Problems kann also keineswegs auf Seiten der Kita mit der beispielsweise von Blossfeldt et al. (2012) geforderten Schließung der Sozialassistenz- bzw. Kinderpflegeausbildungskonzepte und der gestuften Fachschulausbildung zu suchen sein. Die mit Schließung und Akademisierung verbundene Hoffnung auf einem Zugewinn an Bildungsqualität in elementarpädagogischen Arbeitsbereichen bricht sich auch am Übergang in die Grundschule, denn dort bleibt die institutionelle Diskrepanz aufgrund der Strukturzwänge erhalten und die Möglichkeiten zur Ausgestaltung der Kooperationskonzepte bzw. Kooperationsstrukturen und der Abstimmung der pädagogischen Arbeit aufgrund der institutionellen Logiken begrenzt (Spies/Wolter i.E.). Auch mit Blick auf internationale Ausbildungsmodelle scheint eine *generelle* Anhebung des Niveaus bei gleichzeitigem Auslaufen niedrigerer Qualifikationsniveaus nicht zwingend notwendig zu sein. Friedrich (2012) hebt in einem Vergleich internationaler Professionalisierungsmodelle des elementarpädagogischen Handlungsfeldes in Frankreich, Schweden, England und Dänemark hervor, dass alle in die Betrachtung einbezogenen Staaten einen qualifikatorischen „Fachkräfte-Mix" bei gleichzeitigen Professionalisierungsbestrebungen vorweisen können. Die in vorschulischen (elementarpädagogischen) Einrichtungen Tätigen weisen in diesen Staaten unterschiedliche Qualifikationsniveaus auf und die Ausbildungsgänge für diesen Bereich sind entsprechend darauf ausgerichtet, diese Heterogenität zu bedienen (Friedrich 2012: 54f). Angesichts der derzeitigen

Wandelungen in den Teamstrukturen der Grundschule, die mehr und mehr zu multiprofessionellen Teamstrukturen werden und sozialpädagogische, sonderpädagogische sowie therapeutische Expertise zu schätzen lernen (de Boer/Spies 2014) mag hier ein Lösungsansatz zu suchen sein, der der Erprobung standhalten könnte.

5. Fazit

Die postulierte Korrelation von Übergang und Schulerfolg ist zweifelhaft und empirisch nicht haltbar. Sie lenkt von bildungsbiografischen Verläufen und deren institutioneller Gebundenheit ab. Es gibt weder Rezepte noch Konzepte, die derzeit den biografischen, institutionellen und pädagogischen Bruch der Transition in die Grundschule zufriedenstellend abfedern können. Weder Brückenmodelle, noch Schulsozialarbeit oder Ganztagsschulen und auch nicht einseitig nur für die Kita veränderte Berufsbilder können die in sie gesetzten Hoffnungen erfüllen. Der konzeptionellen Vielfalt und der hohen Entwicklungsdynamik im Feld der Kindertagesbetreuung als Ausgangspunkt der Transition steht die nur zögerliche Entwicklung im Zielbereich des Übergangs (also in der Schule) entgegen. Regionale bildungs- und sozialpolitisch motivierte Kooperationskonzepte wie das der Bildungslandschaft sind in ihrer Reichweite und Nachhaltigkeit von institutionellen Strukturen bedroht, die zwar nach Veränderungen in Professionsverständnis und Ausbildungsbedingungen verlangen aber (noch) nicht davon getragen werden können.

Literatur

Baader, Meike Sophia/Cloos, Peter/Hundertmark, Maren/Volk, Sabrina (2012): Frühkindliche Bildung, Betreuung und Erziehung aus der Perspektive sozialer Ungleichheit. Verfügbar unter: http://www.boeckler.de/pdf/p_arbp_197.pdf (Zugriff am 11.03.2013)

Baumert, Jürgen/Kunter, Mareike (2006): Stichwort: Professionelle Kompetenz von Lehrkräften. In: Zeitschrift für Erziehungswissenschaft 9. Jg. H. 4. 469-520

Blossfeld, Hans-Peter/Bos, Wilfried/Daniel, Hans-Dieter/Hannover, Bettina/Lenzen, Dieter/Prenzel, Manfred/Roßbach, Hans-Günther/Tippelt, Rudolf/Wößmann, Ludger (2012). Professionalisierung in der Frühpädagogik. Qualifikationsniveau und –bedingungen des Personals in Kindertagesstätten. Gutachten im Auftrag der Bayerischen Wirtschaft. Münster: Waxmann Verlag

BMFSFJ (2013). 14. Kinder- und Jugendbericht: Bericht über die Lebenssituation junger Menschen und die Leistungen der Kinder- und Jugendhilfe in Deutschland. Verfügbar unter: http://www.bmfsfj.de/BMFSFJ/Service/publikationen,did=196138.html (Zugriff am 02.09.2014)

BMFSFJ (2009). 13. Kinder- und Jugendbericht: Bericht über die Lebenssituation junger Menschen und die Leistungen der Kinder- und Jugendhilfe in Deutschland. Verfügbar unter: http://www.bmfsfj.de/BMFSFJ/Service/publikationen,did=128950.html. (Zugriff am 02.09.2014)

Bohl, Thorsten/Helsper, Werner/Holtappels, Heinz Günter/Schelle, Carla (Hrsg.) (2010): Handbuch Schulentwicklung. Bad Heilbrunn: Verlag Julius Klinkhardt

De Boer, Heike (2014): Individuelle Förderung und Lernen in der Gemeinschaft als Themen der Schulentwicklung. In: Kopp et al. (2014): 122-125

De Boer, Heike/Peters, Susanne (2011): Grundschule entwickeln - neue Herausforderungen mit alten Ressourcen? In: de Boer et al.(2011): 10-16

De Boer, Heike/ Peters, Susanne (Hrsg.) (2011): Grundschule entwickeln – Gestaltungsspielräume nutzen. Frankfurt am Main: Grundschulverband

De Boer, Heike/Spies, Anke (2014): Kooperationssettings im Kontext inklusiver Grundschulentwicklung. In: Lichtblau et al. (2014): 186-198

Deutscher Städtetag (Hrsg.) (2012): Bildung gemeinsam verantworten. Münchner Erklärung des Deutschen Städtetages anlässlich des Kongresses „Bildung gemeinsam verantworten" am 8./9. November 2012. Verfügbar unter: http://www.staedtetag.de/imperia/md/content/dst/muenchner_erklaerung_2012_final.pdf (Zugriff am 30.12.2012)

Diehm, Isabell (2008): Kindergarten und Grundschule – Zur Strukturdifferenz zweier Erziehungs- und Bildungsinstitutionen. In: Helsper et al. (2008): 557-575

Dirim, Inci/Mecheril, Paul: (2010): Die Schlechterstellung Migrationsanderer. Schule in der Migrationsgesellschaft. In: Mecheril et al. (2010): 121-149

Einsiedler, Wolfgang/Götz, Margarete/Hartinger, Andreas/Heinzel, Friederike/Kahlert, Joachim/Sandfuchs, Uwe (Hrsg.) (2011): Handbuch Grundschulpädagogik. 3., vollständig überarbeitete Auflage. Bad Heilbrunn: Verlag Julius Klinkhardt

Enderlein, Oggi (2007): Die übersehenen Lebensbedürfnisse von Kindern. In: Overwien et al. (2007): 212-223

Fischer, Natalie (2012). Individuelle Wirkungen von Ganztagsschule - zum Forschungsstand. DIPF informiert. 17. 7-9. Verfügbar unter: http://www.dipf.de/de/publikationen/pdf/dipf-informiert/dipf-informiert-nr.-17 (Zugriff am 20.2.2014)

Förster, Antje/ Müller, Freia (2011): Sozialassistentin - Eine Zwischenstation in der Ausbildungsbiografie im Arbeitsfeld der Kindheitspädagogik?. bwp@ Spezial 5 - Hochschultage Berufliche Bildung 2011. Fachtagung 17: 1-13. Verfügbar unter: http://www.bwpat.de/ht2011/ft17/foerster_mueller_ft17-ht2011.pdf (Zugriff am 26. 09.2011)

Friedrich, Tina (2012): Professionalisierung durch Akademisierung? Studiengänge für frühpädagogische Fachkräfte in Frankreich, Schweden, England und Dänemark. In: Zeitschrift für Sozialpädagogik. 10. Jg. H 1. 41-60

Hacker, Hartmut (2011): Anfangsunterricht. In: Einsiedler et al. (2011): 415-418

Hattie, John (2012): Visible Learning for Teachers. Maximizing impact on learning. Abingdon, Oxon: Routledge

Hellmich, Frank (2010): Einführung in den Anfangsunterricht. Stuttgart: Verlag W. Kohlhammer

Helsper, Werner/Böhme, Jeanette (Hrsg.) (2008): Handbuch der Schulforschung. 2., durchgesehene und erweiterte Auflage. Wiesbaden: VS Verlag für Sozialwissenschaften

Lichtblau, Michael/Blömer, Daniel/Jüttner,Ann-Kathrin/Koch, Katja/Krüger, Michaela/ Werning, Rolf (Hrsg.) (2014): Forschung zu inklusiver Bildung – Gemeinsam anders lehren und lernen. Bad Heilbronn: Verlag Julius Klinkhardt.

Lichtblau, Michael (2013): Inklusive Förderung auf Basis kindlicher Interessen. Ergebnisse einer Längsschnittstudie zur Interessenentwicklung soziokulturell benachteiligter Kinder. In: Zeitschrift für Grundschulforschung 6. Jg. H 1. 72-87

Mecheril, Paul/Castro Varela, María/Dirim, Inci/Kalpaka, Annita/Melter, Claus (Hrsg.) (2010): Migrationspädagogik. Weinheim/Basel: Beltz Verlag

Meyer, Hilbert/Walter-Laager, Catherine (Hrsg.) (2012): Leitfaden für Lehrende in der Elementarpädagogik. Berlin: Cornelsen

Overwien, Bernd/ Prengel, Annedore (Hrsg.) (2007): Recht auf Bildung. Zum Besuch des Sonderberichterstatters der vereinten Nationen in Deutschland. Opladen: Verlag Barbara Budrich

Paulus, Peter/Schumacher, Lutz/Sieland, Bernhard/Burrows, Elena/Rupprecht, Silke/Schwarzenberg, Katrin (2010): Evaluationsbericht „Gemeinsam gesunde Schule entwickeln". Verfügbar unter: http://www.dak.de/dak/download/Studie_Gesunde_Schule_Evaluationsbericht-1404374.pdf (Zugriff am 08.09.2014)

Rolff, Hans- Günter (2010): Schulentwicklung als Trias Organisations-, Unterrichts- und Personalentwicklung. In: Bohl et al. (2010): 29-36

Spies. Anke (2013): Grundschule in der lokalen Bildungslandschaft - Schulentwicklung im kommunalen Setting. In: Kopp et al. (2013): 126-129

Spies, Anke/Wolter, Jan (i.E.): Anforderungen an Kooperationsideale und deren professionelle Gestaltung in Handlungsfeldern der Elementar- und Primarpädagogik - Organisations- und Personalentwicklungsbedarfe aus der Sicht der Praxis

Stamm, Margrit (2010): Frühkindliche Bildung, Betreuung und Erziehung. Bern: Haupt

Sulzer, Annika/Wagner, Petra (2011): Inklusion in Kindertageseinrichtungen – Qualifikationsanforderungen an die Fachkräfte. München: DJI/WiFF

Szczesny, Markus/ Goloborodko, Galina/ Müller-Kohlenberg, Hildegard (2009): Bürgerschaftliches Engagement als „additives Modell" zum Erwerb von Schlüsselkompetenzen. Verfügbar unter: www.balu-und-du.de/index.php?id=ergebnisse_publikationen (Zugriff am 06.09. 2014)

Viernickel, Susanne/Nentwig-Gesemann, Iris/Nicolai, Katharina/Schwarz, Stefanie/ Zenker, Luise (2013): Schlüssel zu guter Bildung, Erziehung und Betreuung. Bildungsaufgaben, Zeitkontingente und strukturelle Rahmenbedingungen in Kindertageseinrichtungen. Forschungsbericht. Berlin: GEW. Verfügbar unter: http://www.gew.de/Binaries/Binary96129/Expertise_Gute_Bildung_2013.pdf (Zugriff am 12.11.2013)

Wildgruber, A./Becker-Stoll, F. (2011). Die Entdeckung der Bildung in der Pädagogik der frühen Kindheit - Professionalisierungsstrategien und -konsequenzen. Zeitschrift für Pädagogik. Beiheft 57. 60-7

Zwischen Anspruch und Wirklichkeit. Die Lernkultur verschränkter Ganztagsschulen im Spannungsfeld zwischen sozialpolitischen, gesellschaftlichen und pädagogischen Erwartungen

Ferdinand Eder

In der öffentlichen Diskussion sind ganztägige Schulformen, insbesondere verschränkte ganztägige Schulen, mit hohen pädagogischen, sozialpolitischen und gesellschaftlichen Erwartungen verknüpft, die für die real existierenden Ganztagsschulen große Herausforderungen bedeuten. Der folgende Beitrag beschreibt dieses Geflecht an Erwartungen und überprüft an den Ergebnissen einer empirischen Untersuchung zum Schul- und Klassenklima an verschränkten Ganztagsschulen, inwieweit sie im schulischen Alltag erfüllt werden. Nicht unerwartet zeigt sich, dass dies nur in einem geringen Ausmaß der Fall ist. Mit Bezug auf entwicklungs- und motivationspsychologische Leitkonzepte werden abschließend Rahmenbedingungen skizziert, die zu einer Verbesserung der pädagogischen Qualität verschränkter ganztägiger Schulen beitragen könnten.

1. Ganztägige Schulen – ein Geflecht an Erwartungen[1]

Die oft heftig geführte Diskussion pro und kontra Ganztagsschule legt eine Rückbesinnung nahe, zu welchem Zweck Schulen eingerichtet wurden und werden: zur Bewältigung von Aufgaben, die von der Familie oder der Gesellschaft auf andere Weise nicht geleistet werden können. Historisch war diese Aufgabe vor allem die Alphabetisierung, die von den ungebildeten Ständen in der direkten Erziehung ihrer Kinder nicht selbst geleistet werden konnte, aber bald auch die Vermittlung von Kompetenzen aus dem Bereich von Handel und

---

1 Die theoretische Strukturierung dieses Kapitels folgt dem sehr lesenswerten Beitrag „Ganztagsschule" von Hörl, Dämon, Popp, Bacher und Lachmayr (2012) im Nationalen Bildungsbericht Österreich 2012.

Wirtschaft. In den für Österreich Mitte des 18 Jahrhunderts eingerichteten Pflichtschulen stand lange die religiöse und später auch staatsbürgerliche Erziehung im Vordergrund[2], es ging also in hohem Ausmaß um „erzieherische Aufgaben". Lehrer und Lehrerinnen, die sich auf den Standpunkt zurückziehen, dass die Übernahme von Erziehungsaufgaben nicht Aufgabe der Schule sei („Dafür bin ich nicht Lehrer/in geworden ..."), finden für eine solche Haltung in der Tradition der Schule keine Unterstützung.

In der Diskussion um die Ganztagsschule wird diese ursprüngliche Einbettung der Schule in eine gesellschaftliche Erwartungsstruktur wieder deutlicher sichtbar. Für die Verlängerung der Schulzeit über den ganzen Tag, gleich in welcher Gestaltungsform, finden sich in der Literatur und im gesellschaftlichen Diskurs drei große Kategorien von Argumenten, die jeweils unterschiedliche Erwartungen widerspiegeln: sozialpolitische, gesellschaftliche und pädagogische.

1.1. Sozialpolitische Zugänge: Die Ganztagsschule als Unterstützungs- und Entlastungsinstrument für Familie und insbesondere Frauen

In sozialpolitischer Perspektive finden sich vier große Erwartungsbereiche (Holtappels 2003; Hörl/Dämon/Popp/Bacher/Lachmayr 2012):

- Förderung der Vereinbarkeit von Beruf und Familie, insbesondere durch Sicherung der Betreuung
- Erleichterung / Steigerung der Berufstätigkeit von Frauen
- Erleichterung von Familiengründungen
- Befreiung des innerfamiliären Lebens von schulischen Belastungen.

Die derzeitige Vorstellung von einer „Normalbiografie" sieht für Männer und Frauen gleichermaßen die Berufstätigkeit als lebensbestimmendens und identitätsbildendes Element. Von beiden wird erwartet, dass sie nach einer Lern- und Ausbildungsphase eine berufliche Laufbahn ergreifen und nach Möglichkeit kontinuierlich aufsteigend fortsetzen. Familiengründung und Erziehung von Kindern wird grundsätzlich weder für Männer noch für Frauen als Anlass zum Ausstieg aus der Berufslaufbahn gesehen. Dies erfordert Betreuungseinrichtungen für jene Lebensphasen der Kinder, in denen sie stark auf externe Unterstützung angewiesen sind – zumindest also von der frühen Kindheit bis zum Abschluss der Kindheitsphase, spätestens mit 14 Jahren. Erst wenn es möglich ist, die Betreuung von Kindern tagsüber auszulagern, ist eine ver-

---

2 Nicht zuletzt darin sichtbar, dass – auch heute noch – die Note für „Religion" an der Spitze der Zeugnisnoten steht.

gleichsweise ungestörte berufliche Entwicklung ihrer Eltern möglich. Aufgrund derkulturellen Tradition, dass Familienaufgaben und Erziehung der Kinder eher Aufgabe der Frauen seien, sind davon Frauen und vor allem alleinerziehende Frauen, von denen die parallele Bewältigung einer allein verantworteten Kindererziehung und der Erreichung einer beruflichen Karriere nur schwer geleistet werden kann, besonders betroffen. Eine breite Versorgung mit Betreuungseinrichtungen würde nicht nur die Familien unterstützen, sondern auch die Gründung einer solchen erleichtern und möglicherweise sogar die Kinderquote erhöhen.

Durch die – im Idealfall vollständige – Bindung des schulischen Lernens an den Lernort Schule sollten Eltern und Kinder die ihnen verbleibende gemeinsame Zeit, insbesondere Abende und Wochenende, für einen ungestörten Umgang miteinander nützen können und dabei nicht durch die Begleitwirkungen des Schulbesuchs beeinträchtigt werden. Dies betrifft vor allem die permanente Hausaufgabenbetreuung und die Schule als häufiges Konfliktthema in den innerfamiliären Auseinandersetzungen (Beham-Rabanser/Weber/Bacher 2010).

Und nicht zuletzt sollten, wenn Lernen in der Schule erfolgt und professionell betreut wird, zusätzliche Kosten entfallen z.B. für Nachhilfe, und die Familien damit auch finanziell entlastet werden.

1.2. Die bildungspolitisch-gesellschaftliche Perspektive: Ganztagsschulen als Mittel zur Steigerung der Leistungsfähigkeit des Bildungssystems

In gesellschaftlicher Hinsicht besteht die zentrale Annahme darin, dass mehr und besser organisierte und genutzte Zeit für Schule und Lernen eine Steigerung der Bildungserträge nach sich ziehe. Dies hätte positive Auswirkungen in den folgenden Bereichen:

- Reduktion der Bildungsbenachteiligung bzw. Erhöhung der Chancengleichheit
- bessere „Ausschöpfung“ der „Begabungsreserven“
- Anhebung des Bildungsniveaus
- Spezifischere Vorbereitung auf gesellschaftliche Herausforderungen

Wenn Lernen zur Gänze in der Schule stattfindet, komme dies vor allem jenen Kindern zugute, die familiär „benachteiligt“ sind, weil zum Beispiel ihre Eltern aufgrund geringer eigener Bildung das Lernen ihrer Kinder nicht in jenem Ausmaß unterstützen können wie Eltern aus den oberen Bildungsschichten, oder die nicht über die materiellen Ressourcen zur Finanzierung zusätzlicher Lernunterstützung verfügen. Eine zweite Gruppe, die aus Ganztagsschulen besonderen Nutzen ziehen sollte, sind Kinder und Jugendliche mit Migrationshintergrund (Rösselet 2012).

1.3. Die pädagogische Perspektive: GTS als Instrument zur verstärkten individuellen Förderung von Schülerinnen und Schülern

Die grundsätzliche Annahme liegt darin, dass GTS über mehr Zeit, mehr pädagogische Ressourcen (mehr Personal, mehr Angebote, bessere Vernetzungsmöglichkeiten) und größere organisatorische Freiräume (z.B. aufgrund der Verteilung des Unterrichts über den ganzen Tag) verfügen und dadurch eine intensivere und individuellere Förderung und damit auch positive persönliche Entwicklung der einzelnen Schülerinnen und Schüler ermöglichen (Popp/ Tischler 2007).

Insbesondere wird angenommen, dass GTS in ihrer verschränkten Form eine „neue" Lernkultur entwickeln, die durch die nachstehenden Merkmale charakterisierbar sei:

- verstärkte individuelle Förderung
- breitere Förderung von Interessen und Begabungen
- bessere Verknüpfung von Schule und Lebenswelt
- breitere Vermittlung von überfachlichen Kompetenzen, aber auch
- eine sinnvolle Verbindung von Freizeit und Lernen.

Damit bildet diese Perspektive auch die faktische Grundlage für die oben angeführten bildungspolitisch-gesellschaftlichen Erwartungen. Unschwer sind hier Elemente des Denkmodells einer „pädagogischen Provinz" zu erkennen – erst eine umfassende und von außen möglichst ungestörte Lern- und Erziehungsumwelt würde jene unterrichtlichen und erzieherischen Rahmenbedingungen darstellen, unter denen sich Kinder und Jugendliche positiv entwickeln. Mögliche Schäden einer verstärkten Institutionalisierung könnten durch eine verstärkte Öffnung nach außen (Popp 2010) und Einbeziehung sozialer Arbeit (Braun/Wetzel 2008) vermieden oder ausgeglichen werden.

2. Erfüllen ganztägige Schulen die Erwartungen?

Jeder der oben angeführten Argumentationsbereiche würde – wenn sich die Argumente als stichhaltig erweisen – bereits für sich allein ausreichen, um ganztägige Schulen zu befürworten. Und tatsächlich spielen sie in der bildungspolitischen Diskussion alle eine wichtige Rolle – in der frauenpolitischen Perspektive werden vor allem die sozialpolitischen, aus der Sicht der Wirtschaft die gesellschaftlichen und aus der Sicht der Lehrerinnen und Lehrer die pädagogischen Argumente herangezogen, um die Einrichtung ganztägiger Schulen zu fordern oder zu rechtfertigen.

Inwieweit die angeführten Erwartungen jedoch tatsächlich erfüllt und die erwünschten Effekte tatsächlich erreicht werden, wird dabei wenig angesprochen – dass die Effekte theoretisch möglich oder plausibel sind, reicht oft bereits als Grundlage für eine unbedingte Befürwortung aus. Tatsächlich scheinen die gewünschten oder behaupteten Wirkungen aber bis jetzt wenig abgesichert.

2.1. IST-Stand-Analyse: Belegte Wirkungen

Eine Analyse der Wirkungen muss zunächst zwischen den Formen differenzieren, in den Ganztagsschulen angeboten werden. Für Österreich gibt es – entsprechend den gesetzlichen Bestimmungen – im schulischen Bereich zwei Großformen von Ganztagsbetreuung: die offene und die verschränkte Ganztagsschule. Die beiden Varianten kommen an Standorten oft auch kombiniert vor. Die zentralen, gesetzlich vorgegebenen Elemente sind

- Gegenstandsbezogene Lernzeit (Wiederholung und Festigung des Lehrstoffs)
- Individuelle Lernzeit (wird von Lehrkräften oder Erzieher/innen strukturiert und angeleitet, z.B. für Hausaufgaben (betreuung), Vorbereitungen auf Prüfungen
- Freizeit (Mittagessen, gelenkte Freizeit (mit betreuten Angeboten), ungelenkte Freizeit für Hobbies (unter Aufsicht)

Die beiden Formen lassen sich wie folgt charakterisieren:

Offene / Getrennte Ganztagsschule (Teilnahme freiwillig, auch Teilnahme nur an einzelnen Tagen möglich)	*Sukzessivmodell:* Unterricht, Betreuung und Freizeit folgen aufeinander und sind im Prinzip klar von einander getrennt.	*Ablauf (idealtypisch):* • (Frühbetreuung) • Unterricht (vormittags) • Mittagessen • Nachmittagsbetreuung (Hausaufgaben, Freizeit, individuelle Lernzeit) • (Spätbetreuung)
Verschränkte/gebu ndene GTS (Für alle Schüler/innen einer Klasse / Schule verpflichtend)	*Integratives Modell:* Unterricht, Betreuung und Freizeit sind über den ganzen Tag hinweg verschränkt	*Ablauf (idealtypisch):* • (Frühbetreuung) • Unterricht, Lern- und Freizeit • Mittagessen • Unterricht, Lern- und Freizeit • (Spätbetreuung)

Abb. 1: Großformen von Ganztagsbetreuung in Österreich

Aus der Gegenüberstellung der beiden Modelle ist unmittelbar ersichtlich, dass die verschränkte Form deutlich mehr Möglichkeiten der pädagogischen Gestaltung eröffnet als die offene. Dementsprechend finden sich in der einschlägigen Literatur immer wieder optimistische Aussagen über die positiven Wirkungen speziell der verschränkten Form, die sich allerdings selten auf Empirie stützen, sondern einfach theoretische Ableitungen darstellen, von denen einige unmittelbar evident, andere zumindest plausibel erscheinen. Im Folgenden erfolgt eine grobe Analyse dieser Erwartungen vor dem Hintergrund empirischer Forschungen.

2.1.1. Sozialpolitische Zugänge

Es erscheint unmittelbar evident, dass alle Formen von Ganztagsschule, sofern sie am Nachmittag ausreichend lange angeboten werden, jene Betreuungsfunktion leisten können, die von Eltern bzw. Familien gewünscht wird. Analysen aus Deutschland zeigen positive Effekte für die Erwerbstätigkeit von Müttern, vor allem ab dem Schuleintritt. Familien werden bei der Hausaufgabenbetreuung entlastet, tendenziell kommt es zu einer Verbesserung des Klimas und der Beziehungen in den Familien; keinesfalls zu einer Verschlechterung. Es kommt zu einem Anstieg an gemeinsam verbrachter „Familienzeit" (Hörl et al. 2012: 294). Dadurch kommt es in allen Schichten tendenziell zu einer Wiederaufnahme oder auch Ausweitung der Berufstätigkeit (Zürcher 2011). Insofern kann von einer gewissen Entlastung der Familien gesprochen werden.

2.1.2. Gesellschaftliche Auswirkungen

Tragen Ganztagsschulen zur Kompensation sozialer Benachteiligung bei? Im deutschsprachigen Bereich liegen nur wenige Daten vor; kompensatorische Effekte konnten nicht nachgewiesen werden. Allerdings zeigte sich indirekt der Effekt, dass die Angebotsdichte an Ganztagsschulen zu einer Entflechtung des Zusammenhangs zwischen sozialer Herkunft und Gymnasialzugang beiträgt. (Hörl et al. 2012). Für Österreich liegen keine entsprechenden Untersuchungen vor. Die fehlenden Effekte hängen damit zusammen, dass die pädagogischen Effekte (siehe unten) sehr gering sind.

2.1.3. Pädagogische Wirkungen

Während es zahlreiche Darstellungen gibt, wie an ganztägigen Schulen der Unterricht das Schulleben und die pädagogischen Prozesse im weitesten Sinne organisiert werden (für Österreich z.B. Messner/Hörl 2011; für Deutschland Fischer/Holtappels/Klieme/Rauschenbach/Stecher/Züchner 2011), sind aussagekräftige Untersuchungen zu den Wirkungen des Besuchs von ganztägigen Schulen, insbesondere Vergleiche mit anderen Schulformen, selten. Folgende Auswirkungen zeichnen sich ab:

a. *Schulleistungen.* Untersuchungen zu den Auswirkungen auf Schulleistungen zeigen unterschiedliche bzw. widersprüchliche Ergebnisse; keinesfalls lassen sich klar positive Effekte feststellen. Bei gemessenen Leistungen fanden sich in Deutschland keine Leistungsvorsprünge von Ganztagsschüler/innen (Hörl et al., 2012: 291), die Noten sind gelegentlich geringfügig besser (für Deutschland: Kuhn & Fischer 2011). Der Nationale Bildungsbericht resümiert: „Insgesamt zeigen die bisher vorliegenden Befunde zu StEG [Projekt „Studien zur Entwicklung der Ganztagsschule", FE], dass die Teilnahme an ganztägigen Angeboten dann mit förderlichen individuellen Wirkungen einhergeht, wenn die pädagogische Qualität der Angebote sowie die Dauer und die Intensität der Inanspruchnahme hoch sind" (Hörl et al. 2012: 291). Eine solche Aussage wäre wohl auch für die traditionelle Schule belegbar. Auch international sind die Ergebnisse sehr gemischt – positive Effekte auf Schulerfolg und Bildungsaspirationen werden am ehesten noch aus den USA berichtet (Hörl et al. 2012).

b. *Soziale Interaktionen und Schulklima.* Einige Untersuchungen berichten positive Effekte, vor allem der intensiveren Teilnahme an Ganztagsangeboten, auf sozial abweichendes Verhalten, auf soziale Kompetenzen, auf positiveren Umgang mit den Mitschüler/innen sowie auf Selbstkonzept und Selbstvertrauen (Fischer/Kuhn/Züchner 2011).

c. *Lernmotivation und Befinden in der Schule.* Aus den umfangreichen Untersuchungen des StEG-Konsortiums in Deutschland werden keine generellen Effekte berichtet; vielmehr zeigt sich auch hier, dass erst bei einer besonderen Qualität des Ganztags-Angebotes positive Effekte zu beobachten sind (Fischer/Brümmer/Kuhn 2011). Es gibt allerdings Hinweise darauf, dass der Rückgang der Lernmotivation während der Sekundarstufe I in Ganztagsschulen etwas gemildert ist (Fischer/Brümmer/Kuhn 2011: 240).

2.1.4. Resümee zur Forschungslage

Der Blick auf die Forschungsliteratur zeigt: Die Ganztagsschulen erfüllen eigentlich nur dort die in sie gesetzten Erwartungen einigermaßen, wo diese mit der Struktur bzw. mit ihrer bloßen Existenz zusammenhängen – nämlich die sozialpolitischen Begleitfolgen der Freisetzung von Eltern bzw. Müttern für den Beruf.

Für die Erreichung der pädagogischen und der bildungspolitischen Zielsetzungen gibt es nur wenig Evidenz bzw. wenn überhaupt, dann sehr schwache Effekte, die eine Einführung dieser Schulform nicht rechtfertigen würden. Die Forschungslage weist vielmehr darauf hin, dass keine generellen Effekte vorliegen, sondern dann Auswirkungen zu beobachten sind, wenn die Schülerinnen und Schüler „gute" Ganztagsschulen besuchen. Dies würde wohl auch für die Halbtagsschulen gelten.

Als wichtigste Einsicht erscheint jedoch der Sachverhalt, dass derzeit nicht ausreichend Forschungsergebnisse vorliegen, um Fragen nach der Wirksamkeit von ganztätigen Schulen angemessen zu beantworten. Im Folgenden werden daher Ergebnisse einer Schuluntersuchung aus Österreich berichtet, in der Ganztagsschulen mit Halbtagsschulen verglichen werden. Im Hintergrund steht dabei die Frage, ob sich an verschränkten GTS tatsächlich jene andere Lernkultur entwickelt, die immer wieder als Grund für ihre Einrichtung angeführt wird.

2.2. Bildet sich an verschränkten Ganztagsschulen eine andere Lernkultur?

In Österreich gibt es ganztägige Schulformen, auch in verschränkter Form, seit 1974/75 (Scheipl 1974). Frühe Evaluierungen Anfang der 1980 Jahre zeigten positive Effekte: Eindämmung der Klassenwiederholungen, mehr Gemeinschaftssinn der Schülerinnen und Schüler, positiveres Sozialverhalten, höhere Einsatzbereitschaft der Lehrpersonen, Wertschätzung der Lernerfolge seitens der Eltern (Dobart/Koeppner/Weissmann/Zwölfer 1984). Seither liegen keine systematischen Evaluierungen vor.

2.2.1. Fragestellung und Erwartungen

Im Kontext einer repräsentativen Untersuchung zum Schul- und Klassenklima in den Schulformen an der Sekundarstufe I im Sommersemester 2013[3] wurden zusätzlich 4 verschränkten Ganztagsschulen erfasst, um der Frage nachzugehen, in welcher Weise sich diese Schulen in ihrem Schul- und Klassenklima von den übrigen Schulen, die als Halbtagsschulen geführt werden, abheben. Alle vier Schulen haben langjährige Erfahrung und Tradition als verschränkte GTS, sodass eine gewisse Performanz in der Realisierung jener pädagogischen Möglichkeiten, die eine Ganztagsschule bietet, angenommen werden kann. Mit Bezug auf immer wieder angeführten pädagogischen Möglichkeiten verschränkter Gesamtschulen (Rhythmisierung des Tagesablaufs, mehr Zeit und Ressourcen, intensivere pädagogischen Beziehungen) wird erwartet, dass sich das Klima an diesen Schulen sowie das damit zusammenhängende Befinden und schulbezogene Verhalten der Schülerinnen und Schüler an diesen Schulen positiv von den Halbtagsschulen abhebt.

2.2.2. Erhebungsverfahren

Das *Klima* wurde mit einer aktualisierten Version des „Linzer Fragebogens zum Schul- und Klassenklima“ (LFSK/Eder/Mayr 2000) erhoben. Dieses Erhebungsverfahren basiert auf folgendem Begriff des Klimas: „Als Klima werden ... *relevante Merkmale des Beziehungs- und Interaktionsgeschehens in der Schule* verstanden, insbesondere

3 Die Untersuchung umfasste insgesamt 239 Schulklassen von der 5. bis zur 8. Schulstufe aus der Unterstufe der AHS (60 Klassen), der Hauptschule (89 Klassen) und der Neuen Mittelschule (90 Klassen) mit insgesamt 4756 Schülerinnen und Schülern.

- die Beziehungen zwischen Lehrern und Schülern,
- die Beziehungen der Schüler untereinander,
- die Qualität des Unterrichts, und
- die kollektiven Lernhaltungen der Schüler,

wie sie jeweils von den Schülern wahrgenommen werden.

Klima in diesem Verständnis gibt also *nicht die objektiven Verhältnisse* an einer Schule wieder, sondern ihre *subjektive Repräsentation* in der Wahrnehmung der Schülerinnen und Schüler. Seine Bedeutung erhält das Klima vor allem dadurch, daß diese subjektive Wahrnehmung das Verhalten der Betroffenen in weitaus stärkerem Maße beeinflußt als die möglicherweise davon abweichenden objektiven Verhältnisse." (Eder/Mayr 2000: 4).

Das Klima in der *Klasse* wird mit 15 Indikatoren erfasst, die sich faktorenanalytisch vier übergeordneten Dimensionen zuordnen lassen:

- Schülerorientierung
- Lernzentrierung
- Arbeitsbelastung und sozialer Druck
- Klassengemeinschaft und Disziplin

Zwei Dimensionen beziehen sich demnach auf die Beziehungen zwischen Schüler/innen und Lehrpersonen, zwei auf das Verhältnis der Schüler/innen untereinander bzw. auf ihre Einstellung zum Lernen. Zusätzlich gibt es zwei Indikatoren für das Klima auf *Ebene der Schule.*

Eine kurze, nach Dimensionen geordnete Beschreibung der einzelnen Skalen bzw. Indikatoren findet sich in *Tabelle 1.*

Tabelle 1: Indikatoren für das Klima in der Klasse

	Indikator	Beschreibung	MW	SD	α
Schülerorientierung					
1.	Pädagogisches Engagement der Lehrpersonen	Ausmaß und Häufigkeit persönlich-förderlichen, zuwendenden, sorgenden, bemühten und nicht-lenkenden Verhaltens der Lehrpersonen	3,66	0,84	.671
2.	Förder-orientierung	Ausmaß, in dem sich Lehrpersonen um jene Schülerinnen und Schüler bemühen, die Unterstützung beim Lernen nötig haben	3,68	0,84	.721
3.	Positive Erwartungen	Ausmaß des Zutrauens und positiver Erwartungen, das den Schülerinnen und Schülern entgegengebracht wird.	3,68	0,79	.689
4.	Mitsprache	Ausmaß, in dem sich Schülerinnen und	2,95	0,87	.689

	Indikator	Beschreibung	MW	SD	α
		Schüler allgemein an Entscheidungen beteiligen können.			
Lernzentrierung					
5.	Vermittlungs-qualität	Ausmaß, in dem sich Lehrerkräfte bemühen, den Unterricht interessant, an-schaulich und nachhaltig zu gestalten.	3,38	0,94	.786
6.	Selbstgesteu-ertes Lernen	Ausmaß, in dem Schülerinnen und Schüler Möglichkeiten zu inhaltlich oder methodisch selbstgesteuertem Arbeiten vorfinden	2,93	0,81	.651
7.	Kontrolle der schülerarbeit	Ausmaß, in dem die Lehrpersonen darauf achten, daß die Schülerinnen und Schüler im Unterricht mitarbeiten und geforderte Leistungen erbringen.	4,14	0,77	.635
8.	Ergebnis-orientierung	Ausmaß, in dem Lehrpersonen über-prüfen, ob die Schüler/innen die Unter-richtsinhalte tatsächlich beherrschen	3,33	0,80	.610
Arbeitsbelastung und sozialer Druck					
9.	Stoffdruck	Ausmaß der von den Schülerinnen und Schülern wahrgenommenen Leistungsanforderungen	3,80	0,80	.545
10.	Zeitdruck	Ausmaß, in dem Lehrpersonen durch hohes Tempo im Unterricht Lernprobl-eme bei den Schüler/innen begünstigen	3,20	1,07	.751
11.	Restriktivität	Ausmaß stark kontrollierenden, herabsetzenden und diskriminierenden Verhaltens von Lehrpersonen	2,63	0,93	.661
12.	Gemeinschaft	Ausmaß des Zusammenhalts und der wechselseitigen Sympathie unter den Schülerinnen und Schülern einer Klasse.	3,49	0,88	.673
13.	Rivalität	Ausmaß, in dem einzelne Schülerinnen und Schüler Lernerfolge der Mitschüler-innen und Mitschüler negativ erleben.	2,58	0,98	.624
14.	Lernbereit-schaft	Ausmaß, in dem sich die Schüler einer Klasse selbst bzw. insgesamt als lernwillig und lerninteressiert beschreiben.	3,32	0,79	.577
15.	Störneigung	Einschätzung, in welchem Ausmaß der Unterricht durch Störungen seitens der Schülerinnen und Schüler beeinträchtigt wird.	3,51	0,93	.603

	Indikator	Beschreibung	MW	SD	α
	Merkmale des Schulklimas				
16	Wärme	Wärme erfasst das Ausmaß, in dem eine Schule von den Schülerinnen und Schülern im Ganzen als unterstützend, fürsorglich und persönlich erlebt wird	3,30	,80	.574
17	Monitoring des Schüler-verhaltens	erfasst die Klarheit der Regeln, die an einer Schule herrschen, und das Gewicht, das auf ihre Einhaltung gelegt wird, sowie die allgemeine Betonung von Disziplin und Ordnung	4,18	,66	.679

Anmerkungen: MW = Mittelwert des Indikators, bezogen auf das Antwortformat 1 (trifft genau zu) - 5 (trifft überhaupt nicht zu). SD = Streuung. α = □□□□□□□□□□□□□□□. Die psychometrischen Kennwerte wurden auf Basis der gesamten Untersuchungsstichprobe (N=4756) berechnet.

Die einzelnen Indikatoren bestehen jeweils aus 3-4 Items. Ihre Kennwerte wurden auf Basis der Gesamtstichprobe (zur Beschreibung vgl. Fußnote 3) berechnet; die Reliabilitäten liegen wegen der Kürze der Skalen in einigen Fällen unter .60, zum Großteil zwischen .60 und .79, und damit in einem zumindest zufriedenstellenden Bereich.

Zusätzlich zum Klima wurde eine Reihe weiterer Merkmale erfasst, insbesondere die Zufriedenheit mit der Schule auf Basis eines Gesichteritems, auf dem die Zufriedenheit siebenstufig eingeschätzt werden konnte, sowie Erhebungsskalen zur erlebten und ausgeübten Gewalt bzw. zum abweichenden Verhalten in der Schule. Eine genauere Beschreibung dieser Instrumente erfolgt bei der Darstellung der Ergebnisse.

2.2.3. Stichprobe

Die Stichprobe besteht aus 635 Schülerinnen und Schülern aus vier großstädtischen Ganztags-Hauptschulen, an denen jeweils Vollerhebungen durchgeführt wurden. Als Vergleichsgruppe wurde aus den Daten der Gesamtuntersuchung eine Stichprobe städtischer Hauptschulen und Neuer Mittelschulen (NMS) herangezogen, sodass eine Entsprechung zur regionalen Situierung der Ganztagsschulen gegeben ist. Andernfalls – wenn „ländliche" Hauptschulen zum Vergleich herangezogen würden – wäre die Gefahr gegeben, dass regionale

Unterschiede gemessen würden und nicht Unterschiede zwischen den Beschulungsformen.
Insgesamt setzt sich die Stichprobe wie folgt zusammen:

Tabelle 2: Zusammensetzung der Stichprobe

	Stufe	5.	6.	7.	8.	gesamt
GTS	N	151	157	173	154	635
	%	24	25	27	24	100
HS/NMS	N	214	286	247	195	942
	%	23	30	26	21	100
Gesamt		365	443	420	349	1577

Hinsichtlich der Schulstufen gibt es in der Vergleichsgruppe einen geringfügigen Überhang von Schüler/innen aus der 6. Schulstufe, darüber hinaus scheinen die beiden Gruppen in der Stufenzusammensetzung gut vergleichbar.

2.2.4. Ergebnisse zum Schul- und Klassenklima

Abb. 2 bringt eine grafische Gegenüberstellung des Klimas in den GTS und in den verglichenen Halbtagsschulen. Die gemessenen Klima-Werte wurden auf Basis der Gesamterhebung z-transformiert und in ein Standard-Format mit dem Mittelwert MW=100 und der Streuung SD = 10 umgerechnet. Der Mittelwert von 100 repräsentiert das durchschnittliche Niveau des jeweiligen Indikators in der österreichischen Sekundarstufe I (Hauptschulen, Neue Mittelschulen, Unterstufe der Allgemeinbildenden höheren Schulen). Damit kann die Position der GTS direkt bestimmt werden.

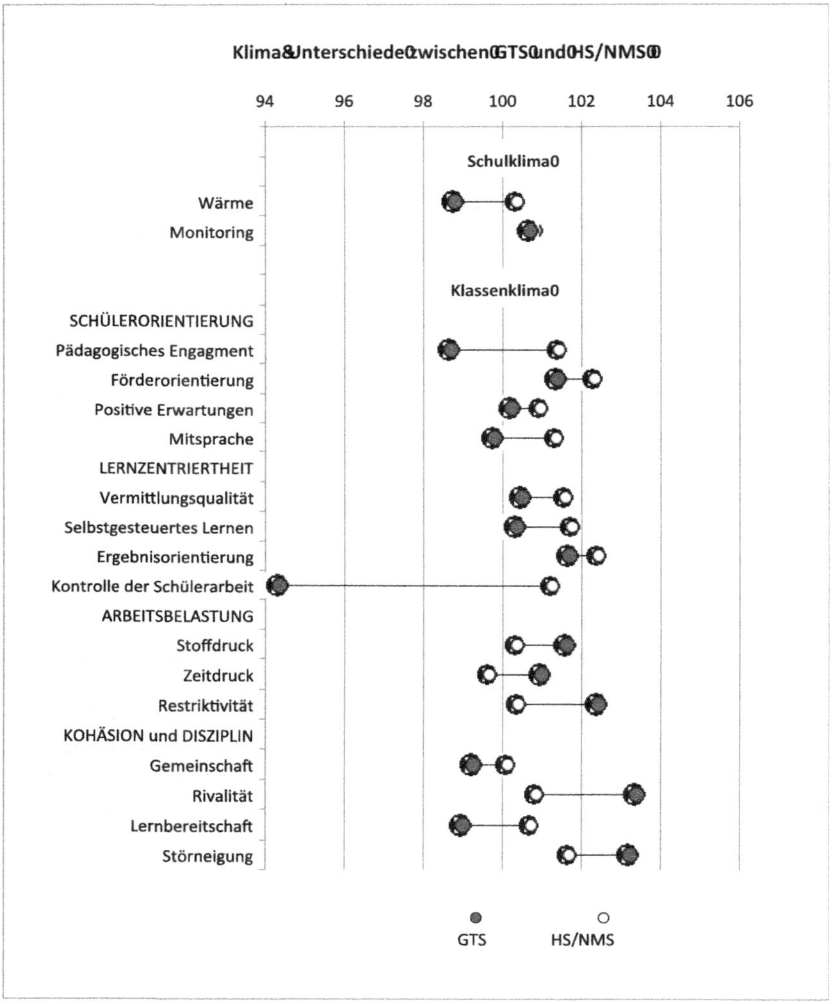

Abb. 2: Vergleich des Schul- und Klassenklimas zwischen Ganztags- und Halbtagsschulen

Anmerkung: Der auffallende Unterschied beim Merkmal „Kontrolle der Schülerarbeit" geht darauf zurück, dass der Indikator das Item „Bei uns werden die Hausübungen regelmäßig kontrolliert" enthält. Da an den GTS in der Regel keine Hausübungen gegeben werden, wurde das Item entsprechend mit „stimmt nicht" eingestuft.

Die eingangs formulierten Erwartungen werden durch die Ergebnisse nicht bestätigt: Es bestehen keine bedeutsamen Unterschiede im Schul- und Klassenklima zugunsten der GTS; im Gegenteil: Der Richtung nach liegen die Vergleichsschulen fast durchgehend günstiger. Zwar sind die Unterschiede nicht erheblich, die Konsistenz ihres Auftretens impliziert jedoch die Schlussfolgerung, dass das Schul- und Klassenklima an den untersuchten ganztätigen Schulen ungünstiger ist als an den Vergleichsschulen.

2.2.5. Unterschiede in der Schulzufriedenheit

Die Zufriedenheit mit der Schule wurde mit einem 7-stufigen Gesichter-Item als Antwort auf die die Frage: „Wie zufrieden bist du mit der Schule insgesamt?" erfasst. *Abb. 3* zeigt eine Gegenüberstellung der Häufigkeiten: Die GTS-Schüler/innen liegen deutlich unter den Werten der Schüler/innen aus HS/NMS; es fehlen vor allem „sehr zufriedene" Schülerinnen und Schüler. Die Unterschiede sind statistisch gut abgesichert ($Chi^2=19,55$, $df=6$, $p<.01$).

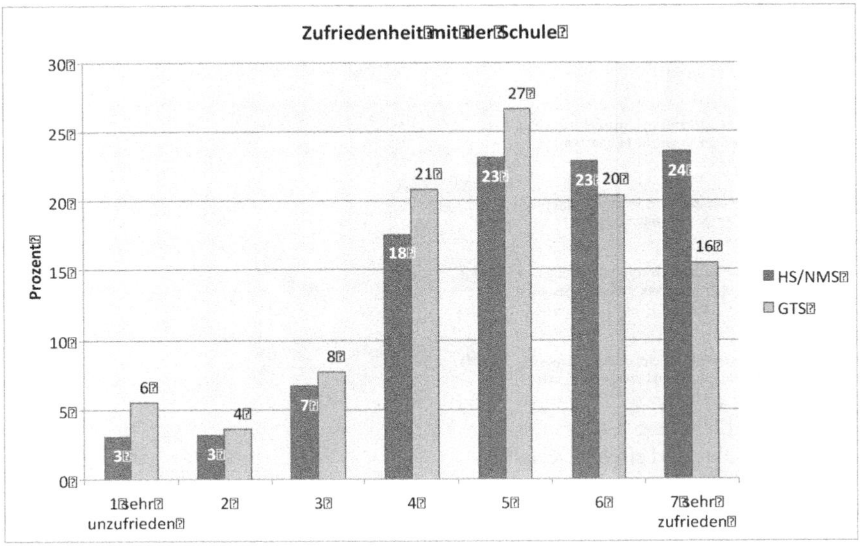

Abb. 3: Zufriedenheit mit der Schule

2.2.6. Gewalt und abweichendes Verhalten

Das Erhebungsinstrument für Gewalt zielt darauf, sowohl die Täter- als auch die Opferperspektive zu erfassen und zugleich wichtige Arten von Gewalt (verbale und physische Gewalt, Ausgrenzung) systematisch zu unterscheiden. Die Schüler/innen wurden gefragt: „Wie oft sind in den letzten zwei Wochen die folgenden Dinge bei dir vorgekommen?" Wie aus *Abb. 4* hervorgeht, ist der Anteil der Schüler/innen, die angeben, „nie" Opfer oder Täter zu sein, in den Vergleichsschulen jeweils etwas größer, bei verbaler Gewalt sogar deutlich größer. Das Zusammenleben an der GTS ist also nicht mit einer geringeren Auftretenshäufigkeit von Gewaltphänomenen verbunden[4].

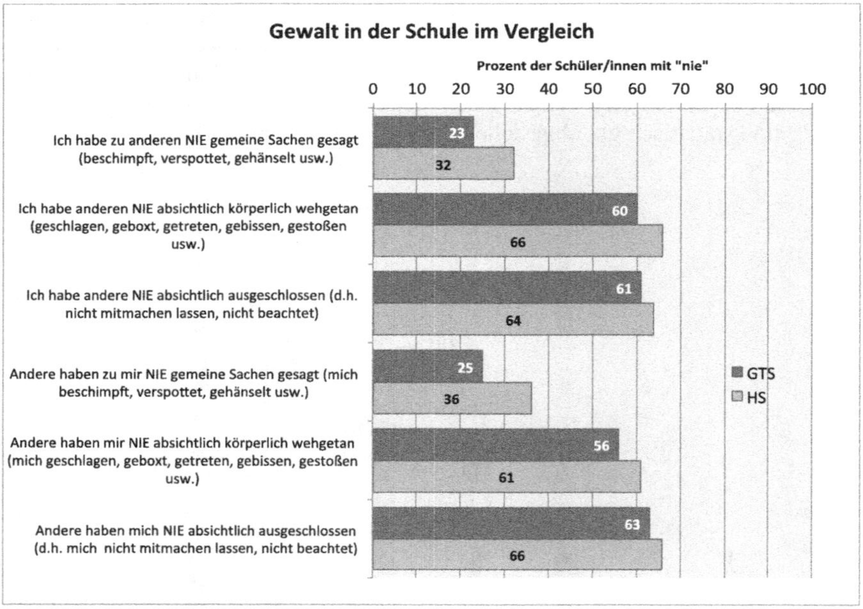

Abb. 4: Ausgeübte und erlebte Gewalt
Anmerkung: Eingetragen ist der Prozentsatz der Schüler/innen, die auf die jeweilige Frage mit „nie" geantwortet haben

---

4 Einschränken ist hier allerdings anzumerken, dass die Schüler/innen der GTS mehr Zeit in Interaktion miteinander verbringen als die Schüler/innen halbtägiger Schulformen, sodass die Gelegenheit zu Gewalthandlungen im Prinzip deutlich öfter gegeben ist.

Mit der gleichen Erhebungstechnik wurde von den Schüler/innen auch erfragt, in welchem Ausmaß in den letzten zwei Wochen abweichende Verhaltensweisen vorgekommen seien. Insgesamt wurden 11 Sachverhalte abgefragt, z.B. Zuspätkommen, Störungen im Unterricht, Schwindeln bei Prüfungsarbeiten, Schulschwänzen. Auch hier hatten die GTS fast durchgehend die ungünstigeren Werte.

2.2.7. Merkmalsverläufe während der Sekundarstufe I

Um auch den aus der Literatur stammenden Hinweisen nachzugehen, an den Ganztagsschulen komme es zu einer Verlangsamung oder Abmilderung des Rückgangs an Lernmotivation und Schulfreude während der Sekundarstufe I , wurden für einige Merkmale auch die Mittelwertsveränderungen von der 5. bis zur 8. Schulstufe analysiert. Dazu wurden die Indikatoren „Lernbereitschaft" und „Störneigung" aus dem Bereich des Klimas herangezogen, weil sie die motivationale Situation in der Klasse ansprechen, sowie Schulzufriedenheit und Gewalt.

Abb. 5 macht sichtbar, dass sich GTS und Vergleichsgruppe auch hier nicht zu Gunsten der GTS unterscheiden. Unter beiden Beschulungsformen finden sich die aufgrund zahlreicher Untersuchungsbefunde zu erwartenden Verläufe: Bei Lernbereitschaft und Schulzufriedenheit zeigt sich eine relativ kontinuierliche Verschlechterung, Störneigung in der Klasse bleibt relativ stabil, bei ausgeübter Gewalt kommt es zu einem geringen Anstieg. Das am Ende der 8. Schulstufe erreichte Niveau ist jedoch in der GTS in keinem Fall günstiger als in der Vergleichsgruppe.

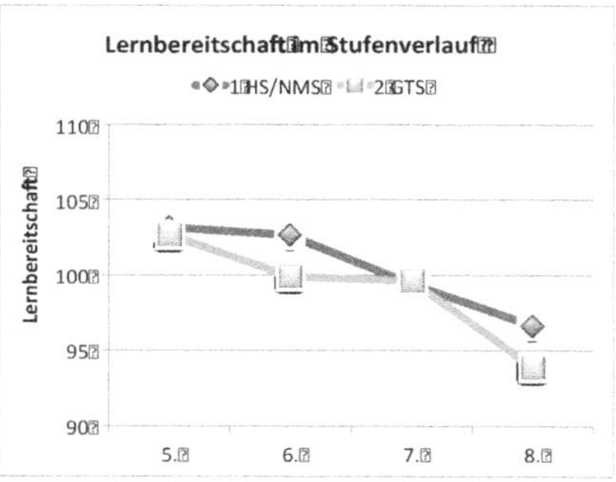

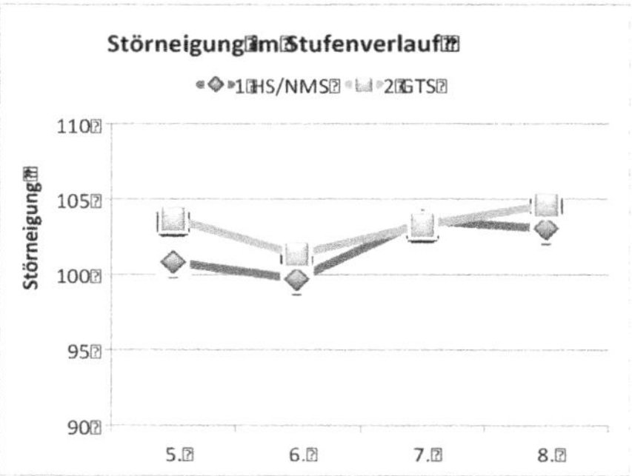

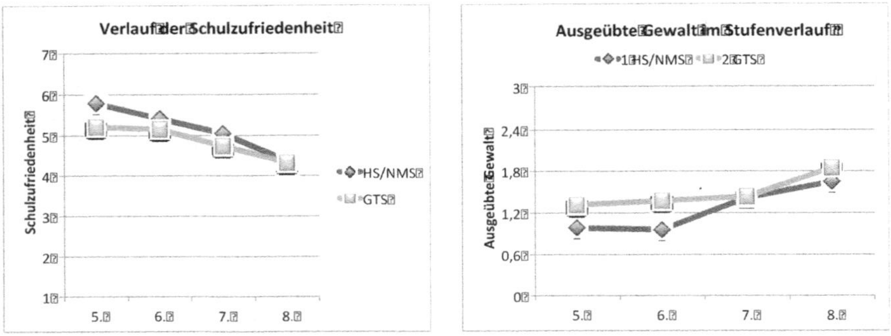

Abb. 5: Qualitätsindikatoren im Schulstufenverlauf

2.2.8. Zusätzlicher Lernaufwand und Lernunterstützung

Eine der Versprechungen der GTS ist, dass schulbezogenes Lernen in der Schule stattfindet und die außerschulische Zeit (Abende, Wochenenden) davon frei bleibt. Wir befragten die Schülerinnen und Schüler daher auch, wie oft sie „während der Woche (Montag bis Freitag“ und “am Wochenende“ für die Schule lernten (vgl. *Tabelle 3*).

Tabelle 3: Zusätzlicher Lernaufwand in der Ganztagsschule

	Wie oft lernst du während der Woche (Montag bis Freitag) zu Hause für die Schule?				Wie oft lernst du am Wochenende zu Hause für die Schule?			
	fast jeden Tag	an 1 - 2 Tagen	nur vor Schularbeiten oder Prüfungen	nie	fast immer	manch mal	nur vor Schularbeiten oder Prüfungen	nie
5.Stufe	21,4	30,8	42,7	5,1	12,7	39,8	39,0	8,5
6.Stufe	22,4	26,5	45,6	5,4	10,2	38,1	44,9	6,8
7.Stufe	11,6	15,7	60,5	12,2	10,2	23,5	50,0	16,3
8.Stufe	11,3	15,2	60,9	12,6	7,2	22,4	50,7	19,7

Anmerkungen: Eingetragen sind Prozentwerte, N = 635.

Die Erwartung, Lernen finde fast ausschließlich in der Schule statt, wird durch die Daten nicht gestützt. In den Anfangsklassen sind es mehr als 20%, die „fast jeden Tag" zusätzlich zu Hause lernen; die Quote derer, die das Wochenende wirklich vom schulischen Lernen freihalten, liegt auch in der 8. Stufe unter 20%. Weitere Zusatzfragen bezogen sich auf Lernunterstützung seitens der Eltern und Nachhilfe.

- Etwa 39% der Schüler/innen erhalten „nie" Unterstützung von ihren Eltern, wobei dieser Prozentsatz mit der Schulstufe stark ansteigt (von 17% in der 5. Stufe auf ca. 55% in der 8. Stufe).
- Cca. 15% der Schülerinnen und Schüler erhalten nach ihren eigenen Angaben bezahlte Nachhilfe, etwa 9 % ein- oder mehrmals pro Woche. Dabei gibt es keine klaren Trends über die Schulstufen, wohl aber zeigen sich höhere Quoten bei Schüler/innen mit nicht-deutscher Erstsprache. Insgesamt entspricht die Nachhilfequote relativ gut jener Quote, die 2005 für Hauptschulen ermittelt wurde.

2.3. Resümee

Die Daten aus dem berichteten Vergleich österreichischer GTS belegen, dass die pädagogischen Erwartungen auch von Schulen mit langer Ganztagserfahrung nicht erfüllt werden:

- Es gibt keine Hinweise auf eine Lernkultur, die sich von jener der Hauptschulen oder Neuen Mittelschule unterscheiden würde; tendenziell werden die dort gefundenen Qualitätswerte *nicht* erreicht.
- Die Zufriedenheit der Schülerinnen und Schüler an Ganztagsschulen ist deutlich geringer als jene an vergleichbaren Halbtagsschulen
- Gewalt und abweichendes Verhalten sind nicht niedriger ausgeprägt als an Halbtagsschulen, sondern tendenziell höher.
- In gleicher Weise wie an Halbtagsschulen kommt es im Verlauf der Sekundarstufe I zu einem Rückgang der Lernmotivation sowie zu einer Verschlechterung in anderen bedeutsamen Indikatoren (Zufriedenheit, Gewalt, abweichendes Verhalten).
- Die Erwartung, dass Schule am Ende des Tages oder am Ende der Woche beendet sei, wird nicht erfüllt:
    - Nur etwa 10% der Schüler/innen lernen „nie" während der Woche
    - Nur etwa 13% lernen „nie" am Wochenende
- Lernunterstützung von außen – durch Eltern und Nachhilfe – findet vergleichbar wie an anderen Schulen statt

Die untersuchten verschränkten GTS mit langer Erfahrung liefern also keine Belege, dass sich an ihnen eine andere Lernkultur entwickelt hätte. Im Gegenteil:

In Summe betrachtet beschreiben die Schülerinnen und Schüler an diesen Schulen ihr Umfeld negativer als dies Schülerinnen und Schüler an traditionellen Hauptschulen in vergleichbaren regionalem Umfeld tun.

3. Implikationen

3.1. Situationsanalyse

Die berichteten Ergebnisse bilden einen weiteren Beleg, dass die reale Ganztagsschule – entgegen den zunehmend verbreiteten Mythen ihrer pädagogischen Überlegenheit – „mehr Desselben" (Watzlawick) ist: Eine Schule, die sich zwar über den ganzen Tag erstreckt, sich jedoch in der Gestaltung des Lernens und in der Interpretation der Rahmenbedingungen zumindest in der Wahrnehmung der Schülerinnen und Schüler nicht von anderen Schulen unterscheidet. Es fällt schwer, im Besuch einer solchen Schule einen Vorteil für die Schülerinnen und Schüler zu sehen. Die Gründe für die nicht erwartungsgemäßen Ergebnisse mögen vielfältig sein: zu wenig Ressourcen, zu wenig Lehrpersonen, zu wenig Betreuungspersonal, zu wenig außerschulische Unterstützung. Andererseits sind die Ergebnisse nicht unerwartet, sondern fügen sich gut in den oben berichteten Trend der deutschsprachigen Forschungen zu Ganztagschulen.

Auf der anderen Seite steht ein gesellschaftlicher Trend zur Ganztagsschule: Die Nachfrage nach GTS steigt kontinuierlich, das Angebot zieht, wenn auch mit Verzögerungen, nach. Bevorzugt werden Angebote mit geringem Verpflichtungsgrad (Betreuung, Lernbetreuung, Angebot für einzelne Tage; am wenigsten voll gebundene Formen). Zunehmend werden Verknüpfungen mit außerschulischen Einrichtungen und Partnern angestrebt und realisiert. Auch die internationalen Trends weisen stark in Richtung GTS, meist in Verbindung mit Gesamtschulen. In vielen Ländern ist die ganztägige Beschulung die Normalform; ihre sozialpolitischen Vorteile stehen weitgehend außer Streit.

Daraus resultiert ein ethisches Dilemma: Während die Einführung von Ganztagsschulen aus gesellschaftlicher Perspektive sinnvoll erscheint, bestehen begründete Zweifel, ob sie für die Schülerinnen und Schüler ein Vorteil ist, solange es keine überzeugende und wirksame Praxis gibt, die einen pädagogischen Mehrwert erwarten ließe. Vielmehr bedeutet sie eine massive Einschränkung ihres Lebensraumes, die durch zusätzliche Angebote möglicherweise nur unzureichend ausgeglichen wird.

Diese Einschränkung betrifft die zentralen Kategorien von Lebenswelten, nämlich Zeit, Raum und Interaktionen.

Tabelle 4: Begleitfolgen einer Ganztagsschule für die Lebenswelt der Jugendlichen

	Schule	Außerhalb der Schule
Zeit	Vermehrung der gebundenen Zeit während der Wochentage	Reduktion der frei gestaltbaren Zeit während der Woche evtl. Vermehrung der frei gestaltbaren Zeit am Wochenende
Raum	Generelle Bindung des Tages an schulische Räume In der Regel sehr eingeschränktes Angebot an nutzbaren Räumen	Reduktion an (Freizeit-)Kontaktmöglichkeiten im außerschulischen Umfeld
Interaktionen	Konzentration der sozialen Interaktionen auf Angehörige der Schule (Mitschüler/innen; Lehrpersonen) Überwiegend schulisch ritualisierte Kommunikation	Reduktion der Interaktionen mit einer außerschulischen Peergruppe Auswirkungen auf Familie?

GTS bedeutet für die Schülerinnen und Schüler vor allem, dass das Ausmaß ihrer gebundenen Zeit zunimmt. Als solche kann man jene Zeit verstehen, über die Menschen nicht selber verfügen können, sondern von anderen fremd bestimmt wird. Vor allem die verschränkte GTS – die häufig als „durchkomponiertes“ Programm verstanden wird – definiert die Struktur eines Tages fast vollständig. Die für die Schule verbrachte Zeit ähnelt in ihrem Ausmaß jener, die Erwachsene im Beruf verbringen – auch von dort her wissen wir, dass Maßnahmen zur Wiederherstellung von Zeit-Autonomie (z.B. gleitende Arbeitszeit; selbstbestimmte häusliche Arbeit) erheblichen Einfluss auf Wohlbefinden und Arbeitszufriedenheit haben (z.B. Hanglberger 2010). Möglicherweise ergibt sich auch für das Wochenende eine stärkere Zeitbindung: durch gemeinsame Aktivitäten mit den Eltern in der nunmehr vom Lernen stärker befreiten Situation.

Analog zur Bindung der Zeit erfolgt auch eine Bindung an Räume. Sie ist in der verschränkten GTS stärker als in der offenen. Analog zur Zeitbindung erzeugt die GTS eine starke Strukturierung der genutzten Räume: Nach der Schule kommt aus Tageszeitgründen fast nur noch der Aufenthalt in der Familie in Frage; Ähnliches gilt für das nunmehr der Familie gewidmete Wochenende.

Die GTS, vor allem in der verschränkten Form, führt zugleich zu einer Vermehrung, Einengung und Intensivierung von sozialen Beziehungen. Während die innerschulischen Beziehungen vermehrt und intensiviert werden (z.B. zu Schüler/innen anderer Klassen und Stufen, Beziehungen zu den Lehrpersonen), kommt es vermutlich zu einer Einschränkung außerschulischer Beziehungen zu solchen Personen, die nicht der Schule und der Familie angehören. Zumindest aufgrund theoretischer Überlegungen lässt sich die These formulieren, dass GTS in der verschränkten Form den Handlungs- und Lebensraum der Schülerinnen und Schüler deutlich eingrenzen. Wenn GTS nicht über gute räumliche Ressourcen und eine Vielfalt an Angeboten verfügen, droht eine Verarmung an Handlungsmöglichkeiten, die Reduktion sozialer Interaktionen auf wenige Partner sowie der Verlust autonomer Gestaltungsmöglichkeiten des eigenen Lebens.

3.2. Zielkonzepte und Handlungsansätze

Was bedeutet das für die Lage der Schülerinnen und Schüler und welche pädagogischen Aufgaben ergeben sich daraus?

Ein ethisches Prinzip, das die Pädagogik mit der Medizin gemeinsam hat, lautet: „Primum nihil nocere" – vor allem keinen Schaden anrichten. Die pädagogische Gestaltung von GTS muss darauf ausgerichtet sein, das Leben der Schülerinnen und Schüler nicht zu verschlechtern. Zumindest für die österreichischen verschränkten GTS – die als die pädagogisch hoffnungsvollste Form gelten – ist dieser Verdacht derzeit nicht auszuschließen.

Eine zweite Richtlinie ergibt sich aus dem Konzept des „pädagogischen Bezugs" (Nohl 1963). Die von Nohl formulierten Prinzipien besagen insbesondere, dass pädagogische Maßnahmen nur dann gerechtfertigt sind, wenn sie im Interesse der zu Erziehenden sind, also „um des Kindes willen" erfolgen. Instrumentalisierungen der Kinder und Jugendlichen, etwa deren Institutionalisierung, um damit anderen Gruppen Freiräume zu verschaffen, bilden im Sinne Nohls einen klaren Verstoß gegen die ethischen Prinzipien pädagogischen Handelns; dies würde auch für eine Argumentation gelten, die fälschlich eine erhöhte pädagogische Qualität von Ganztagsschulen behauptet, um sie Eltern und Kindern schmackhaft zu machen.

Um Ganztagsschulen pädagogisch-ethisch vertretbar zu machen, müssen sie daher tatsächlich einen erkennbaren pädagogischen Mehrwert aufweisen. Ein solcher Mehrwert scheint nur erreichbar, wenn bei der Gestaltung dieser Schulen Prinzipien zum Tragen kommen, die eine günstigere Entwicklung der Kinder und Jugendlichen erwarten lassen, als dies in der Halbtagsschule der Fall ist.

Im Folgenden wird auf drei Konzepte ganz unterschiedlicher Provenienz verwiesen, die jedes für sich beanspruchen, hilfreiche und förderliche Prinzipien für eine positive Entwicklung von Menschen zu beschreiben:

3.2.1. Die ökologische Entwicklungspsychologie von Urie Bronfenbrenner

Bronfenbrenner (1981) formuliert in seiner „Ökologie der menschlichen Entwicklung" zwei allgemeine Theorien über die Rahmenbedingungen positiver Entwicklung von Menschen, die wie folgt umschrieben werden können:

a. Die Entwicklung einer Person verläuft insgesamt umso günstiger, je integrierter sie in jedem ihrer Lebensbereiche ist und je vielfältiger diese sind. Integration bedeutet, dass eine Person in dauerhaften, emotional positiven Beziehungen zu den anderen Mitgliedern steht und sich an den Aktivitäten innerhalb des Lebensbereiches beteiligt. Positive Integration in *einem* Lebensbereich strahlt aus auf die Entwicklung in *anderen* Lebensbereichen. Je zahlreicher, unterschiedlicher und in sich differenzierter - innerhalb bestimmter Grenzen - die Lebensbereiche sind, desto größer sind die Erfahrungs- und damit auch Entwicklungsmöglichkeiten einer Person.
b. Die Entwicklung einer Person verläuft umso günstiger, je mehr ihre Lebensbereiche untereinander vernetzt sind. Als Vernetzung soll hier bezeichnet werden, wenn die Verbindung zwischen verschiedenen Lebensbereichen einer Person nicht nur durch diese allein besteht, sondern wenn es darüber hinaus noch unterstützende Verbindungen gibt. Solche Verbindungen sind z.B. gegeben, wenn Eltern die Schule besuchen, am Unterricht teilnehmen oder an Schulveranstaltungen mitwirken; wenn Lehrpersonen und Eltern in anderen Bereichen Gemeinsamkeiten haben (z.B. dem gleichen Sportverein angehören); wenn Mitglieder der Peergruppe die gleiche Schule besuchen; wenn Mitglieder der Peergruppe sich an Aktivitäten der Familie beteiligen, usw.

Ganztagsschulen bilden, so meine Einschätzung, gute Möglichkeiten, dem ersten Prinzip zu entsprechen; sie verknappen aber die Anzahl der Lebensbereiche, in denen sich Jugendliche bewegen, kappen tendenziell die Beziehungen zu anderen Lebensbereichen der Schülerinnen und Schüler und schränken damit deren Entwicklungsmöglichkeiten massiv ein.

3.2.2. Die Selbstbestimmungstheorie von Deci & Ryan

Die Selbstbestimmungstheorie von Deci & Ryan (1993) befasst sich mit der Frage, wie Menschen Motivation und Interesse für die Auseinandersetzung mit bestimmten Themen oder Tätigkeiten entwickeln. Diesem Ansatz zufolge setzt Entwicklung von Motivation und Interesse drei Bedingungen voraus:

- Autonomie
- Die Erfahrung von Kompetenz
- Soziale Einbindung

Während GTS im Hinblick auf die Ermöglichung von Kompetenzerfahrungen wahrscheinlich etwas bessere Voraussetzungen aufweisen als andere Schulen, und auch die Möglichkeiten zur sozialen Einbindung jedenfalls nicht schlechter sind, besteht die Befürchtung, dass die autonomen Handlungsmöglichkeiten der Schülerinnen und Schüler insgesamt betrachtet niedriger sind als in anderen Schulen. Dafür sind insbesondere die verlängerte Zeit in der Schule, die starke Strukturierung des Alltags und die eingeschränkten räumlichen Möglichkeiten verantwortlich.

3.2.3. Die evolutionäre Erkenntnistheorie von Maturana & Varela

Die evolutionäre Erkenntnistheorie (Maturana/Varela 1987) setzt drei Bedingungen für das Auftreten evolutionären Fortschritts – und als solcher kann in Analogie auch die individuelle menschliche Entwicklung gesehen werden:

- Zeit
- Vielfalt
- Selbstorganisation

Soziale Settings müssen ausreichend Zeit zur Auseinandersetzung anbieten, vielfältige Erfahrungsmöglichkeiten bereitstellen, und Selbstorganisation der Partizipienten ermöglichen. Aus dem Zusammenspiel dieser drei Faktoren resultieren jene Rahmenbedingungen für den autopoietischen Prozess, aus dem letzten Endes individuelle Entwicklung resultiert.

Das Auftreten dieser Bedingungen ist in offenen Systemen eher gewährleistet; Ganztagsschulen in der jetzigen Verfassung tendieren wahrscheinlich dazu, vor allem das Prinzip der Selbstorganisation zugunsten eines durchgeplanten pädagogischen Zugriffs zu vernachlässigen.

3.3. Welche Kombination von Rahmenbedingungen garantiert einen pädagogischen Mehrwert?

Viele setzen pädagogisch auf die verschränkte Ganztagsform, weil es plausibel erscheint, dass mehr Zeit für Lernen mehr Ertrag bringe. So etwa der Nationale Bildungsbericht:

> „Empfohlen wird die Entwicklung von sinnvollen Modellen der Verschränkung und Rhythmisierung für die Primarstufe und Sekundarstufen, Aufhebung der Unterscheidung von Kern- und Nebenfächern, Aufhebung der Trennung von Lernzeit und Nicht-Lernzeit, Aufhebung der 50-Minuten-Stunde, Angebote für Aktivitäts- und Ruhephasen, Rückzugsräume, Kooperationen im außerschulischen Raum, Partizipation der Eltern etc." (Hörl et al. 2012: 300)

Die damit angesprochene vor allem organisatorische Entgrenzung erscheint primär darauf ausgerichtet, die Belastungen des Lernens über den ganzen Tag auf ein für die Schüler/innen jeweils bekömmliches Maß zu reduzieren und gleichmäßig zu verteilen, um ihre Leistungsfähigkeit aufrecht zu erhalten oder zu steigern. Ein über die Halbtagsschule hinausgehendes pädagogisches Konzept wird dahinter nicht sichtbar.

Versuchte man sich der Frage zu stellen, wie unter Ganztagsbedingungen eine tatsächlich die individuelle Entwicklung und individuelles Lernen unterstützende schulische Umwelt geschaffen werden kann, müssten die bis jetzt eher vernachlässigten tragenden Prinzipien der oben genannten Rahmenkonzepte stärker Berücksichtigung finden:

- Das Prinzip der Vernetzung der Lebensräume (Bronfenbrenner), insbesondere Schule auf der einen sowie Familie, Berufswelt und außerschulische Lebenswelt der Jugendlichen auf der anderen Seite
- Die Prinzipien der Autonomie bzw. Selbstorganisation der Schülerinnen und Schüler (Deci/Ryan; Maturana/Varela) bei der Gestaltung des eigenen Lernens
- Das Prinzip der Vielfalt (Maturana/Varela) der Lern- und Tätigkeitsangebote, das über die Bereitstellung vorwiegend schulfächerorientierter oder lernunterstützender Zusatzangebote weit hinausgeht

Die Schaffung einer solchen Umwelt erfordert nicht nur mehr Ressourcen im weitesten Sinn (räumliche, zeitliche, finanzielle, personale), sondern vor allem ein pädagogisches Gesamtkonzept, das sich am Lern- und Entwicklungsprozess der Kinder und Jugendlichen orientiert und nicht lediglich an der „Optimierung" der Abfolge von Lern- und Entspannungsphasen.

Literatur

Allemann-Ghionda, Christina; Appel, Stefan (Hg.) (2004): Jahrbuch Ganztagsschule 2004. Neue Chancen für Bildung. Schwalbach: Wochenschau.

Beham-Rabanser, Martina/Weber, Christoph/Bacher, Johann (2010): Familie und Schule als Kooperationspartner. In: Bundesministerium für Wirtschaft, Familie und Jugend (Hg.): 570-614.

Braun, Karlheinz/Wetzel, Konstanze (2008): Ganztagsschule und Soziale Arbeit in Österreich. In: Sozial Extra 32 (9): 32-35.

Bronfenbrenner, Urie (1981): Die Ökologie der menschlichen Entwicklung. Stuttgart: Klett.

Bundesministerium für Wirtschaft, Familie und Jugend (Hg.) (2010): 5. Österreichischer Familienbericht 1999-2009. Die Familie an der Wende zum 21. Jahrhundert. Wien: Bundesministerium für Wirtschaft, Familie und Jugend.

Deci, Edward L./Ryan, Richard M. (1993): Die Selbstbestimmungstheorie der Motivation und ihre Bedeutung für die Pädagogik. In: Zeitschrift für Pädagogik 39 (2): 223-238

Dobart, Anton/Koeppner, Heidelind/Weissmann, Leopoldine/Zwölfer, Anton (1984): Ganztägige Organisationsformen der Schule: Ganztagschule und Tagesheimschule. Darstellung der Schulversuchsarbeit 1974-1982. Wien: Österreichischer Bundesverlag

Eder, Ferdinand/Mayr, Johannes (2000): Linzer Fragebogen zum Schul-und Klassenklima für die 4.-8 Klasse (LFSK). Göttingen: Hogrefe

Fischer, Natalie/Brümmer, Felix/Kuhn, Hans Peter (2011): Entwicklung von Wohlbefinden und motivationalen Orientierungen in der Ganztagsschule. Zusammenhänge mit der Prozess- und Beziehungsqualität in den Angeboten. In: Fischer et al. (2011): 227-245

Fischer, Natalie/Holtappels, Heinz Günter/Klieme, Ekkehard/Rauschenbach, Thomas/Stecher, Ludwig/Züchner, Ivo (Hg.) (2011): Ganztagsschule: Entwicklungen, Qualität, Wirkungen. Längsschnittliche Befunde zur Entwicklung von Ganztagsschulen (StEG). Weinheim und Basel: Beltz Juventa

Fischer, Natalie; Kuhn, Hans Peter; Züchner, Ivo (2011): Entwicklung von Sozialverhalten in der Ganztaagsschule. Wirkungen der Ganztagsteilnahme und der Angebotsqualität. In: Fischer et al. (2011): 246-266

Ganglberger, Dominik (2010): Arbeitszufriedenheit und flexible Arbeitszeiten: Empirische Analyse mit Daten des Soziooekonomischen Panels (FFB Diskussionspapier, Nr. 80). Online verfügbar unter http://hdl.handle.net/10419/67920, zuletzt geprüft am 30.09.2014

Herzog-Punzenberger, Barbara (Hg.) (2012): Nationaler Bildungsbericht Österreich 2012. Band 2. Fokussierte Analysen bildungspolitischer Schwerpunktthemen. Graz: Leykam

Hörl, Gabriele; Dämon, Konrad; Popp, Ulrike; Bacher, Johann; Lachmayr, Norbert (2012): Ganztägige Schulformen - Nationale und internationale Erfahrungen, Lehren für die Zukunft. In: Herzog-Punzenberger (2012): 269-312

Holtappels, Heinz G. (2004): Ganztagsschule und Schulöffnung im Rahmen pädagogischer Schulreform. In: Allemann-Ghionda/Stefan Appel (2004): 164-187

Kuhn, Hans Peter; Fischer, Natalie (2011): Entwicklung der Schulnoten in der Ganztagsschule. Einflüsse der Ganztagsteilnahme und der Angebotsqualität. In: Fischer et al. (2011): 207-226

Maturana, Humberto; Varela, Francisco (1987): Der Baum der Erkenntnis. Wie wir die Welt durch unsere Wahrnehmung erschaffen - die biologischen Wiurzeln des menschlichen Erkennens. Bern, München, Wien: Scherz

Messner, Elgrid; Hörl, Gabriele (2011): Schule wird Lebensort: Eine Analyse der Praxis verschränkter Ganztagsschulmodelle aus der Sicht zentraler Akteure und Akteurinnen. Wien: Lit

Nohl, Hermann (1963): Die pädagogische Bewegung in Deutschland und ihre Theorie. (6. unveränderte Aufl.). Frankfurt am Main: Schulte-Bulmke

Popp, Ulrike (2010): Von der "Verschulung der Jugend" zur „jugendgerechten Schule“. In: Riegel/Scherr/Stauber (2010): 327-343

Popp, Ulrike; Tischler, Kornelia (Hg.) (2007): Fördern und fordern an Schulen. München: Profil

Riegel, Christine; Scherr, Albert; Stauber, Barbara (Hg.) (2010): Transdisziplinäre Jugendforschung. Grundlagen und Forschungskonzepte. Wiesbaden: VS Verlag für Sozialwissenschaften

Rösselet, Stephan (2012): ExpertInnen machen Schule. Ergebnisse einer Delphibefragung zur Förderung von SchülerInnen mit Migrationshintergrund. Wiesbaden: VS Verlag für Sozialwissenschaften

Scheipl, Josef (1974): Ganztagsschule - Problem und Aufgabe. Wien: Jugend und Volk

Züchner, Ivo (2011): Ganztagsschulen und Familienleben. Auswirkungen des ganztägigen Schulbesuchs. In: Fischer et al. (2011): 291-311

Abgehängt und ausgeklinkt: Jugend im sozialen „Off" – Perspektiven der Exklusionsforschung auf soziale Ungleichheit im Jugendalter

Beate Großegger

„Alle sind gleich, nur manche sind gleicher als andere", so hieß es in den „Neuen Sozialen Bewegungen" der späten 1970er und 1980er Jahre. Heute ist der Slogan nahezu vergessen, doch die Kernbotschaft gilt so wie einst. Soziale Ungleichheit ist in unserer Gesellschaft ein nicht weg zu diskutierendes Faktum. Es gibt soziale Hierarchien, die die Gesellschaft nach dem Prinzip „oben" versus „unten" ordnen, und diejenigen, die auf den oberen Sprossen der sozialen Stufenleiter stehen, dürfen sich im Regelfall mehr von ihrem Leben erwarten, als diejenigen, die weit unten stehen. Darüber hinaus gibt es eine Rangordnung zwischen jenen, die den gesellschaftlichen Normen und Standards entsprechen und, ausgestattet mit allen Rechten und Pflichten, einen sicheren Platz in der Mitte der Gesellschaft einnehmen, und jenen, die das nicht tun und daher von vollwertiger Akzeptanz und Teilhabe ausgeschlossen sind.

In der Jugendforschung sind beide Aspekte sozialer Ungleichheit Thema. Während klassische Ansätze der Ungleichheitsforschung auf Ersteres fokussieren und vor allem materielle Armut und ökonomische Marginalisierung problematisieren, setzen neuere Ansätze der sozialen Ungleichheitsforschung bei sozialer Exklusion an. Zentraler Bezugspunkt des Begriffs „soziale Exklusion" ist „die Art und Weise der Teilhabe am gesellschaftlichen Leben, nicht der Grad der Benachteiligung nach Maßgabe allgemein geschätzter Güter wie Einkommen, Bildung und Prestige" (Bude 2008: 13); es geht also um die Frage, wie und warum Menschen in unserer Gesellschaft in Sozialpositionen geraten, in denen sie von vollwertiger Teilhabe abgeschnitten sind.

1. Soziale Exklusion aus theoretischer Perspektive

Aus eklusionstheoretischer Perspektive entsteht soziale Exklusion an der Schnittstelle von objektiv messbarer Benachteiligung und dem subjektiven

Empfinden derer, die sich sozial benachteiligt fühlen (Bude 2008, Bude/Willisch 2008, Bude/Lantermann 2006, Bude/Willisch 2006, Kronauer 2002). Zu objektiver Benachteiligung zählen u.a. prekäre materielle Lebensverhältnisse, Bildungsdefizite, mangelnde Integration ins Erwerbsarbeitsleben oder mangelnde Einbindung in soziale Netzwerke (besonders betroffen sind, wie die Forschung zeigt, Langzeitarbeitslose, MigrantInnen, Alleinerziehende, kinderreiche Familien oder Menschen aus bildungsfernen Milieus). Das subjektive Exklusionsempfinden rückt hingegen die soziale Selbsteinordnung Betroffener sowie das Gefühl des ins gesellschaftliche Abseits Geratens als wesentliche Bestandteile der Exklusionsproblematik ins Blickfeld.[1] Treffen objektive Exklusionskonstellationen und subjektives Exklusionsempfinden aufeinander, droht ein sozialer Selbstentbettungsprozess, der Selbststigmatisierung bis hin zu radikalem Selbstausschluss mit sich bringt. Wenn dies der Fall ist, ziehen sich Menschen aus der Mehrheitsgesellschaft zurück. Häufig lösen sie Sozialkontakte in Richtung „integrierte Mitte" auf und driften mehr und mehr in die Isolation. Sie nehmen sich selbst nicht mehr als vollwertiges Mitglied der Gesellschaft wahr, fühlen sich sozial entbettet und glauben, „keine Chancen und keine Möglichkeiten einer gesellschaftlichen Verortung und Einbindung" (Bude/Lantermann 2006: 234) mehr zu haben. Daraus resultiert häufig ein Gefühl der „existenziellen Überflüssigkeit" (Bude/Willisch 2006: 8).

Soziale Exklusion muss als ein Prozess verstanden werden, der mehrere Phasen durchläuft, oft schleichend beginnt, Zug um Zug an Dynamik gewinnt und irgendwann im gesellschaftlichen „Off" endet. Betroffene erleben sich dann als „Randexistenzen" und werden von ihrer sozialen Umwelt auch so gesehen. Um soziale Exklusion in ihrer komplexen Dynamik zu begreifen, muss man sehen, dass die Maßstäbe, anhand derer entschieden wird, ob Menschen vollwertig teilhaben können und demnach inkludiert sind, oder ob sie von vollwertiger Teilhabe ausgeschlossen, sprich: exkludiert sind, letztlich nichts anderes als gesellschaftliche Übereinkünfte darstellen. In Gesellschaften wie der unseren, in denen Integration ins Erwerbsarbeitsleben als ein zentraler Gradmesser für vollwertige Teilhabe verstanden wird, zählen Bildungs- und

1 Bude/Lantermann (2006) konnten zeigen, dass nicht alle Menschen, die sich in einer objektiv benachteiligenden bzw. prekären Lebenslage befinden, mit Exklusionsempfinden reagieren und sich als „wertlose Randexistenzen" wahrnehmen; ein Teil behält seinen Selbstwert und sieht sich trotz prekärer Lebenssituation weiterhin als vollwertiges Mitglied der Gesellschaft. Daneben gibt es aber auch Menschen, die aufgrund der Tatsache, dass die gesellschaftliche Unsicherheit heute allgemein wächst und ein sozialer Absturz grundsätzlich von überall aus möglich ist, ein „Abseitsgefühl", sprich: Exklusionsempfinden, entwickeln, und zwar bereits lange bevor sie in eine abgehängte Sozialposition kommen.

Arbeitsmarktintegration nach wie vor zu den wichtigsten Faktoren, um von der sozialen Umwelt als vollwertiges Mitglied der Gesellschaft gesehen und behandelt zu werden. Eine gelungene Bildungsintegration bei Jugendlichen sowie eine gelungene Arbeitsmarktintegration bei jungen Erwachsenen entscheiden also darüber, ob junge Menschen in der Gesellschaft als vollwertige Mitglieder anerkannt werden. Eine misslungene Bildungs- und Arbeitsmarktintegration bedeuten hingegen ein erhöhtes Exklusionsrisiko.

2. Jugend am Rande der Gesellschaft: Worüber sprechen wir überhaupt?

In der Sozialforschung wurden Kinder und Jugendliche bislang meist als Ursache bzw. Verstärker von Exklusionseffekten thematisiert. Wie Kinder und Jugendliche mit prekären Lebenssituationen umgehen und ob bzw. wie sie diese reflektieren, hat kaum interessiert. Wie ein instabil-prekärer Status auf elterlicher Seite auf Kinder und Jugendliche wirkt, darüber weiß man wenig. Und auch wie diese Kinder und Jugendlichen ihren Alltag organisieren und wie sie die ihnen verfügbaren Ressourcen managen, hat bislang kaum beschäftigt. Zu betonen ist, dass frühe Sozialisationserfahrungen sowie das Ressourcenprofil der Herkunftsfamilie die Bildungskarrieren, beginnend mit dem ersten Lebensjahrzehnt bis ins dritte Lebensjahrzehnt, prägen und dies wiederum in erheblichem Maße „die sozioökonomischen Selektionsprozesse auf dem Arbeitsmarkt für weitere Lebensjahrzehnte bis in die Lebensbedingungen des Alters hinein“ (Schwinn 2008: 28) strukturiert. Das heißt, die Zukunftschancen der Kinder und Jugendlichen werden in frühem Alter in den Familien gelegt und jene, die in exklusionsgefährdeten Familien aufwachsen, haben deutlich schlechtere Ausgangsbedingungen.

Zwei vom Institut für Jugendkulturforschung durchgeführte Studien knüpfen an diese Überlegungen an und rücken die Frage, was passiert, wenn junge Menschen in einer exklusionsgefährdeten bzw. exkludierten Lage aufwachsen, in den Mittelpunkt. Die Grundlagenstudie „Soziale Exklusion aus lebensweltlicher Perspektive. Familienalltag in benachteiligten Lebenslagen: Marginalisierungserfahrungen, Exklusionsempfinden und Bewältigungsstrategien von Kindern, Jugendlichen und deren Eltern“ (Institut für Jugendkulturforschung/Großegger 2009) beschäftigt sich mit Desintegrationserfahrungen, die in jungem Lebensalter gemacht werden, und zeigt, wie Kinder und Jugendliche diese verarbeiten.[2] „Pimp Your Life: Entrepreneurship-Education bei Jugendlichen in benachteiligten Lagen“ (Institut für Jugendkulturforschung/Großegger 2012), eine Begleitstudie zum gleichnamigen Jugendprojekt, untersucht Lebens- und Erwerbsperspektiven von Jugendlichen aus benachteiligten Lagen sowie ihre Potentiale hinsichtlich unternehmerischen Denkens.[3] Die Zusammenschau der Ergebnisse aus diesen beiden Studien ermöglicht eine differenzierte Sicht nicht nur der Lebenssituation, sondern auch der Lebensperspektiven exklusionsgefährdeter und exkludierter Jugendlicher.

2 Im Rahmen dieser Grundlagenstudie wurden 42 problemzentrierte Interviews mit 6- bis 22-jährigen Kindern und Jugendlichen sowie deren Eltern durchgeführt, um Erkenntnisse über die vielfältigen Ausdrucksformen von sozialer Benachteiligung und Exklusion zu erhalten, aber auch, um lebensweltliche Sichtweisen und Handlungsstrategien Betroffener zu explorieren. Insgesamt wurden 16 Familien, die unterschiedliche Ausdrucksformen einer benachteiligten Familiensituation repräsentieren, untersucht. Die in die Familienstichprobe einbezogenen Fälle wurden mittels Screening nach theoretisch begründeten Kriterien ausgewählt (purposive sample). Screeningkriterien waren die in der Fachliteratur als zentrale Exklusionsfaktoren genannten Kriterien „niedrige Bildung“, „Migrationshintergrund“, „Leben in einer kinderreichen Familie“, „Leben in einer AlleinerzieherInnenfamilie“. Die Auswahl der in die Untersuchung einbezogenen Familien (Kinder/Jugendliche und deren Eltern) erfolgte so, dass jede der Familien von mindestens einem dieser vier Exklusionsfaktoren betroffen war, wobei die Stichprobe so angelegt wurde, dass ein Teil der in die Untersuchung einbezogenen Familien lediglich eines der vier genannten Exklusionskriterien aufwies, während ein zweiter Teil von bis zu drei Exklusionsfaktoren betroffen war, um auf Basis der erhobenen Daten einen systematischen Vergleich von Problematiken, die aus Einfachbenachteiligungen resultieren, und Problematiken, die sich aus kumulierten Benachteiligungen ableiten, anstellen zu können.

3 Im Rahmen der Begleitstudie „Pimp Your Life: Entrepreneurship-Education bei Jugendlichen in benachteiligten Lagen“ wurden drei Jugendprojekte, „Pimp Your Life Wels“ (Oberösterreich), „Pimp Your Life Wolfsberg“ (Kärnten) sowie „Pimp Your Life Schwechat“ (Niederösterreich), über die Projektlaufzeit von einem Jahr begleitet: In drei Wellen wurden Gruppendiskussionen und fokussierte Einzelinterviews mit projektbeteiligten Jugendlichen (gesamt: neun Gruppendiskussionen und 12 fokusssierte Interviews) sowie Online-Interviews mit den Jugend-Coaches (gesamt: neun Online-Interviews) durchgeführt, um die im Rahmen des Projektes gesammelten Erfahrungen systematisch zu dokumentieren und Erkenntnisse zu gewinnen, wie benachteiligte Jugendliche mit der Herausforderung, unternehmerisch zu denken und zu handeln umgehen, aber auch, wie bestehende Potentiale dieser Jugendlichen durch zielgruppensensitive Maßnahmen aktiviert werden können und welchen Beitrag Ansätze der „Entrepreneurship Education“ zur Förderung unternehmerischen Denkens in benachteiligten Zielgruppen leisten können.

Auf den ersten Blick unterscheiden sich betroffene Jugendliche in ihren Lebensinteressen nicht allzu sehr von der Mehrheit der vollwertig inkludierten Gleichaltrigen. Sie interessieren sich für „Neue Medien“, netzwerken über Facebook und Co., geben das Geld, über das sie verfügen, vorzugsweise für Dinge, die ihnen Spaß machen, aus, artikulieren sich über jugendkulturelle Praxen und haben den Anspruch, solange sie noch jung sind, das Leben zu genießen. Im Vergleich zu Jugendlichen, die nicht am Rande, sondern in der Mitte der Gesellschaft aufwachsen, finden sie allerdings andere, schlechtere Voraussetzungen vor, um sich ihre Interessen und Wünsche zu erfüllen. Familie, Freizeit und FreundInnen markieren wie bei Jugendlichen in gesicherten Lagen subjektiv wichtige Lebensbereiche. Ein intaktes, harmonisch empfundenes Familienleben vermittelt das Gefühl der Sicherheit. Dies gilt auch für Jugendliche in schwierigen familiären Situationen. Sie träumen von einer „idealen Familie“ als sicherer Hafen. Wenn sie über Familie sprechen, thematisieren sie das aus ihrer Sicht Wünschenswerte und nicht ihren familiären Status-quo. Auch gute FreundInnen sind für sie unverzichtbar, und zwar als FreizeitpartnerInnen und – da ihre Geselligkeitskulturen weitgehend auf das eigene Milieu beschränkt bleiben – wohl auch als eine Art Schicksalsgenossinnen.

Grundsätzlich zeigt sich, dass Jugendliche, die in einer sozial prekären und damit exklusionsgefährdeten Lage aufwachsen, keine großen Erwartungen an ihr Leben haben: Sie wünschen sich ein möglichst „normales“ Leben, mit Familie, Auto, sicherem Arbeitsplatz und Eigenheim (Wohnung, Haus). Einbettung in soziale Netzwerke ist gerade in ihrer Situation von großem Wert, wobei unterschiedliche Netzwerktypen unterschiedliche Funktionen erfüllen. Auf der einen Seite stehen soziale Netzwerke, die im klassischen Sinne als Unterstützungssysteme fungieren und auf einer operativen Ebene der Alltagsorganisation der Lebensbewältigung dienen; diese Unterstützungsnetzwerke korrespondieren weitestgehend mit harmonisch erlebten familiären und verwandtschaftlichen Beziehungen. Auf der anderen Seite stehen größer angelegte und deutlich unverbindlichere Kontakt- und Geselligkeitsnetzwerke, die den Jugendlichen soziale und kulturelle Teilhabe sichern und für sie vor allem deshalb von Bedeutung sind, weil sie – unterhalb der Ebene der institutionellen Einbindung – von der sozialen Umwelt, insbesondere der Gesellschaft der Altersgleichen, als Gradmesser für Integration gesehen werden.

Spricht man mit exklusionsgefährdeten Jugendlichen über ihre Lebensperspektiven, fällt auf, dass es ihnen nicht allzu wichtig ist, große Sprünge zu machen. Sie wünschen sich lediglich eine stabile Existenzgrundlage, die sicherstellt, dass sie sich nicht alles vom Mund absparen müssen, sprich: dass sie alle Rechnungen pünktlich bezahlen und sich gelegentlich auch einen

„kleinen Luxus“ (beispielsweise einen Kurzurlaub, einen Restaurantbesuch o.ä.) leisten können. Jugendliche, die ihr Leben als ständiges Auf und Ab empfinden, artikulieren ein Bedürfnis nach Kontinuität. Ein solides Leben, Stabilität und – sobald dies erreicht ist – keine großen Veränderungen mehr, so lautet ihre Devise. Man könnte sagen, sie streben nach einem existenzgesicherten Leben ohne große Höhen und Tiefen. Durchschnittlichkeit ist für sie daher kein Schimpfwort, sondern vielmehr ein Leitwert und positives Zeichen dafür, dass man sich im gesellschaftlichen Normalhorizont bewegt und zur Welt der NormalbürgerInnen vollwertig dazu gehört.

Exklusionsgefährdete Jugendliche sind häufig zu erstaunlich hoher Selbsteinpassung in ein System, das ihnen nicht allzu viele Chancen lässt, bereit. Sie wollen die Norm erfüllen, eine berufsbildende Schule oder eine Lehre abschließen und dann möglichst rasch ihr eigenes Geld verdienen. Vor allem wollen sie aber „richtig“ im Sinne von „vollwertig“ dazu gehören. Ihre Lebensperspektiven lassen sich mit dem Begriff „moderate Statusoptimierung“ vermutlich am besten beschreiben. „Nicht zu viel und nicht zu wenig“, das haben sie sich zum Lebensmotto gemacht. Auf längere Sicht hin keinen Ausbildungs- bzw. Arbeitsplatz zu finden, macht ihnen große Angst. Zumindest intuitiv wissen sie, dass eine gelungene Bildungs- und Erwerbsintegration in unserer Gesellschaft Schlüsselkriterien für Inklusion im Sinne von vollwertiger gesellschaftlicher Teilhabe sind. Diejenigen, die bereits Erfahrungen mit Drop-outs und/oder erfolgloser Ausbildungs- und Arbeitplatzsuche gemacht haben, berichten darüber, wie sehr dies am Selbstwert nagen kann. Und sie wissen: als gemeinsames Schicksal langzeitarbeitsloser Jugendlicher droht das Gefühl der Nutzlosigkeit, Langeweile, Sinnlosigkeit und anhaltenden Leere.

Wer am Rande der Gesellschaft aufwächst, sieht sich mit prekären Möglichkeiten konfrontiert. Und mit dieser Tatsache müssen Betroffene in irgendeiner Form auch umgehen. Dabei lassen sich zwei unterschiedliche Reaktionsweisen beobachten: zum einen ein Rückzug in die Welt der häuslichen Privatheit und, in völligem Kontrast dazu, zum anderen ein ausgeprägter konsumorientierter Hedonismus, der von den Jugendlichen selbstbewusst vorgetragen wird, so als wollten sie ihrer prekären Lage trotzen und den mitleidvollen Blicken der integrierten und inkludierten Mehrheitsbevölkerung etwas entgegensetzen.

3. Konsumorientierung als Ringen um Inklusion

Junge Menschen, die weder die Chance haben als intellektuelle HeldInnen noch als HeldInnen der körperlichen Arbeit Anerkennung zu finden, versuchen sich häufig als HeldInnen des Konsums. Sie füllen ihre KonsumentInnenrolle selbstbewusst aus und sind demnach über die Frommsche Formel „Ich bin, was ich habe und was ich konsumiere“ (Fromm 2011: 43) zu identifizieren. Grundsätzlich ist es in unserer Gesellschaft nahezu unmöglich, nicht zu konsumieren. Für alle möglichen und unmöglichen Bedürfnisse und für nahezu alle persönlich wichtigen Lebensbereiche gibt es warenförmige Angebote. Konsum dient dem „social marking“: Über Konsumartikel definieren wir uns selbst. Je nachdem, was wir konsumieren (teuer oder billig, trendig oder traditionsverbunden, expressiv oder dezent) und wie wir uns mit dem Konsumierten in unserer sozialen Umwelt positionieren, sagen wir etwas darüber aus, wer wir sind, oder zumindest darüber, wer wir sein wollen. Konsumartikel werden nicht nur nach ihrem Funktionswert beurteilt, sondern vor allem auch an ihrem Symbolwert gemessen.

Gerade für Jugendliche, die in einer sozialen Randlage leben, gilt: Der Selbstwert steigt, wenn etwas konsumiert wird, das weder lebensnotwendig, noch, gemessen an der eigenen prekären Lebenssituation, im engeren Sinne „sinnvoll“ ist. Ihre Faszination für neue Produkte und hochpreisige Marken ist vielfach unverkennbar und so antworten sie auf die Frage „Hast du Lieblingsmarken?“, ohne lange nachzudenken, beispielsweise mit: „Ja, Jack & Jones und Alpha.“ Und auf die Nachfrage: „Wo kaufst du deine Kleidung?“, sagen sie bestimmt: „In den Discounter würde ich nicht gehen“ (Institut für Jugendkulturforschung/Großegger 2012: 17). Marken sind für Jugendliche in sozialen Randlagen gerade deshalb so attraktiv, weil sie ein assoziatives Feld von Eigenschaften auftun und damit eine ganz bestimmte ästhetische und soziale Welt herstellen, an der der Markenkonsument allein dadurch, dass er die Marke konsumiert, teilhaben kann (Stauffer 2009: 49). Hat eine Marke Prestige, überträgt sich das prestigeträchtige Image auf die KonsumentInnen. So einfach ist das Prinzip, auf dem Markenkommunikation basiert. Vor allem für bildungsferne männliche Jugendliche kann „Marken-Geprotze“ ein subjektiv wichtiger, selbstwert- und identitätstiftender Faktor sein: Man raucht teure Zigarettenmarken mit traditionell männlichem Image – Marlboro ist hier etwa nach wie vor ein Klassiker – und träumt davon, irgendwann einmal reich zu sein und mit einem dicken BMW vor seinen Leuten vorzufahren. SozialpädagogInnen wissen, wie wichtig gerade für diese Jugendlichen prestigeträchtige Marken sind: „Wenn es ein Auto ist, dann muss es ein BMW sein“, erzählen sie. „Die würden zum Beispiel niemals mit einem Ford Escort fahren. Die könnten den geschenkt kriegen, die würde ihn nicht einmal nehmen. (...) Da könnte er weder seine Freundin abholen, noch zu einem Freund fahren“ (Großegger 2010: 32).

Die Art und Weise, wie Jugendliche aus sozialen Randlagen demonstrativ konsumieren oder wie sie offen bekennen, dass sie dies, wenn sie nur genügend Geld hätten, gerne tun würden, ist letztlich nichts anderes als eine Reaktion auf die Regel: „Ein billiger Mantel macht einen billigen Mann" (Veblen 2007: 164ff). Um nicht als „billiger Mann" zu gelten, kratzt man für einen „teuren Mantel", sprich: Marken-Turnschuhe, Marken-T-Shirts, das neueste Handy-Modell etc. eben all sein Geld zusammen und verzichtet auf vieles, was „Otto Normalverbraucher" als sinnvoll erachten würde oder was gemessen an dessen Normalitätsvorstellungen Lebensqualität bedeutet. Darin zeigt sich, dass diese Jugendlichen sehr wohl wissen, wie unsere Gesellschaft funktioniert – nämlich: nach dem Prinzip „Wer nichts ist und wer nichts hat, der ist nichts wert." Und sie wissen auch: Ein an Prestigegewinn orientierter demonstrativer Konsum bringt nur dann wirklich Prestige, wenn das, was konsumiert wird, nicht unmittelbar lebensnotwendig ist. Darauf hat bereits Veblen in seiner 1899 erstveröffentlichten und heute als Klassiker der Soziologie geltenden „Theorie der feinen Leute" hingewiesen: „Die gesamte Geschichte demonstrativen Verbrauchs (…) wird (…) von einer Bedingung beherrscht, nämlich der, dass die Ausgaben, sollen sie das Ansehen des Konsumenten auch wirklich erhöhen, überflüssig sein müssen" (Veblen 2007: 103).

Neben demonstrativem Konsum zeichnet sich in den Konsumkulturen bzw. im Konsumverhalten von Jugendlichen in sozialen Randlagen aber auch noch ein weiteres Konsummuster ab (das übrigens bei Jugendlichen, die nicht zu den VerliererInnen unserer Gesellschaft zählen, ebenso verbreitet ist): erlebnisorientiert gefärbter Konsum, der den Konsumierenden ein gutes (Selbst-)Gefühl vermittelt. Typisch für erlebnisorientierte KonsumentInnen ist, dass sie sich intensiv mit den sie umgebenden Konsumwelten auseinandersetzen und genau wissen, mit welchen Produkten sie sich positive Gefühle verschaffen können. Sie sind demnach gewissermaßen ExpertInnen „der Selbstmanipulation durch Konsum" (Schulze 2003: 57). Für Jugendliche in exklusionsgefährdeten Lagen ist erlebnisorientierter Konsum eine der wenigen Möglichkeiten, ihrer tristen Lebenssituation zumindest punktuell zu entfliehen. Konsumieren wirkt diesbezüglich in mehrerlei Hinsicht:

> „a) als ‚Beruhigungsmittel' gegen innere Unruhe, Angst, Niedergeschlagenheit; b) als ‚Aufputschmittel', um sich durch Selbstbeschenkung Gefühle von Glück und Freude zu verschaffen (…); c) als Mittel der Selbstbestätigung z.B. darin, daß man das beste Gespür für Trends hat, daß man als Stammkunde (…) ‚jemand ist' oder daß man durch teure Accessoires ‚jemand wird'" (Doehlemann 1996: 101).

Wer nahezu kein Geld zur freien Verfügung hat und auch nicht auf Pump leben kann, kompensiert materielle Benachteiligung nicht selten mittels Flucht in die

Welt abgehoben-illusorischer Konsumwünsche. Konkrete Defiziterfahrungen lassen Sehnsüchte nach einem Stückchen konsumierbarem Luxus sprießen und viele schielen dabei begehrlich in ein fernes Schlaraffenland. Betroffene sagen häufig, dass sie, wenn sie nur ein wenig mehr Geld zur Verfügung hätten, zuallererst Dinge, die nicht zum Überleben notwendig sind, kaufen würden, bevor sie daran gingen, in „sinnvolle“ Dinge zu investieren (Institut für Jugendkulturforschung/Großegger 2009: 50ff sowie 120).

4. Lebenssinn und Lebensbewältigung in prekären Situationen

Wiederholt wurde darauf hingewiesen, dass zur Bewältigung prekärer Lebenssituationen neben der materiellen Existenzsicherung die Sicherung von Lebenssinn von hoher Bedeutung ist (Bude/Lantermann 2006, Chassé/Zander/Rasch u.a. 2007, Eierdanz/Damitz 2007). In prekären Lebenssituationen geht es darum, das eigene Leben trotz aller Widernisse halbwegs im Griff zu behalten bzw. das Gefühl zu haben, die Kontrolle über das eigene Dasein nicht vollständig zu verlieren. Wie Menschen mit prekären Lebenssituationen umgehen – ob es ihnen gelingt, trotz eingeschränkter Möglichkeiten ihren Alltag zu organisieren, ob sie versuchen, die aktuelle Lebenssituation mit den ihnen verfügbaren Mitteln bestmöglich zu gestalten und auf längere Sicht hin positiv zu verändern, ob sie trotz ihrer schwierigen Lebenssituation realistische Perspektiven für ihre persönliche Zukunft entwickeln oder ob sie im Gegensatz dazu an der prekären Lebenssituation verzweifeln, sozial wie auch psycho-emotional die Balance verlieren und sich vom Sog der Exklusion mitreißen und hinunterziehen lassen – hängt nicht ausschließlich von objektiven Faktoren (materielle Armut, Bildungsarmut etc.) ab, sondern ist auch abhängig davon, wie die Betroffenen ihre Lebenssituation wahrnehmen und bewerten bzw. welche Möglichkeiten sie für sich selbst sehen, ihren prekären Alltag zu bewältigen.

Mit Chassé/Zander/Rasch (2007: 246) kann Lebensbewältigung als „Herstellung von Handlungsfähigkeit in kritischen Lebenssituationen“ verstanden werden. Wie die Exklusionsforschung zeigt, ist das Bewältigungsverhalten von Menschen in benachteiligten und abgehängten Lagen von mehreren Faktoren bestimmt: Menschen, die eher risikofreudig sind und sich vergleichsweise leicht auf neue Situationen einstellen, ohne dies als Belastung zu empfinden, gehen mit prekären Lebenssituationen konstruktiver um als jene, die weniger risikofreudig sind, also geringe Ungewissheitstoleranz zeigen, wobei höhere Schulbildung, ein jüngeres Lebensalter sowie eine höhere berufliche Position die Ungewissheitstoleranz und Risikobereitschaft positiv beeinflussen (Bude/Lantermann

2006, Institut für Jugendkulturforschung/Großegger 2009). Feste Sozialbeziehungen (beispielsweise stabile familiäre Bindungen) wirken hingegen positiv auf das Kohärenzgefühl[4]: Sie unterstützen die Fähigkeit, dem eigenen Leben einen Sinn zu geben bzw. in der eigenen Biographie eine Entwicklungslogik zu erkennen, und fördern so die Lebensbewältigungskompetenz (Bude/Lantermann 2006).

Grundsätzlich zeigen Frauen und Männer unterschiedliches Bewältigungsverhalten (Eierdanz/Damitz 2007): Im Vergleich zu Frauen tendieren Männer zu einem weniger konstruktiven Umgang mit prekären Lebenssituationen – insbesondere gilt dies für junge Männer. Sie verfallen auch häufiger in existenzielle Sinnkrisen, aus denen sie nicht so ohne weiteres selbst wieder herausfinden. Frauen gehen mit prekären Situationen oftmals besser im Sinne von konstruktiver um und driften seltener in tiefe Sinnkrisen. Abgesehen davon tendieren Frauen stärker dazu, Probleme Schritt für Schritt zu lösen und sie nehmen gemäß dieser Prozesslogik Unterstützungsangebote auch dann an, wenn sie lediglich kleine Schritt-für-Schritt-Problemlösungen versprechen. Männer erwarten hingegen häufig eine Komplettlösung, die ihr Problem gewissermaßen auf einen Schlag aus der Welt schafft.

Will man die Lebensbewältigung von Menschen in benachteiligten Lebenslagen verstehen, muss man sich damit beschäftigen, wie Betroffene ihre Lebenssituation subjektiv deuten bzw. wie sich diese Lebenssituation für sie „anfühlt", denn daraus leiten sie Konsequenzen für ihr Handeln ab. Mit Neckel (2008: 180) kann man Gefühle als „affektive Stellungnahmen" zu den Erfahrungen, die Menschen in ihrem alltäglichen Leben machen, begreifen: „Neben ihrer affektiven Komponente haben Gefühle stets eine Bewertungsfunktion, indem sie uns signalisieren, in welchem Verhältnis wir uns der Welt gegenüber jeweils gerade befinden. Gefühle wie Angst, Niedergeschlagenheit oder Resignation können sich zudem als latente Dispositionen, die beständig anwesend sind, über das gesamte Erleben der persönlichen Wirklichkeit legen, so dass lang anhaltende Stimmungen entstehen, die eine Vielzahl von Alltagserfahrungen einfärben und prägen."

Betroffene reagieren mit unterschiedlichen Situationsdeutungen auf die schwierige Lebenssituation, in der sie sich befinden, und aufgrund dieser

4 Nach Keupp u.a. (2002: 245) beinhaltet das Kohärenzgefühl drei Dimensionen: erstens ein Gefühl des grundsätzlich „Sinnhaften" – frei nach dem Motto: „Das Alte war nicht sinnlos und auch das Neue macht Sinn", zweitens das Gefühl des Verstehbaren im Sinne von verstehen bzw. nachvollziehen können, warum eine Veränderung stattfindet oder eventuell auch notwendig wird, und schließlich drittens das Gefühl der Gestaltbarkeit, welches dem in psycho-emotionalen Absturz mündenden Gefühl des Kontrollverlusts diametral entgegensteht.

Situationsdeutungen entwickeln sie (im Zugriff auf individuell verfügbare Handlungsressourcen) unterschiedliche Reaktionsmuster und Handlungsstrategien. Mit den Situationsdeutungen, die sie vornehmen, setzen sie ihre Lebenssituation in einen Rahmen („Frame"), der den Aktionsradius für ihr weiteres Handeln umreißt. Derartige Deutungsrahmen erfüllen eine wichtige Orientierungsfunktion: Sie dienen dazu, die aktuelle Situation begreifbar und interpretierbar zu machen (Hettlage 2007). Die Situationsdeutungen beeinflussen, wie die Forschung zeigt, sowohl individuelle Lösungsansätze, als auch die Bereitschaft zu Inanspruchnahme von professioneller Hilfe und Unterstützung. Warum das so ist, ist leicht erklärt. So wie wir eine Situation interpretieren, so verhalten wir uns auch: „jeder Einzelne entwirft seinen eigenen Standpunkt und baut darauf seine Handlungsschritte auf" (Hettlage 2007: 13). Wichtig zu sehen ist in diesem Zusammenhang, dass elterliches Bewältigungsverhalten Vorbild für Kinder und Jugendliche ist. Das heißt, wenn Eltern aktive Bewältigungsstile entwickeln, schauen sich ihre Kinder das aktive Bewältigungsverhalten ab, tendieren also selbst eher zu aktivem Bewältigungsverhalten und gehen mit Problemen konstruktiver um als Kinder, deren Eltern passives Bewältigungsverhalten zeigen. Darauf weisen Ergebnisse der Resilienzforschung hin.

Die Resilienzforschung beschäftigt sich mit der Frage, welche Rahmenbedingungen es braucht, um Jugendliche stark bzw. widerstandsfähig (resilient) zu machen, so dass sie an schwierigen Lebenssituationen nicht zerbrechen. Wenngleich Resilienz bis zu einem gewissen Grad in der Persönlichkeit angelegt ist, sprich: auf personale Faktoren zurückgeführt werden muss, kann dennoch auch der Erziehungsstil der Eltern einen wichtigen Beitrag leisten, um Kinder und Jugendliche für schwierige Lebenssituationen zu rüsten.[5] Als resilienzförderlich gilt, wenn Eltern ihre Kinder mit einem partnerschaftlich-konsequenten Erziehungsstil in Entscheidungsprozesse einbeziehen, sie aber gleichzeitig auch dazu anhalten, für die gemeinsam getroffenen Entscheidungen (Mit-)Verantwortung zu übernehmen. Zudem müssen Kinder bzw. Jugendliche lernen, sich realistische Ziele zu setzen. Eltern sollten ihre Kinder darin unterstützen, die angestrebten Ziele selbst zu erreichen, anstatt ihnen bei den ersten Problemen, die auftreten, die Sache gleich aus der Hand zu nehmen, also

5 Die Resilienzforschung zeigt, dass sich resiliente (widerstandsfähige) Kinder und Jugendliche durch spezifische Persönlichkeitsmerkmale auszeichnen, etwa ein positives Selbstwertgefühl, eine positive Selbstwirksamkeitsüberzeugung, ein aktives Bewältigungsverhalten in Problemsituationen, überdurchschnittliche Intelligenz oder sozial-emotionale Kompetenzen. Neben personalen Ressourcen haben, wie Holz (2008) betont, aber auch familiäre und soziale Ressourcen auf die Widerstandsfähigkeit (Resilienz) von Kindern und Jugendlichen großen Einfluss.

vorschnell Hilfeleistungen anzubieten. Darüber hinaus sollten Eltern ihre Kinder dazu ermutigen, Probleme nicht vor sich her zu schieben, sondern mit den verfügbaren Ressourcen anzupacken (Holz 2008: 344f). Und Eltern sollten natürlich auch selbst ein Vorbild für aktives Bewältigungsverhalten sein. In jenen Fällen, in denen die Eltern dies nicht leisten, sehen sich Institutionen der Jugend- und Sozialarbeit in der Rolle, diese Lücke zu füllen.

5. Einschrumpfung der Lebensäußerungen

Exklusionsdynamiken sind nicht zu unterschätzen. Was sich bei betroffenen Jugendlichen in einer frühen Phase der Exklusion beobachten lässt, ist, dass sie aufhören über ihre Zukunft nachzudenken. Eine radikale Gegenwartsorientierung, sprich: Leben im Hier und Jetzt und so viel Spaß haben, wie in der aktuellen Situation nur möglich, tritt an die Stelle von Biographieplanung. Vor allem männliche Jugendliche, die das Gefühl haben, dass sie von der Gesellschaft auf ein Abstellgleis gestellt wurden, entwickeln dabei häufig einen verblüffenden „Mut zur Unverschämtheit" (Savage zitiert in Liebsch 2012: 35). Die Jugendlichen, von denen hier die Rede ist, geben sich ganz bewusst sozial auffällig und inszenieren sich in der Öffentlichkeit geradezu als Problemjugendliche. Ihre Botschaft an die Mehrgesellschaft der vollwertig Inkludierten lautet: „Wir haben Probleme und deshalb machen wir auch Probleme." Dieses Phänomen ist nicht neu, sondern wurde bereits im 19. Jahrhundert in Zusammenhang mit dem Jugendbandenwesen der amerikanischen und europäischen Metropolen beobachtet.

Daneben gibt es aber auch Jugendliche, die in einer vergleichbaren Situation völlig anders reagieren: Sie ziehen sich zurück und akzeptieren damit gewissermaßen, dass ihr sozialer Ort in der gesellschaftlichen Peripherie liegt und dass es von dort aus kaum Chancen zu sozialer Aufwärtsmobilität gibt, was dazu führt, dass sie oft nicht einmal mehr versuchen, einen Weg in die integrierte Mitte der Gesellschaft zu finden, indem sie sich beispielsweise um einen Ausbildungsplatz bemühen, eben weil sie glauben, dass sie diesen Ausbildungsplatz ohnehin nicht bekommen werden (Liebsch 2012: 61). Zwar äußern sie, wenn sie direkt darauf angesprochen werden, durchaus Zukunftswünsche. Aber die Zukunftswünsche und die tatsächlichen Lebensverläufe und Zukunftschancen dieser Jugendlichen sind häufig zwei völlig verschiedene Dinge. Es gilt: „sich etwas zu wünschen und von etwas zu träumen, muss nicht damit verbunden sein, die Realisierung des Wunsches auch in Angriff zu nehmen" (Liebsch 2012: 61). Betroffene tendieren zu Selbstaufgabe. So wie Bianca, 22 Jahre, die ihre Ausbildung abgebrochen hat und, abgesehen von ein paar Gelegenheitsjobs, seitdem arbeitslos ist. Spricht man mit ihr über Gott und die Welt und kommt man dabei auf die Frage „Was ist für dich persönlich eigentlich der Sinn des Lebens?“, sagt sie: „Ich weiß nicht, es gibt nicht wirklich einen Sinn im Leben. Der Sinn des Lebens ist einfach, dass man weiterlebt und alles versucht, um das Beste zu machen. Dass man das alles überwindet, würde ich mal denken, das ist der Sinn des Lebens: dass man weitermacht, egal, was passiert“ (Großegger 2014: 2).

Junge Menschen wie Bianca haben die Kontrolle über ihr Leben verloren. Sie fühlen sich ihrem Schicksal ausgeliefert. Sie fahren persönliche Ansprüche zurück, ihre Alltagsorganisation bricht mehr und mehr zusammen. Von da ab wird die fortschreitende soziale Entbettung oft einfach nur mehr zur Kenntnis genommen. Wer an diesem Punkt des Exklusionsprozesses angekommen ist, lebt in Lethargie, reduziert seine Aktivitäten und verliert Schritt um Schritt das Gefühl für die Zeit. Der soziale Abstieg gewinnt nun an Dynamik. Stundenlanges Fernsehen wird für viele zu einem wichtigen Mittel der Kompensation. Zum einen kostet fernsehen (fast) nichts. Zum anderen füllt es tote Zeit und gibt dem Tagesablauf zumindest ein wenig Struktur. Drittens schließlich erlaubt fernsehen jenen, die „draußen“, wo das dynamische Leben des Alltags der Integrierten und Inkludierten pulsiert, nicht mehr wirklich mitspielen, einen BeobachterInnenstatus vom Wohnzimmersessel aus. Hierin zeigt sich eine „Einschrumpfung der Lebensäußerungen“ (Jahoda/Lazarsfeld/Zeisel 1975: 57), ähnlich wie sie bereits in den 1930er Jahren am Beispiel der Arbeitslosen von Marienthal beschrieben wurde.

In der Folge drohen nun zwei Szenarien: entweder entwickeln betroffene Jugendliche, wie Doehlemann (1996: 97) beschreibt, ein „auf Godot wartendes Selbst“. Das heißt, sie hoffen, „daß etwas vom Himmel fällt, auf irgendeinen glücklichen Zufall, auf irgendeine Erbschaft oder, ziemlich verbreitet, auf den großen Treffer im Lotto“, tun aber selbst nichts mehr, um ihrer Lebenssituation eine positive Note zu geben und erschöpfen sich in „zukunftslosem Warten“. Oder sie entwickeln ein „anderen überantwortetes Selbst“, indem sie ihr „darniederliegendes Selbst der Regie anderer Menschen“ unterstellen (Doehlemann 1996: 104f.). In diesem Fall begeben sie sich in die Obhut wohlfahrtsstaatlicher Strukturen, delegieren ihr Selbst an Fachleute, überantworten sich institutionalisierten Unterstützungsangeboten und werden bereits in frühem Lebensalter zu RepräsentantInnen der „passiven Versorgungsklasse“. Die Wahrscheinlichkeit, dass sich diese Jugendlichen aus ihrer tristen Situation selbst befreien können, ist gering. Und auch, dass die Herkunftsfamilie in der Bewältigung der aktuell gegebenen Problematiken für sie ein wirkungsvolles Hilfesystem sein kann, ist wenig wahrscheinlich. Wie könnte man ihnen also helfen? Welche Formen der Unterstützung würden sie benötigen?

Die Grundlagenstudie „Soziale Exklusion aus lebensweltlicher Perspektive. Familienalltag in benachteiligten Lebenslagen: Marginalisierungserfahrungen, Exklusionsempfinden und Bewältigungsstrategien von Kindern, Jugendlichen und deren Eltern“ (Institut für Jugendkulturforschung/Großegger 2009) liefert hier wichtige Anknüpfungspunkte. In einem ersten Schritt müsste es gelingen, betroffene junge Menschen zumindest punktuell aus ihrer sozialen Isolation zu holen. Sinnvoll scheint es, sie dort abzuholen, wo sie am leichtesten anzusprechen sind, nämlich bei ihren Konsumwünschen bzw. ihren materiellen Bedürfnissen. Ad-hoc-Arbeitsplätze, wo Jugendliche kurzfristig jobben können und das Geld, das sie für ihre Tätigkeit erhalten, sofort ausgezahlt bekommen, sind, wie Modellprojekte der außerschulischen Jugendarbeit zeigen, beispielsweise ein attraktives Angebot. Im Hinblick auf eine anzustrebende langfristige Bildungs- und Erwerbsintegration wäre anzudenken, derartige Angebote mit Coaching und/oder Bildungs- und Berufsinformation zu kombinieren. In einem weiteren Schritt sollte es Ziel sein, diese Jugendlichen in das System zu reintegrieren. Konkret bedeutet das, entweder Re-Integration in das Bildungssystem oder eine berufliche Qualifizierung, die einen Einstieg ins Erwerbsarbeitsleben zumindest auf niedrigem Niveau ermöglicht (mit fortschreitender sozialer Entbettung gestaltet sich dies allerdings zunehmend schwierig). Darüber hinaus wären milieusensitive, kulturell anschlussfähige Coachings, die ein Ausloten von Zielen ermöglichen, einen Überblick über institutionalisierte Qualifizierungsangebote schaffen und neben Selbstwerttraining auch arbeitsweltrelevantes Self-Marketingtraining beinhalten und die idealerweise koordiniert mit arbeitsmarktgeförderten Qualifizierungsmaßnahmen erfolgen, ein wichtiger Beitrag, um diesen Jugendlichen wieder eine Perspektive zu geben.

Grundsätzlich bedarf es niederschwelliger Strategien und einer guten Kenntnis dieser speziellen Zielgruppe, um bei betroffenen Jugendlichen überhaupt Akzeptanz zu finden. Als Schnittstelle wie auch als AbwicklerIn bietet sich hier die Offene Jugendarbeit an (Hagen 2011: 531f.). In vielen Fällen werden flankierend zu den jugendbezogenen Maßnahmen aber auch Maßnahmen und Coachings für Eltern betroffener Jugendlicher sinnvoll und notwendig sein.

6. Was passiert, wenn nichts passiert?

Eine „Einschrumpfung der Lebensäußerungen“ von Jugendlichen in benachteiligten Lagen ist als Warnsignal zu sehen. Wenn an dieser Stelle nichts passiert, droht soziale Exklusion nämlich zum „way of no return“ zu werden, denn an einem gewissen Punkt kippt bei Betroffenen die Resignation in eine paradoxe Form der Lebenszufriedenheit. Die Motivation, den Weg vom Rand zurück in die Mitte der Gesellschaft zu finden, bewegt sich nun gegen Null (Institut für Jugendkulturforschung/Großegger 2009).

Paradoxe Lebenszufriedenheit markiert die Grundhaltung vieler junger Menschen, die bereits längere Zeit in einer exkludierten Lage verharren und sich an die prekäre Lebenssituation gewöhnt haben. Vor allem findet man sie aber bei Kindern und Jugendlichen, die in eine exkludierte Lage hineingeboren wurden und von frühem Lebensalter an in einer so genannten randständigen Familie aufwuchsen. Sie sind, wenn man so will, die „Exkludierten der 2. Generation“, die ein Leben nach gesellschaftlichen Normalstandards niemals kennen lernen konnten. Diese jungen Menschen haben großteils nie erlebt, wie es ist, wenn die Eltern morgens pünktlich aufstehen, um zur Arbeit zu gehen. Der Weg zum Sozialamt ist ihnen dagegen meist nur zu gut vertraut. Die „große Lähmung“, wie sie beim Typus der „passiv-resignativen Exkludierten“ zu beobachten ist, sucht man bei „paradox-lebenszufriedenen Exkludierten“ vergebens. Auch dem Bild des passiven Versorgungsfalls, welches die öffentliche Debatte bestimmt, werden diese Jugendlichen nicht gerecht. Ein Mix aus wohlfahrtsstaatlichen Transferleistungen und diversen legalen wie auch teils nicht legalen Ad-hoc-Jobs sichern das Überleben. Lebensziele, die die vollwertig Integrierten anspornen, sind ihnen fremd. Einen Job zu finden, der den eigenen Qualifikationen entspricht, von neun Uhr bis siebzehn Uhr in der Arbeit zu sein, sich das Geld, über das man verfügt, einzuteilen und für später etwas zurückzulegen, das sind lauter Dinge, die in der Welt dieser jungen Menschen weder selbstverständlich sind, noch größere Bedeutung haben. Für sie ist viel eher „Durchwursteln“ Programm (Institut für Jugendkulturforschung/Großegger 2009: 125ff).

Wer für längere Zeit in einer derartigen Lebenssituation ist, orientiert sich nicht mehr an der für den Durchschnittsmenschen gültigen Norm. Die Welt, in der betroffene junge Menschen leben, erscheint wie ein Pendant zur Gesellschaft der vollwertig Integrierten und Inkludierten: eine Parallelgesellschaft der sozial und kulturell Abgehängten, die losgelöst von den Themen und Werten jener Gesellschaft, aus der sie heraus gefallen sind, existiert. Angesichts dessen wirkt die häufig geäußerte Hoffnung, man könne junge Menschen, bei denen der Prozess der sozialen Exklusion bereits so weit fortgeschritten ist, dass sie ihre abhängte Lage als soziale und kulturelle Heimat akzeptieren, mit einfachen Mitteln, schnell und ohne großen Ressourcenaufwand in den Alltag der vollwertig Inkludierten zurück führen, zugegebenermaßen ein wenig naiv.

Literatur

Bude, Heinz (2008): Die Ausgeschlossenen. Das Ende vom Traum einer gerechten Gesellschaft. München: Hanser

Bude, Heinz/Lantermann, Ernst-Dieter (2006): Soziale Exklusion und Exklusionsempfinden. In: Kölner Zeitschrift für Soziologie und Sozialpsychologie, 2/2006, 233-252

Bude, Heinz/Willisch, Andreas (2006): Das Problem der Exklusion. In: Bude, Heinz/Willisch, Andreas (Hrsg.): Das Problem der Exklusion. Ausgegrenzte, Entbehrliche, Überflüssige. Hamburg: Hamburger Edition, 7-23

Bude, Heinz/Willisch, Andreas (Hrsg.) (2008): Exklusion. Die Debatte über die „Überflüssigen". Frankfurt am Main: Suhrkamp

Chassé, Karl August/Zander, Margherita/Rasch, Konstanze (2007): Meine Familie ist arm. Wie Kinder im Grundschulalter Armut erleben und bewältigen (3. Auflage). Wiesbaden: VS Verlag für Sozialwissenschaften

Doehlemann, Martin (1996): Absteiger. Die Kunst des Verlierens. Frankfurt am Main: Suhrkamp

Eierdanz, Frank/Damitz, Ralf (2007): Soziale Exklusion und Vertrauen. Ergebnisbericht des Expertengesprächs vom 13. und 14. September auf Schloss Welda. o.O.

Elias, Norbert/Scotson John L. (1993): Etablierte und Außenseiter. Frankfurt am Main: Suhrkamp

Engels, Dietrich (2006): Lebenslagen und soziale Exklusion. Thesen zur Reformulierung des Lebenslagenkonzeptes für die Sozialberichterstattung. In: Sozialer Fortschritt 5/2006, 109-117

Fromm, Erich (2011): Haben oder Sein (38. Auflagen). München: dtv

Großegger, Beate (2010): „Meine Lieblingsbeschäftigung ist fernsehen und ich schlafe ab und zu auch gern." Medien- und Konsumwelten von Kindern und Jugendlichen in sozialen Randlagen. In: medien & zeit. Kommunikation in Vergangenheit und Gegenwart 1/2010, 28-38

Großegger, Beate (2014): Next Generation. Jugend zwischen Problemfall und Hoffnungsträger (Online-Dossier verfügbar unter: http://jugendkultur.at/wp-content/uploads/Dossier_Next_Generation_Grossegger_2014.pdf, Zugriff am 20.4.2014). Wien: Institut für Jugendkulturforschung

Hagen, Martin (2011): Niederschwelliger jugendgerechter Zugang zur beruflichen Qualifizierung. In: BMWFJ (Hrsg.): 6. Bericht zur Lage der Jugend in Österreich. Wien: Eigenverlag BMWFJ, 525-535.

Holz, Gerda (2008): Benachteiligte Kinder und Jugendliche. In: Scheithauer, Herbert/Hayer, Tobias/Niebank, Kay (Hrsg.): Problemverhalten und Gewalt im Jugendalter. Erscheinungsformen, Entstehungsbedingungen, Prävention und Intervention. Stuttgart: Kohlhammer, S. 333-349

Institut für Jugendkulturforschung/Großegger, Beate (2009): Soziale Exklusion aus lebensweltlicher Perspektive. Familienalltag in benachteiligten Lebenslagen: Marginalisierungserfahrungen, Exklusionsempfinden und Bewältigungsstrategien von Kindern, Jugendlichen und deren Eltern (Berichtsband zur Eigenstudie, online verfügbar unter http://jugendkultur.at/wp-content/uploads/Exklusion_Modul-2_-qualitative_Grundlagenstudie.pdf, Zugriff am 20.4.2014). Wien: Institut für Jugendkulturforschung

Institut für Jugendkulturforschung/Großegger, Beate (2012): Pimp Your Life: Entrepreneurship-Education bei Jugendlichen in benachteiligten Lagen (Berichtsband zur Begleitstudie des gleichnamigen Jugendprojektes der Unruhe Privatstiftung, gefördert aus Mitteln der ERSTE Stiftung, online verfügbar unter http://www.unruhestiftung.org/content/_common/attachments/pimp-your-life-endbericht_23_7_2012.pdf, Zugriff am 20.4.2014). Wien: Institut für Jugendkulturforschung

Jahoda, Marie/Lazarsfeld Paul F./Zeisel Hans (2002): Die Arbeitslosen von Marienthal. Ein soziographischer Versuch über die Wirkungen langandauernder Arbeitslosigkeit. Mit einem Anhang zur Geschichte der Soziographie. Frankfurt am Main: Suhrkamp

Keupp, Heiner u.a. (2002): Identitätskonstruktionen. Das Patchwork der Identitäten in der Spätmoderne (2. Auflage). Reinbek bei Hamburg: Rowohlt Taschenbuch

Kronauer, Martin (2002): Exklusion. Die Gefährdung des Sozialen im hoch entwickelten Kapitalismus. Frankfurt/New York: Campus

Liebsch, Katharina (Hrsg.) (2012): Jugendsoziologie. Über Adoleszente, Teenager und neue Generationen. München: Oldenbourg Wissenschaftsverlag

Münch, Richard (2009): Globale Eliten, lokale Autoritäten. Bildung und Wissenschaft unter dem Regime von PISA, McKinsey & Co. Frankfurt am Main: Suhrkamp

Neckel, Sighard (2008): Flucht nach vorne. Die Erfolgskultur der Marktgesellschaft. Frankfurt/New York: Campus

Schulze, Gerhard (2004): Die beste aller Welten. Wohin bewegt sich die Gesellschaft im 21. Jahrhundert? Frankfurt am Main: Fischer Taschenbuch

Schwinn, Thomas (2008): Zur Analyse multidimensionaler Ungleichheitsverhältnisse. In: Österreichische Zeitschrift für Soziologie (ÖZS) 1/2008, 20-42

Stauffer, Isabelle (2009): Faszination und Überdruss. Mode und Marken in der Popliteratur. In: Tacke, Alexandra/Weyand, Björn (Hrsg.): Depressive Dandys. Spielformen der Dekadenz in der Pop-Moderne. Köln/Weimar/Wien: Böhlau, 39-59

Veblen, Thorstein (2007): Theorie der feinen Leute. Eine ökonomische Untersuchung der Institutionen. Frankfurt am Main: Fischer Taschenbuch

II

Sozialpädagogisches Handeln und innere Schulreformen

Die Erweiterung des schulischen Bildungs- und Erziehungsauftrags: Ganztagsbildung und Schulsozialarbeit

Konstanze Wetzel

Es gehört zu den europäischen Besonderheiten der öffentlichen Bildung und Erziehung von Kindern und Jugendlichen in Österreich, in Deutschland und in der deutschsprachigen Schweiz, dass sich dort im Laufe des 20 Jahrhunderts neben dem im 19. Jahrhundert etablierten Halbtags-Schulsystem ein immer komplexeres und anspruchsvolleres System der Kinder- und Jugendhilfe herausgebildet hat. Das geschah allerdings unter weitgehender professioneller, disziplinärer und administrativer Abschottung („Versäulung") der beiden Systeme. Die Situation hat sich seit den 1990er Jahren dadurch immer stärker verändert, dass durch den systematischen Ausbau der Ganztagsschule bzw. von anderen Angeboten der ganztägigen Bildung, Erziehung und Betreuung sowie die Etablierung der Schulsozialarbeit (als eigenständiges Handlungsfeld in den Schulen bzw. mit ihnen) es zu einer teilweise chaotischen, teilweise aber auch sehr stringenten Kooperation zwischen beiden pädagogischen Systemen und Professionen gekommen ist, die auch die disziplinären Diskurse ziemlich verändert haben (vgl. als Zwischenbilanzen Otto/Coelen 2004 und 2005). Die anhaltende Intensität dieser Debatten, Initiativen und Programme verweist darauf, dass es sich hier um einen noch nicht abgeschlossenen Entwicklungstrend in der bildungspolitischen Landschaft handelt, der auf eine strukturelle *Neuverteilung* der *Aufgaben* in der *privaten* und *öffentlichen* Bildung und Erziehung der nachfolgenden Generation hinausläuft. – Vor diesem Hintergrund will der Beitrag zunächst die gesellschaftlichen Hintergründe dieser Debatten und Reformschübe skizzieren (Kap.1), dann zwei erziehungswissenschaftliche Rahmenkonzepte vorstellen, die der professionellen und disziplinären Verständigung zwischen Schul- und Sozialpädagogik dienen können (Kap.2) und daran anschließend aus einer pragmatischen Gestaltungsperspektive zentrale Handlungsfelder skizzieren, die dazu beitragen können, dass Ganztagsbildung und Schulsozialarbeit zum integralen Bestandteil einer nachhaltigen inneren Schulreformen werden (Kap.3).

1. Gesellschaftlicher Strukturwandel und erweiterter Bildungs- und Erziehungsauftrag der Schule

1.1. Zentrale Aspekte des gesellschaftlichen Strukturwandels

In diesem Unterkapitel sollen in einigen Stichworten (Vollständigkeit wurde nicht angestrebt) ausgewählte bildungssoziologisch relevante Befunde der soziologischen (und sozialphilosophischen) *Zeitdiagnosen* in Erinnerung gerufen werden[1].

1.1.1. Strukturaspekte, die die klassischen gesellschaftlichen Funktionen der Schule betreffen

Bezogen auf die *klassischen* gesellschaftlichen Funktionen der Schule (Klafki 2002) sind folgende Aspekte des epochalen gesellschaftlichen Übergangs von der Ersten zur Zweiten Moderne bzw. Reflexiven Moderne (Beck/Bonß/Lau 2001: 17ff.) von Bedeutung:

a. Die Veränderungen der *Qualifikationsprofile* werden u.a. bestimmt durch folgende Aspekte/Dimensionen:

- Einem unaufhaltsamen Bedeutungsverlust unterliegen die landwirtschaftlichen Arbeitsplätze und Beschäftigungsverhältnisse.
- Hingegen gewinnen die modernen Informations- und Kommunikationstechnologien weiterhin an Bedeutung – und zwar sowohl im Industriesektor als auch im Dienstleistungsbereich – und damit auch das Qualifikationsprofil der SymbolarbeiterInnen, was mit der Formulierung vom *digitalen Kapitalismus* (Böhnisch/Schröer 2001) auf den technologischen und sozialen Begriff gebracht werden kann.
- Es setzten sich enge Verzahnungen zwischen Industrieproduktion und Dienstleistungen durch – weshalb man von einer *dienstleistungsgestützten Industriegesellschaft* sprechen kann.
- Die seit längerem bestehende Tendenz zur Internationalisierung der Produktions-, Dienstleistungs-, Verteilungs- und Arbeitsverhältnisse hat mit

1 Vgl. Beck (2000 a, Kap. II/IV; 2000b), Beck/Lau (2004, Teil II/III), Böhnisch/Schröer (2001, Kap. II/III) Habermas (1998, Titelessay; 2011), Lichtenberger (2002: 91-258 und 317-354, Löw (2010, Kap. III/IV), ÖROK (2011, Kap. 2 u.3; 2012, Teil I u. III); und Statistik Austria (2013).

der *Europäisierung* und *Globalisierung* ein neues, nicht mehr umkehrbares Niveau erreicht.

- Die *ökologischen Belastungen* nehmen trotz entsprechender ökonomischer, politischer und soziokultureller Initiativen eher zu als ab.

b. Für die Zuweisung von *Berufspositionen* und *Lebenschancen* sind u.a. von Relevanz:

- Die *Normalarbeitsverhältnisse*, sowohl bezogen auf die Lohnarbeit wie auch die selbstständigen Berufstätigkeiten und freien Arbeitsverhältnisse *erodieren* weiterhin.
- Zwar ist auch die gegenwärtige wie die absehbare zukünftige Gesellschaft eine Arbeitsgesellschaft, aber der Lebensentwurf des *erwerbszentrierten Lebenslaufs* und einer darauf aufbauenden biografischen Sinn- und Gestaltungsperspektive nimmt an Bedeutung ab.
- Die *krisenhaften Umbrüche* in den Arbeitsverhältnissen und -beziehungen führen zu einer komplexen Überlagerung von Phasen der bezahlten Arbeitstätigkeit, Voll- und Teilzeitarbeit, Arbeitslosigkeit und Weiterbildung/Umschulung – manchmal ergänzt durch Phasen der Krankheit und Bürgerarbeit (oder anderer Formen sinnstiftender, gemeinnütziger Tätigkeiten).
- Die sozialen Ungleichheiten nehmen zu und der Anteil der *prekären* Arbeitsverhältnisse und Lebenslagen wie die der *„working poor"* ebenfalls.
- Die *Geschlechterverhältnisse* sind charakterisiert durch die Tendenz zum *Abbau* der horizontalen Ungleichheiten *innerhalb* der jeweiligen Milieus bei gleichzeitiger *Verschärfung* der vertikalen, *gesamtgesellschaftlichen* Ungleichheiten – die zugleich von einer tiefgreifenden Individualisierung überlagert und verdeckt werden.

c. Bezüglich der *politischen Integration* in den demokratisch verfassten sozialen Rechtsstaat sind u.a. folgende Tendenzen zu erwähnen:

- Die Europäisierung und Globalisierung der Wirtschaftsräume hat bisher zu einer *Entmächtigung* der politischen Institutionen und Verfahren geführt, weil keine politischen Strukturen und Entscheidungsprozeduren „erfunden", eingerichtet und durchgesetzt wurden, die den ökonomischen „das Wasser reichen können".
- Die politische Entwicklung ist aber nicht nur durch die „postnationale Konstellation" (Habermas) bestimmt, sondern auch dadurch, dass die „friedliche Koexistenz von Kapitalismus und Demokratie" (Habermas) in Form des Sozialstaatskompromisses zunehmend in Frage gestellt wird und sich so die Entgegensetzung und Alternative von *„Freiheit oder Kapitalismus"* (Beck 2000a) Bahn bricht.

- Es gibt allerdings auch bemerkenswerte regionale, nationale, internationale und globale Tendenzen, nicht nur den *Regionen* mehr Gestaltungsspielräume zuzubilligen, sondern auch *zivilgesellschaftliche Akteure* (die NGO's) in politische Verfahren (zum Teil sogar verbindlich) einzubinden und damit die Institutionen und Verfahren der rechtsstaatlichen Demokratie lebensweltlich zu unterfüttern.

d. Mit Blick auf die *kulturellen* Prozesse ist u.a. zu beachten:

- Die Tendenzen zur Internationalisierung, Europäisierung und Globalisierung haben - nicht zuletzt gefördert durch die Neuen Medien und den Massentourismus - auch dazu geführt, dass die schon seit längerem fragmentierten Nationalkulturen noch weiter erodieren und so die *kulturelle Vielfalt* – im Spannungsfeld von sozialer Pluralisierung und Polarisierung – die bestimmende Realität ist.
- Die lebenspraktisch relevanten kulturellen Eindeutigkeiten verlieren immer mehr an Bedeutung und machen zunehmend eine *reflexive, egalitär-plurale Verständigung* über die zentralen politischen und kulturellen Normen und Werte erforderlich. Diesen Herausforderungen einer sozialen Reflexivität entzieht sich allerdings ein relevanter Teil der Bevölkerung (aber wohl nicht die Mehrheit), die entweder auf *Beliebigkeit* der Entscheidungskriterien und Einstellungen setzt oder sich auf *fundamentalistische* Positionen (bis hin zum Rassismus und religiösen Fanatismus – nicht nur in islamischen Lebenskontexten!) zurückzieht.

1.1.2. Generelle Veränderungen in den Inhalten und Formen der sozialen Integration

Auch an dieser Stelle können und müssen ausgewählte Stichworte genügen (zumal einige der Aspekte schon angesprochen worden sind). Es sind u.a. folgende Trends[2] für die Erweiterung der gesellschaftlichen Funktionsbestimmungen um die der sozialen Integration und damit die Ausweitung des schulischen Bildungs- und Erziehungsauftrages von Relevanz[3]:

a. Es hat sich in allen westlichen dienstleistungsgestützten und digitalisierten Industriegesellschaften und damit auch in Österreich eine *Dreiteilung des soziales Raumes* durchgesetzt – und zwar in die der ökonomischen, politischen und kulturellen Elitemilieus, der respektablen Volksmilieus der

2 Vgl. u.a. BMWFJ (2011), Knapp/Pichler (2008, Teil IV-VII), Schulz u.a. (2005, Teil B-E), Statistik Austria (2013) und Vester u.a. (2001).

3 Klafki hat dieser Funktionserweiterung der Schule ausdrücklich zugestimmt (Klafki/Braun 2007: 155ff, bes. 157).

FacharbeiterInnen und KleinbürgerInnen und der unterprivilegierten Volksmilieus. Dabei sind Aufstiegsprozesse sehr selten geworden; demgegenüber haben Abstiegsprozesse erheblich zugenommen (worauf ja der Begriff des Prekariats verweist).

b. Innerhalb der Milieus verschärfen sich auch weiterhin die sozialen Konflikte zwischen den *Modernisierungsgewinnern*, den *Modernisierungsduldern* (diese Gruppe nimmt aber immer mehr ab) und den Modernisierungsverlierern. Damit lösen sich tradierte milieuspezifische Selbstverständlichkeiten immer mehr auf und es entsteht auch diesbezüglich ein wachsender sozialer Reflexionsbedarf.

c. Einige Milieus *erodieren* besonders intensiv (besonders die bäuerlichen); zugleich entstehen auch – wenngleich zaghaft – *neue* (z.B. die erlebniszentrierten).

d. Die sich verschärfenden sozialen Ungleichheiten prägen sich zunehmend auch sozialräumlich aus; d.h. es entstehen – und im Alltag auch sinnlich wahrnehmbar – *Zonen des Reichtums*, des *relativen Wohlstandes* (der aber häufig prekär ist) und der *Armut*, der Deklassierung und manchmal auch schlicht der Verelendung.

e. Nicht zuletzt verändert sich der privilegierte Ort des Aufwachsens, die Familie, nachhaltig durch die Flexibilisierung der Arbeitsorte, -zeiten und -verträge, die sozialen Differenzierungen und Spaltungen bzw. Segmentierungen, die gewachsenen Selbstbestimmungsansprüche der Frauen (wie gerade die Debatte um die „Vereinbarkeit von Familie und Beruf" zeigt – bei der allerdings vorrangig bis ausschließlich die Situation der Frauen in den Blick genommen wird!). Dabei macht der Begriff der *„postfamilialen Familie"* (Beck-Gernsheim 1998: 17ff.) deutlich, dass die Familie „auch nicht mehr das ist, was sie einmal war" und zugleich das zentrale Lebensmuster für die Erwachsenen und für die Kinder und Jugendlichen bleibt.

Wie dieser um die *soziale Integration/Inklusion* erweiterte Bildungs- und Erziehungsauftrag der Schule erfüllt werden kann, das ist Gegenstand verschiedenster professioneller und disziplinärer Debatten. Die anspruchsvollste und weitreichendste Konzeption und Reformperspektive stellt dabei die Ganztagsbildung dar[4], von der die Schulsozialarbeit ein Teil ist (Braun/Wetzel 2011a) Bevor deren mögliches und wünschenswertes Zusammenwirken

4 Dieser Begriff ist von Coelen (2002) in die Debatten eingeführt und dann von ihm und Hans-Uwe Otto systematisch entfaltet und ausgebaut worden (vgl. zum aktuellen Stand Coelen/Otto 2008 und zur Rezeption in Österreich Wetzel 2006)

dargestellt wird, sollen zunächst zwei besonders wichtige Rahmenkonzepte vorgestellt werden.

2. Ganztagsbildung als Rahmenkonzept für die Verständigung und Kooperation zwischen Schule und Sozialer Arbeit

Für die Ganztagsbildung sind zwei Konzepte konstitutiv: Zum einen – wie der Begriff schon deutlich macht – die Bildungstheorie (Kap.2.1) und zum anderen die verschiedenen Formen organisierten und spontanen Lernens (Kap.2.2).

2.1. Sozialwissenschaftlich aufgeklärtes Bildungsverständnis

In den öffentlichen Bildungsdiskussionen wird *„Bildung“* häufig gleichgesetzt mit *schulischer Bildung*, und Bildungsprozesse – hier von Kindern und Jugendlichen – in anderen Lebensbereichen wie Familie, Peer Group, Freundschaftsgruppen, Medien und Freizeit usw. werden weitgehend ausgeklammert. Aber spätestens seit den frühen 1990er Jahren hat sich der Bildungsbegriff durch seine sozialwissenschaftliche Neuformulierung deutlich von seiner engen Anbindung an die Schule gelöst und stellt nunmehr ein pädagogisches Rahmenkonzept dar, welches für *alle* pädagogischen Disziplinen und Professionen, also auch die der Sozialen Arbeit, eine bedeutsame Orientierungshilfe und einen relevanten Verständigungsrahmen bietet.[5] Das wird besonders deutlich, wenn man sich verallgemeinernd vergegenwärtigt, dass unter Bildung zu verstehen ist die Förderung der Fähigkeit und Bereitschaft der Kinder und Jugendlichen, der Erwachsenen sowie der älteren und alten Menschen

- zur *Selbstbestimmung,* zu einem immer bewussteren Verhältnis in Bezug auf die eigenen Bedürfnisse, Interessen, Wünsche, Erlebnisse, Erfahrungen und Lebensentwürfe;
- zur *Mitbestimmung*, zur Mitgestaltung des näheren und weiteren gesellschaftlichen Umfeldes, zur immer intensiveren Einflussnahme auf die gesellschaftlichen Prozesse, von denen „je ich“ als Einzelne(r) betroffen und abhängig bin;

5 Die nachfolgende Argumentation orientierte sich am bildungstheoretischen Entwurf von Klafki (1996b, Zweite Studie); er wird hier aber um die Dimensionen „Verantwortungsübernahme“ und „Symmetrie der Rechte und Pflichten“ erweitert.

- zur *Solidarität* mit anderen Menschen, die strukturell benachteiligt werden und/oder unter körperlicher und psychischer Versehrtheit leiden (durch Diskriminierung und Verweigerung von Respekt und Anerkennung) ;
- zur *Verantwortungsübernahme* für die perspektivische Schaffung ökologisch nachhaltiger, ökonomisch und sozial gerechter, politisch - demokratischer und interaktiv humaner gesellschaftlicher Verhältnisse und Beziehungen;
- zur *aktiven Anerkennung* der *Symmetrie* des *Rechts auf Selbst- und Mitbestimmung* und der *Pflicht zur Solidarität und Verantwortungs-übernahme* (denn diese Rechte können praktisch nur verwirklicht werden, wenn die Rechtssubjekte gleichzeitig diese Pflichten übernehmen).

2.2. Verschiedene Formen des Lernens

Die *Kommission der Europäischen Gemeinschaft* (2000: Kap.2; 2001: Kap 4) hat in ihrem Memorandum zum lebenslangen bzw. lebensbreitem Lernen den Vorschlag gemacht, Bildung nicht nur unter dem Aspekt der Teilnahme an institutionalisierten und formalisierten Bildungsgängen zu betrachten, sondern auch Bildungseinrichtungen einzubeziehen, die von Kindern, Jugendlichen und Erwachsenen biografisch freiwillig besucht werden (z. B. Volkshochschulen, Bildungsakademien usw.). Darüber hinaus hat sie auch auf die biografische Bedeutung von Lernprozessen verwiesen, die in keiner Weise institutionalisiert sind, aber dennoch einen Beitrag zur Lebensbewältigung und damit zur (Selbst-)Bildung leisten (z. B. in Freundschaftsgruppen, Cliquen usw.). Sie hat diese verschiedenen Bildungs- und Lernkontexte (bildungsplanerisch) dann zu drei typischen Lernkontexten verallgemeinert: dem formellen Lernen, dem nicht-formellen Lernen und dem informellen Lernen.

a. *Formelles Lernen:* Dafür stehen bei uns die Schule sowie zunehmend auch die vorschulischen Einrichtungen und Teile der Weiterbildung. Hier handelt es sich um gesellschaftlich anerkannte Orte des systematisch und (rechts-)verbindlich organisierten Lernens durch gestufte und abschlussorientierte Curricula, deren Zwischen-, Teil- und Endergebnisse kontrolliert und bewertet werden und mit Berechtigungen für den weiteren formalen Bildungsweg verbunden sind.
b. *Nicht-formelles Lernen:* Hier ist zu denken an viele Lernprozesse in den Kinder- und Jugendverbänden (z.B. der Erwerb von sportlichen Kompetenzen in einem Verein) und in den offenen Freizeiteinrichtungen (z.B. die Aneignung von Medienkompetenzen in einem Medientreff). Zwar werden auch diese Lernangebote in institutioneller Form vorgehalten, und

sie sind auch bis zu einem gewissen Grade zielgerichtet, aber die Teilnahme an ihnen ist freiwillig, ihre Ziele, Inhalte, Sozialformen und Medien können in höherem Maße von TeilnehmerInnen mitgestaltet werden als dies bei formellen Angeboten üblich ist, und sie werden zumeist nicht formell bewertet.

c. *Informelles Lernen:* Dieses Medium ist dem Alltagsleben der Kinder und Jugendlichen am nächsten, ohne allerdings darin aufzugehen; es ist nicht in der einen oder anderen Weise institutionalisiert, sondern bezieht seine Bildsamkeit aus individuellen und gemeinschaftlichen/freundschaftlichen Lernprozessen (z.B. sog. Peer Education, Peer Learning).

Gerade mit Hilfe des nicht-formellen und des informellen Lernens eignen sich die Heranwachsenden *jugendkulturelles Kapital* an, welches relativ unabhängig vom kulturellen Kapital der Herkunftsfamilie eine Bedeutung für die eigene Lernbiografie hat – oder doch zumindest haben kann, wenn es die gesellschaftlich verursachten und soziokulturell vermittelten Ungleichheiten der Bildungschancen teilweise ausgleicht.

Diese bildungstheoretischen und lerntypologischen Überlegungen können im Rahmen der Ganztagsbildung zusammengeführt werden zu dem Konzept des *bildenden Lernens*. Dies ist nun weder für die Schule noch für die Soziale Arbeit eine Selbstverständlichkeit, weil nämlich – als Ausfluss des grundlegenden *Widerspruchs von Bildung und Herrschaft* (in der bürgerlichen Gesellschaft) – die emanzipatorischen Ansprüche der *klassischen* Bildungskonzepte (aus den Jahren 1770 bis 1830) immer mehr zurückgenommen, ausgehöhlt und schließlich aufgegeben wurden; und zwar zugunsten einer politischen und pädagogischen Praxis, die *Bildung zum Privileg* gemacht hat, die die Lernprozesse *entindividualisierte* und zugleich hinsichtlich ihrer Verwertbarkeit *vereinseitigte* (Klafki 1996a, Erste Studie). In dezidiert emanzipatorisch-gesellschaftskritischer Absicht geht es dem bildenden Lernen um eine Bildung *für alle*, eine Bildung *aller Fähigkeiten, Fertigkeiten usw.* und eine Bildung *„im Medium des Allgemeinen“*[6]. Genau daran schließt die Ganztagsbildung an und in diesem Kontext gewinnt die Schulsozialarbeit ihr besonderes pädagogisches Profil.

6 Auch wenn Holzkamp (1993, Kap.4) auf eine dezidiert bildungstheoretische Begründung seiner kritischen Analysen und konstruktiven Reformvorschläge zum schulischen Lernen bzw. Lernen in der Schule verzichtete, so hat doch sein Konzept des *„expansiven Lernens“* hohe Affinitäten zu anspruchsvollen Ansätzen des bildenden Lernens.

3. Bildendes Lernen entlang der Sinndimensionen allgemeiner Bildung als gemeinsame Aufgabenstellung von Schule und Sozialer Arbeit

Die PISA-Studien zeigen für Österreich (und Deutschland) mit einer Regelmäßigkeit, in welch hohem Maße in beiden Ländern Bildung ein Privileg ist; dabei werden durch das Bildungssystem die bestehenden *gesellschaftlichen Ungleichheiten nicht nur reproduziert*, sondern sogar *verschärft*. [7] Es ist dabei ein offenes Geheimnis, dass diese Bildungsungleichheiten eng zusammenhängen mit der frühen Trennung der Bildungswege (nämlich ab Beginn der Sekundarstufe I). Daraus hat man in Österreich – anders als in Deutschland! – den wichtigen bildungspolitischen Schluss gezogen, mit der „Neuen Mittelschule" ein neues Konzept zu entwickeln, zu erproben und schließlich (hoffentlich) flächendeckend zu implementieren, welches das *gemeinsame Lernen* aller SchülerInnen aus allen sozialen Milieus so lange wie irgend möglich fördert.[8] In diesem Rahmen sind auch die Initiativen zur Ganztagsschule zu verorten.[9] So unverzichtbar solche Maßnahmen und Projekte zur *äußeren* Schulreform (im Sinne von Strukturreformen) sind, damit die pädagogisch-sozialen Handlungs-, Gestaltungs- und Förderungsperspektiven nicht vorschnell an institutionelle Grenzen stoßen, so notwendig sind aber auch Maßnahmen und Projekte zur *inneren* Schulreform, die aus den institutionell gewonnenen neuen Handlungs-*Möglichkeiten* auch eine neue Erziehungs-*Wirklichkeit* werden lassen.[10] Ganztagsbildung und Schulsozialarbeit sind ein bedeutsamer Bestandteil dieser Wechselbeziehungen zwischen inneren und äußeren Schulreformen, wobei

7 Vgl. für Österreich die Befunde und Analysen in Schwantner/Schreiner (2010) und Schwantner u. a. (2013).

8 Vgl. zum Konzept der „Neuen Mittelschule" (NMS) http://www.neuemittelschule.at/grundlegende-informationen/paedagogische-konzepte/ und Verbreitung der NMS https://www.bmbf.gv.at/schulen/bw/nms/mr.html; http://www.neuemittelschule.at/nms-standorte/

9 Vgl. zur Begründung und Bedeutung von ganztägigen Schulformen in Österreich Hörl u. a. (2012); und zu ihrer Verbreitung https://www.bmbf.gv.at/schulen/gts/standorte/GTS_standorte_PS.pdf?4mevjx; https://www.bmbf.gv.at/schulen/gts/standorte/GTS_standorte_AHS.pdf?4mevju

10 Der Beitrag von Eder (in diesem Band) macht dabei – am Beispiel der Ganztagsschulen in Österreich – deutlich, dass *äußere* Schulreformen *ohne innere* Schulreformen sogar zu Problem-*Verschärfungen* führen können.

sowohl sich aus den Traditionen der Schulreformen[11] und der Schulsozialarbeit[12] zugleich recht unterschiedliche Schwerpunktsetzungen ergeben. Damit ist natürlich die Frage aufgeworfen, wie diese besser zusammengeführt und aufeinander abgestimmt werden können. Dazu soll nun *ein* Vorschlag vorgestellt werden: die Ausrichtung an den *Sinn-Dimensionen* von zeitgemäßer *Allgemeiner Bildung.* [13] Dem liegt die alltagspraktische Erfahrung, aber auch der empirische Befund und die theoriegeleitete Analyse zugrunde, dass solche Sinnfragen in den verschiedensten pädagogischen Institutions- und Handlungskontexten eine wichtige Rolle spielen. Gemeint ist damit die Auseinandersetzung mit den aktuellen Zeitdiagnosen (Kap.3.1) sowie den universellen Menschheitsfragen (Kap.3.2), die ethische Einstellung des Aneinander-Denkens, Miteinander-Redens und Füreinander-Handelns (Kap.3.3), die vielfältigen produktiven Wechselbeziehungen zwischen angespannt-gezieltem, problembezogenem und entspannt-„chaotischem“, spontanem Lernen (Kap.3.4), die Weiterentwicklung der Einzelschule zu einem selbstbestimmten Sozialraum (Kap. 3.5) und ihre Verankerung in lebenswerte Bildungs-, Sozial- und Beschäftigungslandschaften (Kap.3.6). - Bei der nachfolgenden Darstellung wird im ersten Argumentationsschritt das aktuell vorhandene *Problem* dargestellt und im zweiten ein Vorschlag unterbreitet, wie dieses im Kontext von Ganztagsbildung und Schulsozialarbeit schrittweise *gelöst* werden kann.

3.1. Historisch-politische Bildung: Aktive Aneignung und reflexive Vermittlung epochaltypischer Schlüsselprobleme

Die meisten SchülerInnen beklagen die Lebensweltferne des Unterrichts und nennen ihn als einen der wesentlichen Gründe für die schleichende, mit dem Alter zunehmende Distanzierung von der Schule. Die tieferliegenden Ursachen für die mangelnde Attraktivität des Unterrichts liegen in den konstitutiven Konstruktionsprinzipien der österreichischen Lehrpläne, die sich im Wesent-

11 Vgl. zu den Traditionen der Schulreformen in Österreich u.a. Altrichter/Heinrich/Soukup-Altrichter 2011; Bucher/Schnider 2004; BMUKK 2011; Eder/Hörl 2008; Eichelberger/Laner (2007); ExpertInnenkommission (2008); Fraundorfer 2006, 2008; Knapp/Lauermann 2007; Seel/Scheipl 2004, bes. Kap.5; Wetzel 2006.

12 Vgl. zu den Schwerpunkten der Schulsozialarbeit in Österreich die empirischen Befunde u. a. in ELSA-Handbuch (2004), Kaiser/Coulin-Kuglisch 2008, Wetzel/Braun/Hönig (2011) sowie allgemein in Bezug auf Stand und Perspektiven von Schulsozialarbeit in Österreich Adamowitsch/Lehner/Felder-Puig (2011), Marterer (2012) und ergänzend Braun/Wetzel (2011b).

13 Dieses Konzept ist von Klafki entwickelt worden (vgl. Klafki/Braun 2007, Kap.7.2)

lichen am Wissenschaftssystem und seiner Darstellungslogik ausrichten und die Curricula ab der Sekundarstufe I zu „verkleinerten" und pädagogisch (leicht) modifizierten Formen des Wissenschaftssystems machen. Das bringt zwingend eine strukturelle Distanz zu den Erlebnisweisen und Erfahrungsräumen der Heranwachsenden mit sich. Dies zeigt sich auch bei dem mangelnden Anwendungsbezug des schulisch zu erwerbenden Wissens. Dieses Wissen hat in der dominierenden österreichischen Lehrplantradition fast einen reinen Selbstzweck, seine gesellschaftliche und biografische Relevanz ist in vielen Fällen nicht vorhanden (oder zumindest auf dem Entwicklungsstand der SchülerInnen nicht nachvollzieh- oder antizipierbar). Es fehlt also eine pragmatische Ausrichtung der schulischen Lernprozesse und ihrer Bewertung, die es nahe legt, die unmittelbar vorgegebene soziale und kulturelle Wirklichkeit kritisch zu hinterfragen (z. B. welche Medienkompetenzen tatsächlich für eine befriedigende Lebensführung notwendig sind) und dabei auch Neugier nicht immer auf den (unmittelbaren) Nutzen zu reduzieren (z. B. beim Austesten der neuesten Computertechnik). Die Entwicklung der dazu notwendigen Fähigkeiten und Bereitschaften wird im schulischen Unterricht strukturell nur unzureichend angeregt und gefördert. Und deshalb gelingt es auch häufig nicht, die biografische Lernspannung zu entfalten zwischen grundlegenden Bedürfnissen, emotionalen Befindlichkeiten und motivationalen Anstrengungsbereitschaften, welche helfen emotionale „Durststrecken" durchzustehen, um anspruchsvollere Lernziele zu erreichen (z. B. bei der Durchführung eines selbst ausgesuchten physikalischen Experiments oder der Aneignung bestimmter technischer Fähigkeiten, um die schuleigene Discoanlage selber installieren zu können).

Um zu einer entwicklungsoffenen Balance zwischen *Erfahrungsorientierung* und *Wissenschaftsorientierung* des Unterrichts zu gelangen, ist die entwicklungsangemessene Auseinandersetzung mit den epochaltypischen Schlüsselproblemen unserer Epoche ein wichtiger Schritt.[14] Dazu gehören insbesondere:

- Die makrosoziologischen und -politischen Auseinandersetzungen um Krieg und Frieden angesichts der immer unübersichtlicher werdenden Verbreitung der ABC-Waffen, deren ökonomischen und politischen Ursachen und ethnischen und religiösen Überformungen sowie gruppen- und massenpsychologischen Folgen, die verschiedenen Rechtfertigungsmuster von Kriegen, die unterschiedlichen sozialen Bewegungen, individuellen Motive, staatlichen und globalen Initiativen zur Sicherung des regionalen, des nationalen, des kontinentalen und des Weltfriedens;

14 Vgl. Klafki 1996b, Zweite Studie.

- die Gefährdungen der natürlichen Lebensgrundlagen, ihre industriellen, technologischen und ökonomischen Ursachen sowie ihre sozialen und gesundheitlichen Folgen, die unterschiedlichen Konzepte des gesellschaftlichen Wachstums und Fortschritts mit ihren ökologischen Implikationen, die Entwicklung von ressourcen- und energiesparenden Techniken und umweltverträglichen Produkten/Produktionsweisen und sich daran ausrichtende Konsumgewohnheiten, demokratische politische Initiativen (von NGO's, Parteien, Staaten bzw. Staatenverbünde) zum Schutz der äußeren und inneren Natur der Menschen;
- die strukturellen gesellschaftlichen Ungleichheiten zwischen den verschiedenen Klassen und Milieus, zwischen den Geschlechtern, zwischen Personengruppen mit und ohne Migrationshintergrund bzw. mit und ohne Handicaps, zwischen den verschiedenen Regionen, Staaten und Kontinenten, Modelle und Initiativen zur Schaffung gerechterer und humanerer ökonomischer und sozialer Lebensbedingungen und die sozialstaatliche und demokratische Regulierung dieser Prozesse;
- die Humanisierungsmöglichkeiten und Gefahren der neuen technischen Steuerungs-, Informations- und Kommunikationsmedien und ihre Folgen für den Arbeitsmarkt, die Gestaltung der Arbeitsplätze, die psychischen Entlastungen und Belastungen am Arbeitsplatz, betriebs- und regionalbezogene, aber auch nationale und internationale Initiativen und Bewegungen zur besseren Verschränkung der technologischen, ökonomischen, sozialen und kulturellen Fortschritte durch nachhaltigen Abbau der Gefährdungen;
- die historisch, sozial, kulturell, ethnisch und religiös bestimmten Ausprägungsformen der Ich-Du-Beziehungen (darauf wird näher in Kap. 3.2) eingegangen.

Die Auseinandersetzung mit diesen und ähnlich relevanten epochaltypischen Schlüsselproblemen geht qualitativ über die reine Unmittelbarkeit der Lebenspraxis hinaus und eröffnet die Perspektive einer schrittweisen Verschränkung von Selbst- und Weltbewusstsein, denn mit ihnen machen die Kinder und Jugendlichen nicht nur direkte oder indirekte Erfahrungen (z.B. über die Massenmedien), sondern sie eröffnen ihnen auch erste, dann schrittweise tiefer gehende Einsichten in gesellschaftliche Strukturzusammenhänge. – Die Schulsozialarbeit kann und sollte zu dieser aktiven Aneignung und reflexiven Vermittlung dadurch beitragen, dass sie besonders Konzepte und Methoden aus der politischen Kinder- und Jugendbildung sowie in Hinblick auf die Auseinandersetzung mit den Kinderrechten in die schulischen Programmdiskussionen einbringt, entsprechende Unterrichtssequenzen begleitet und unterstützt (z.B. bezogen auf die Bedeutung zivilgesellschaftlicher Akteure für eine lebendige Demokratie oder die aktuellen Debatten um eine gerechte Bewältigung der Euro-Krise und deren Bedeutung für die eigene Zukunft) und eigenständige Projekte durchführt, besonders an außerschulischen Lernorten.

3.2. Existentielle Bildung: Sensible Auseinandersetzung mit Menschheitsproblemen

Das Konzept eines lebensweltbezogenen Unterrichts muss noch von einer weiteren Doppelperspektive getragen werden, welche sich aus dem Spannungsverhältnis zwischen dem Aufbau befriedigender Formen der alltäglichen Lebensführung und der Auseinandersetzung mit der Frage nach dem „eigentlichen Leben“ ergibt. Die alltägliche Lebensführung ist ausgerichtet an der mehr oder weniger routinierten Bewältigung der unterschiedlichen Anforderungen in Familie, Schule, Vereinen, Freundeskreis usw., die mit den eigenen Fähigkeiten, Wünschen, Bedürfnissen, den kurz- und langfristigen Interessen abgestimmt werden müssen. Die dabei zunehmende Selbstverständlichkeit des Alltagshandelns erzeugt den realen Schein der Zeitlosigkeit und damit auch der eigenen „Unsterblichkeit“. Aber spätestens beim Übergang von der Kindheit zur Jugend wird der unausweichliche eigene Tod als Tatsache zu einem Problem, welches die Frage nach dem Sinn meines Lebens aufwirft. Damit entsteht auch eine subjektive Offenheit für die Auseinandersetzung mit solchen Fragen der menschlichen Geschichte, die einen gewissen epochenübergreifenden Kern haben und die innere Struktur der menschlichen Sinngeschichte ausmachen. Zu solchen existentiellen Menschheitsthemen gehören u.a. folgende Fragen:

- Gibt es ein Leben nach dem Tod und welche Bedeutung haben die jeweiligen Antworten für die Gestaltung meiner Biografie und wem bin ich dafür Rechenschaft schuldig?
- Gibt es Gott oder so etwas wie Göttlichkeit, wie kann ich ihn oder sie erleben, könnte mir das bei der Bewältigung meines Alltags und der Entwicklung meines eigenen Sinnentwurfes hilfreich sein – oder kann ich „auch ganz gut ohne Gott auskommen und glücklich werden“?
- Was ist eigentlich ein Mensch, wo kommt die Menschheit her und wo geht sie hin, kann sie überleben, was hat das Schicksal der Menschheit mit mir zu tun?
- Was ist Glück, worüber bin ich glücklich, mit welchen Menschen kann oder möchte ich mein Glück teilen bzw. mit ihnen glücklich sein?
- Was ist Liebe, wie empfinde ich Liebe, wie gestalte ich erotische und/oder sexuelle Liebesbeziehungen (heterosexuell, bisexuell, homosexuell,

transsexuell), warum verliebe ich mich in jemanden, wie wichtig ist mir eine oder die Liebesbeziehung, wie kann Liebe durch politische Macht, soziale Herrschaft und kulturelle Vorurteile (z.B. Schönheitsideale) zerstört werden?

- Was ist Angst, wann habe ich Angst, wann lähmt mich meine Angst, wie kann ich versuchen sie zu überwinden, wie können mir andere Menschen dabei helfen, was hat Angst mit politischen und sozialen Verhältnissen zu tun?
- Was ist Trauer, warum trauere ich, was „lässt mich kalt", so dass ich erschrocken über mich selbst bin, welche Menschen (z.B. schwer kranke Großeltern) und welche Verhältnisse (z.B. die Kindersterblichkeit) machen mich traurig?
- Was ist Einsamkeit, wann fühle ich mich einsam, wann habe ich Begegnungen mit einsamen Menschen gehabt, wie kann (wenn überhaupt) ich über meine Einsamkeit und die anderer Menschen sprechen, was macht mir und anderen wieder Mut, so dass ich bzw. sie wieder Hoffnung schöpfe(n)?
- Was ist Schuld, wann mache ich mich schuldig (wenn ich z.B. jemanden beleidige), wofür bin ich verantwortlich und wofür nicht, was bin ich anderen Menschen schuldig (die mir z.B. in einer schwierigen Lebenslage geholfen haben) und was sie mir, wann kann und soll ich anderen Menschen vergeben, die mir etwas angetan haben (mich z.B. aus Konkurrenzgründen diskriminiert haben) – und wann ist es zu spät dafür, wie kann Schuldigsein zur Verzweiflung führen und was können dann rationale Aufklärung und emotionale Zuwendung helfen?

Die Kinder und Jugendlichen erwarten auf solche und ähnliche Fragen verständnisvolle und ehrliche („authentische") Antworten. Solche Gespräche müssen „auf Augenhöhe" geführt werden, denn hier haben die Älteren vor den Jüngeren (wie bei ethischen Fragen, vgl. Kap. 3.3) keinen grundsätzlichen Erfahrungs- und Entscheidungsvorsprung (allenfalls einen Wissensvorsprung, wie man solche Fragen erörtern und Antworten abwägen kann).

In der Schule spielen solche und ähnliche Fragen im Religions- und Ethikunterricht, im Literaturunterricht und manchmal im Sozialkundeunterricht zwar eine gewisse Rolle, aber recht häufig ist der Erlebnis- und Erfahrungsbezug zu vage und werden die existentiellen Betroffenheiten von solchen und ähnlichen Fragen nur unzureichend in selbstaufklärerischer Absicht aufgenommen. Dabei geht es selbstverständlich nicht darum, die Kinder und Jugendlichen „fürsorglich zu belagern", sondern gerade hier ist ein hohes Maß an Sensibilität (Herbart hatte vom „pädagogischen Takt" gesprochen) notwendig, um zu bemerken, wann die

Heranwachsenden allein gelassen werden wollen, und wann sie wirklich auf sie als einmalige Menschen bezogene Gespräche benötigen.

Obwohl nicht nur die professionellen und ehrenamtlichen Alltagserfahrungen sowie empirische Untersuchungsergebnisse zeigen, dass sich die Heranwachsenden mit diesen Fragen ernsthaft beschäftigen[15], wird ihnen erstaunlicherweise auch in der Sozialen Arbeit recht wenig Raum zugestanden – im Widerspruch zu ihrem zentralen lebensweltorientierten Selbstverständnis. Dieses Zurückbleiben hinter den eigenen Ansprüchen muss die Schulsozialarbeit überwinden und dabei kann sie von einer aufgeklärten religiösen Bildung in konfessionell gebundenen Kinder- und Jugendverbänden einiges lernen. Deshalb bieten sich hier kooperative Projekte mit ihnen und einzelnen Klassen bzw. Klassenstufen an. Ein Bereich wird allerdings schon jetzt von der Schulsozialarbeit sehr intensiv bearbeitet und dies ist die Einzelfallhilfe. Auch wenn sich diese aus nachvollziehbaren Gründen meist auf die unmittelbare psychosoziale Krisenbewältigung bezieht, sollte sie ihren Problem- und Gestaltungshorizont qualitativ dadurch ausweiten, dass sie immer auch den Fragen nachgeht, in welcher Weise die Schule selber einen Teil dieser Krisenprozesse (mit) hervorbringt (etwa durch den extremen konkurrenzbezogenen Leistungsdruck oder durch die Missachtung von Kindern und Jugendlichen aus prekären Lebenslagen und deklassierten Milieus oder aus Heimen), ob die Heranwachsenden in den Gesprächen nicht in verdeckter Weise auch existenzielle Probleme (mit) thematisieren und in welcher Weise die Schule die Ursachen von Krisen beheben und sich für existentielle Fragen auch im Unterricht mehr öffnen kann.

3.3. Ethische Bildung: Schaffung entwicklungsangemessener Verantwortungsräume

Eine der zentralen Begründungsfiguren für die Etablierung der Schulsozialarbeit bildet/e die Entwicklung und Förderung von sozialen Lernprozessen und verständigungsorientierter Konfliktbewältigung v. a. in Bezug auf die Beziehungen der SchülerInnen untereinander – obwohl die ggf. konfliktbelasteten Beziehungen zwischen SchülerInnen und LehrerInnen hierbei nicht außer Acht gelassen werden sollten – als (präventiven) Beitrag zur Überwindung von Gewalt und anderen Formen aggressiven Handelns. Dabei zeigen die Alltagserfahrungen der Schulsozialarbeit, dass diese Aufgabe allerdings alles

15 Vgl. z.B. Braun/Felinger/Wetzel 2009; Höllinger 2005.

andere als leicht ist. Deshalb werden dazu einige eher grundsätzliche Überlegungen formuliert:

Es kann nur ergänzend auch um die Einführung in ein entsprechendes ethisches Wissen und die Darstellung/Vermittlung moralischer Normen gehen. Im Zentrum muss die persönlich gemachte Erfahrung stehen, dass die mit sprachlichen oder körperlichen Gewaltmitteln ausgetragenen Konflikte einen selbst psychisch belasten, einem die Schul- und Lernfreude „rauben" können, dass man also selbst ein Interesse an der friedlichen Klärung solcher Konflikte hat. Diese soziale Erfahrung mit sich selbst können aber alle Mitglieder der Schulgemeinde – also besonders auch die SchülerInnen – nur machen, wenn sie *Entscheidungsräume* erhalten, sie deshalb *Gründe* für ihre Entscheidungen finden müssen und diese gegenüber anderen zu vertreten haben und sie zugleich für die Folgen „gerade stehen" müssen. Oder klassisch formuliert: Wenn sie die Chance erhalten, ihre moralischen und sittlichen Normen in selbst begründeten Handlungen zu beglaubigen. Nur unter einer solchen Voraussetzung können sie positive Erfahrungen machen mit dem *Aneinander-Denken*, dem *Miteinander-Reden* und dem *Füreinander-Handeln* (wenn z. B. sexistische Sprüche oder rassistische Äußerungen auf dem Schulhof kursieren; wenn „verschlossene", introvertierte oder ängstliche Kinder und Jugendliche zusätzlich noch gehänselt und bloßgestellt werden). Die Übertragung für die Gestaltung bestimmter Aufgaben des Schullebens (z.B. bei der Pausengestaltung) *sowie* des Unterrichts (z.B. bei der Festlegung bestimmter Unterrichtsinhalte und -zeiten – etwa im Rahmen des Wochenplans) kann und sollte den SchülerInnen *zugetraut* werden, auch wenn vielleicht manche das als eine *Zumutung* empfinden werden. Zur Verantwortungsübernahme werden die Heranwachsenden in dem Maße befähigt, wie ihnen alters- und entwicklungsangemessen Verantwortung übertragen wird und sie bei deren Realisierung/ Bewältigung interaktiv unterstützt werden (was z.B. in den verschiedenen Streitschlichter- bzw. Mediationsprojekten geschieht, die sich allerdings zumeist auf SchülerInnen-Konflikte beschränken). Nur so kann die Schule zu einem Ort der elementaren ethischen und demokratischen Bildung und Erziehung werden.

Ein zentrales Strukturierungsprinzip der Verantwortungsräume ist die schon erwähnte Symmetrie der Rechte und Pflichten in ihnen. Der allgemeinen Einsicht, dass der *einzelne* Mensch nur wirklich frei sein kann, wenn tatsächlich *alle* Menschen frei sind, entspricht die intersubjektivitätstheoretisch gut begründete Einsicht, dass das Recht auf Selbst- und Mitbestimmung nur durch die Pflicht zur Solidarität und Verantwortungsübernahme begründet und insbesondere verwirklicht werden kann. Und indem ich als Einzelne(r) in entwicklungsangemessener Weise mein Recht auf Selbst- und Mitbestimmung realisiere, werde ich der Verpflichtung inne, deshalb auch solidarisch und verantwortungsbereit zu sein, damit genau meine Rechte nicht verletzt und eingeschränkt werden (können). Dem Missbrauch des Verpflichtungscharakters sozialer Normen (den viele SchulsozialarbeiterInnen nicht nur im Kontext der Schule zu Recht befürchten) kann nur dadurch vorgebeugt werden, dass strikt auf die Symmetrie von Rechten und Pflichten geachtet wird – was im Umkehrschluss heißt: Wenn Kindern und Jugendlichen sowie generell (allen) anderen Menschen das Recht auf Selbst- und Mitbestimmung beschnitten wird, dann können die entsprechenden Pflichten auch nicht mehr geltend gemacht werden. Das ist für die allermeisten pädagogischen Einrichtungen gewiss eine provokante Schlussfolgerung, denn dazu müssen die sozialen Machtverhältnisse in den pädagogischen Institutionen (übrigens: auch in der Sozialen Arbeit und auch in den Kinder- und Jugendverbänden!) nachhaltig zugunsten der Heranwachsenden umgestaltet werden.[16] Sie können und müssen also die entsprechenden Regeln selber „erfinden" (was gewünschte pädagogische Unterstützung nicht ausschließt!) und somit selber AutorInnen und AdressatInnen dieser Regeln sein. Damit wird schon deutlich: Verantwortliches Handeln muss man den Kindern und Jugendlichen, aber auch den Erwachsenen nicht nur zutrauen, sondern auch *zumuten*, denn auch hier haben die PädagogInnen allenfalls einen Wissensvorsprung, aber keinen moralisch-sittlichen Handlungsvorsprung. Das ist ohne Zweifel eine schwierige Aufgabe – und genau deshalb „ein guter Anlass für gute Pädagogik" (v. Hentig). Oder anders gewendet: Wer Verantwortung – mit welchen Argumenten auch immer – nicht übertragen will, der kann nicht zur Verantwortungsfähigkeit und -bereitschaft erziehen – so wenig wie man in undemokratischen Strukturen zur Demokratie erziehen kann. Dies bedeutet reziprok einen Beitrag zu leisten zum Abbau der ungleichen sozialen Machtstrukturen und hierarchischen Verhältnisse in der Schule.

Damit gewinnen alle Ansätze und Projekte zur ernsthaften Partizipation der Kinder und Jugendlichen an den Entscheidungen, die sie betreffen, eine grundsätzliche Bedeutung und die Schulsozialarbeit sollte diese anspruchsvollen Konzepte und die dabei gemachten, auch widersprüchlichen Erfahrungen in die innerschulischen Reformbemühungen einbringen, um so gemeinsam mit allen Teilen der Schulgemeinde zu einer wirklich demokratischen Konfliktthematisierungs- und -Bewältigungskultur zu gelangen. Oder als „Parole" formuliert: „Umfassende Bildung ist auch die beste Gewaltprävention".

16 Vgl. zur Begründung auch Klafki/Braun 2007, Kap. 3.3; und zu den innerschulischen Widerständen Braun/Wetzel 2006, Kap.4.3.

3.4. Vielseitige Bildung: Entspannte Erfahrungs- und Entwicklungsförderung

Die Schule steht unter dem gesellschaftlichen Druck der Bildungspolitik und dem interaktiven Druck auf Seiten vieler Eltern, dass möglichst viel in möglichst kurzer Zeit gelernt wird. Das macht verständlich (aber nicht akzeptabel), warum die „Staatspädagogik" bis heute die alte Einsicht der Reformpädagogik unterschätzt, dass Schule mehr als nur Unterricht ist, dass zu ihr auch eigenständig das Schulleben gehört – oder in moderner Terminologie: das informelle und das nicht-formelle Lernen. Selbstverständlich ist – wie ausgeführt – gegen problembezogenes Lernen nichts einzuwenden, wenn der Gegenpol hinreichend Berücksichtigung findet, nämlich das entspannte Lernen, die chaotische Suche nach Lösungen, das Einfach-Abschalten-Können, das Sich-hängen-lassen-und-an-nichts-mehr-Denken usw. Diese zeitlich begrenzte Distanzierung von der Beschäftigung mit einem bestimmten Problem schafft die Voraussetzung dafür, für bestimmte Probleme überhaupt kreative Lösungen zu finden. Das sind dann die berühmten "Geistesblitze", die „fruchtbaren Momente" (Copei 1966 [1930]), die wie „aus heiterem Himmel kommen", also dann, wenn man sie gar nicht (mehr) erwartet hat. Das ist selbstverständlich ein sehr individueller und auch von vielen spontanen Assoziationen bestimmter Prozess, und er kann als solcher im engen Sinne nicht geplant und organisiert werden. Was aber geplant werden kann, das sind die Frei- und Zeiträume für solche Art von entspanntem Lernen. Für die nicht-formellen Lernangebote gilt es gerade durch Initiativen und Projekte der SchulsozialarbeiterInnen den Kinder- und Jugendkulturen auch in der Schule mehr Beachtung zu schenken, indem eine relative Übereinstimmung zwischen der Vielfalt der Freizeitbedürfnisse der Heranwachsenden und den Angeboten der Schule und der mit ihr kooperierenden Kinder- und Jugendarbeit hergestellt wird und so eine Vielseitigkeit der Interessen und Wünsche angeregt wird. Bei solchen Angeboten *können* die Heranwachsenden etwas leisten, aber sie *müssen es nicht* (z. B. bei der Organisation der Selbstversorgung in einem Zeltlager).

Bei bestimmten Angeboten kann es sinnvoll sein, einen gewissen, flexiblen und lockeren Zusammenhang zwischen den einzelnen Angeboten und Aktivitäten herzustellen, in dessen Rahmen sich die Kinder und Jugendlichen frei entscheiden können (das gilt gerade mit Blick auf Ganztagsschulangebote). [17] Zum Beispiel in einem gemeinsam erarbeiteten „Zirkus-Projekt", in dem die unterschiedlichsten Aktivitäten wie Jonglieren, Clown spielen, ein Bühnenbild

17 Vgl. zu den *gegenwärtig praktizierten* Möglichkeiten der Erweiterung der Lernarrangements in Ganztagsschulen die Zwischenbilanz von Idel 2013.

malen, die passende Musik aussuchen, die Veranstaltung im Stadtteil ankündigen, die Kosten planen und Sponsoren suchen usw. usf. für alle in ihrem Stellenwert einsichtig sind, und in dem jedes Projektmitglied einschließlich der PädagogInnen sich mit ihren besonderen Kompetenzen, Wünschen und Ideen einbringen kann und schließlich alle ein gemeinsames Erfolgserlebnis haben, welches auch das Zusammengehörigkeitsgefühl stärkt.

Der Anschluss an die kinder- und jugendkulturellen Strömungen und Praktiken hat immer auch den Sinn, die Beschränkung der ästhetischen Bildung auf die „ernste" oder „hohe" Kultur zu überwinden (z.B. Tragödien, Skulpturen, Gemälde, Bauwerke oder Opern – obwohl sich Mozarts „Zauberflöte" bei Kindern immer noch großer Beliebtheit erfreut und man an ihr sowohl klassische Musik erklären wie auch in die altägyptischen Menschenbilder und Gottesvorstellungen einführen kann). Vielmehr sollte es vorrangig um eine ästhetische Ausgestaltung des eigenen Alltags gehen. Bezogen auf die Musik und den Fun - Sport ist das in der Kinder- und Jugendarbeit breit anerkannt, auch die Fotografie wird immer häufiger entdeckt, aber insgesamt wird die alltagspraktische Verwendung und lebensweltliche Ausdrucksqualität der ästhetischen Bildung immer noch erheblich unterschätzt (wie etwa bei der Mode in Bezug auf Kleidung, Frisuren, Accessoires usw., wozu es selten Angebote gibt). Insofern haben Schule und Soziale Arbeit in diesem Aufgabenbereich noch viel gemeinsame „Entwicklungsarbeit" vor sich und die Schulsozialarbeit kann hier für beide Disziplinen und Professionen eine wichtige Anregungsfunktion übernehmen, wenn sie sich verstärkt und kreativ dieser Aufgabe zuwendet und damit auch ihr lebensweltbezogenes Selbstverständnis ausweitet.

3.5. Selbstbestimmte Bildung: Ganztagsschule als kind- und jugendgemäßer Sozialraum

Die verschiedenen empirischen Befunde zu den Interessen an Ganztagsangeboten legen einen sehr grundsätzlichen Konflikt zwischen kind-/jugendbezogenen und erwachsenenbezogenen Interessen und Bedürfnissen offen: Die Heranwachsenden wollen in ihrer deutlichen Mehrheit nach der Unterrichtszeit die Schule verlassen (entweder nach Hause gehen oder mit den FreundInnen was unternehmen). Demgegenüber wünscht sich eine deutliche Mehrheit der Eltern Angebote nach dem Unterricht bzw. am Nachmittag (ein kleiner Teil auch schon vor dem Unterricht). Entwicklungspädagogisch besteht der Konflikt darin, dass die Kinder/Jugendlichen selbstbestimmt das machen wollen, wozu sie Lust haben, was sie als anregend empfinden, wo sie anderen Personen(gruppen) begegnen als denen in der Schule bzw. mit ihren ausgewählten Klassen- bzw. SchulkameradInnen nicht als MitschülerInnen, sondern als FreundInnen zusammen sind. Dem steht das ebenfalls sehr berechtigte Interesse der Eltern, wahrscheinlich speziell der Mütter, teilweise entgegen, Beruf und Familie (besser) vereinbaren zu können durch eine Entlastung von bestimmten Betreuungsaufgaben, zum Teil wohl auch Erziehungs- und Bildungsaufgaben (diese erwachsenenbezogenen Interessen stehen im Zentrum der meisten bildungs- und sozialpolitischen Begründungen der ganztägigen Angebote). Soll nun nicht eine Seite auf der Strecke bleiben, dann müssen nicht nur die Arbeitszeiten und -orte familienfreundlicher gestaltet werden, sondern auch die außerunterrichtlichen schulischen Angebote den realen und geäußerten Bedürfnissen der Kinder und besonders der Jugendlichen sehr viel mehr gerecht werden, als das bisher offensichtlich der Fall ist. Hier hat die gesamte Schulgemeinde unter Einschluss der Schulsozialarbeit die komplizierte Aufgabe zu bewältigen, darüber einen gruppenübergreifenden schulischen Konsens herzustellen und diesen zugleich auf relativ hohem Niveau zu realisieren. Dabei ist den SchülerInnen – ganz im Sinne der entwicklungsangemessenen Verantwortungsübertragung – für diesen Bereich des Schullebens eine *dominierende* Entscheidungskompetenz anzuerkennen. In diesem Sinne gilt es zunächst einmal die Schule zu einem Raum der *zwanglosen* und/oder *vereinbarten Begegnung* der Kinder und Jugendlichen (auch aus anderen Schulen!) sowie von interessierten BewohnerInnen der Umgebung (u.U. auch von bestimmten LehrerInnen) zu machen, wo auch Rückzug möglich ist vor pädagogischen und sozialen Angeboten und Anforderungen, also die Distanzierung von der Alltagshektik, den Handlungsverdichtungen, den Zeitverknappungen und der schuleigenen Konkurrenz (das alles spüren die Heranwachsenden schon sehr intensiv). Nur so können hier Frei- und Schutzräume geschaffen werden, wo die Heranwachsenden, ggf. aber auch die Erwachsenen, zur Besinnung kommen und sich in einer entspannten und reflexiven Weise begegnen können, wobei sie sich möglicherweise von ganz anderen Seiten kennen lernen (können). Die Schulsozialarbeit sollte hier die Maxime einbringen und verwirklichen, dass es gilt in bestimmten Phasen die Heranwachsenden *vor Erziehung zu schützen*, um ihnen *(Selbst-) Bildung zu ermöglichen!*

Ein wichtiger Bereich einer so auslegten Ganztags(schul)bildung sind die in der Sozialen Arbeit mittlerweile breit verankerten und deshalb von der Schulsozialarbeit zu unterstützenden bzw. vorzuhaltenden *erlebnispädagogischen* Angebote, bei der gerade der anspruchsvolle und gelungene Umgang mit dem eigenen Körper im Zentrum steht. Dabei können die Kinder und Jugendlichen ein Körpergefühl entwickeln, welches ihnen einen pfleglichen Umgang mit ihrer inneren Natur nahe legt, sie aber gleichzeitig auch ermutigt, sich in durchaus riskanter Weise zu bewähren (z.B. bei komplizierten Überschlägen auf der Skaterbahn oder dem schuleigenen Ersatz dafür). Eine besondere Form sind Abenteuer, wo – meist außerhalb der Schulgebäudes/-geländes – individuell und kollektiv besonders schwierige, z.T. auch „gefährliche“ Aufgaben zu bewältigen sind (z.B. bei einer Berg- oder Wildwassertour). Sie können dann zu biografisch bedeutsamen Erfahrungen werden, wenn die Erlebnisse entsprechend reflexiv verarbeitet werden.

Nicht zuletzt geht es darum, die Schule *architektonisch* so zu verändern, dass sie zu einer anspruchsvollen *„Lernlandschaft“* wird. Das gelingt in dem Maße, wie die flexible Strukturierung der Räume sehr unterschiedliche Angebote möglich macht, eine Balance von Natur und umbautem Raum erreicht, abwechslungsreiche Wahrnehmungs- und Bewegungsmöglichkeiten bereit hält (z.B. durch die Farb- und Lichtgestaltung und Tobe- bzw. Kuschelecken) und nicht zuletzt den gestaltbaren pädagogischen und architektonischen Zusammenhang transparent macht.

3.6. Gemeinwesenbezogene Bildung: Implementierung integrativer Bildungs-, Sozial- und Beschäftigungslandschaften

Wie immer man die aktuelle und zukünftige Gesellschaft bezeichnen mag (als Risiko, Wissens- oder Erlebnisgesellschaft), sie wird in jedem Falle und sogar vorrangig eine modernisierte Arbeitsgesellschaft sein. Deshalb ist die Abstimmung zwischen dem staatlich verantworteten Schulsystem und dem marktgesteuerten, teilweise sozialstaatlich überformten Beschäftigungssystem von zentraler Bedeutung.[18] Sie gelingt aber strukturell nur sehr unzureichend. Das zeigt sich bereits daran, dass das Schulsystem in Gestalt der „RisikoschülerInnen“ (entsprechend der PISA-Definition) eine (große) Gruppe von SchülerInnen hervorbringt, die eben – ggf. trotz entsprechender formaler Abschlüsse - nicht über die realen Kompetenzen verfügen, um eine moderne Berufsausbildung absolvieren zu können.[19] Diesbezüglich kann von einem

18 Mit dem Verhältnis von Bildung und Beschäftigung aus der Perspektive internationaler Wirtschaftsorganisationen setzen sich Härtel/Marterer in diesem Band auseinander. Insgesamt beschäftigt sich Teil III dieses Bandes systematisch mit der Problematik des krisenhaften Übergangsfeldes von Schule und Ausbildung.

19 Die Risikogruppe betrug in Österreich 2012 bei der Mathematikkompetenz 19% (OECD - Schnitt 23%) bei der Lesekompetenz 20% (OECD - Schnitt 18%), und in den Naturwissenschaften 16% (OECD - Schnitt 18%) - vgl. Schwantner/Toferer/Schreiner (2013: 19; 33; 39). - Grundlegend und systematisch sei hier auch verwiesen auf den Beitrag von Fraundorfer zum Phänomen Schulversagen in diesem Band.

Staatsversagen gesprochen werden, weil das Schulsystem nicht im erforderlichen Maße die Aneignung der Kompetenzen ermöglicht, die das Beschäftigungssystem benötigt. – Zugleich werden von Seiten des Beschäftigungssystems auch nicht alle die aufgenommen, die über die notwendigen Kompetenzen verfügen. Das zeigt sich in Österreich insbesondere bei dem immer krisenhafteren Übergang von der Schule in die duale Ausbildung. Hier kann von *Marktversagen* gesprochen werden, weil die primär einzelbetrieblichen Ausbildungs-, Angebots- und Finanzierungsentscheidungen aufgrund ihrer immanenten Tendenz zur Unterinvestition keineswegs hinreichend auf die Ausbildungswünsche und -fähigkeiten der Heranwachsenden eingehen, zugleich aus sich heraus nicht den gesamtwirtschaftlichen Nachwuchsbedarf zu sichern vermögen und auch die Abstimmung von Ausbildung und Beschäftigung zwischen den verschiedenen wirtschaftlichen Sektoren nicht gesichert ist.

Darüber hinaus ist darauf zu verweisen, dass die Bildungsplanung in einer Mischung aus Koppelung, Entkoppelung und Flexibilisierung sich zwar um eine Abstimmung bemüht, aber ihr dies aufgrund ihres letztlich „anarchischen" Gesamtcharakters nicht gelingt, weil die Probleme meist erst nachträglich erkannt und dann primär defensiv bearbeitet werden. Zugleich gibt es eine zunehmende *Problemprivatisierung*, d.h. die Heranwachsenden sollen diese Abstimmung individuell vollziehen, indem sie sich flexibel auf die unübersichtlichen Arbeitsmarktprobleme einstellen. Wenn ihnen das nicht gelingt, dann gibt es verschiedenste Formen der Benachteiligtenförderung, die aber immer in der Gefahr stehen, primär diejenigen anzusprechen, die ohnehin „die Fitteren" sind und die anderen in eine Maßnahmekarriere zu drängen, die häufig in die Deklassierung führt, weil sich dabei Arbeitsmarktbenachteiligung und Bildungsbenachteiligungen kumulativ verstärken (s. dazu auch den Beitrag von Arnold in diesem Band).[20]

Um die damit verbundenen sozialen Desintegrationsprozesse zumindest teilweise abzubauen, sollte gerade auch mit Hilfe der Schulsozialarbeit und von ihr initiierten Projekten und Kooperationsverbünden mit außerschulischen Einrichtungen und Personengruppen zunächst die Zusammenarbeit der *allgemeinbildenden* mit den *berufsbildenden* Schulen und beider mit den lokalen und regionalen Betrieben gefördert und auf eine verbindliche Grundlage gestellt werden. Diese wird aber nur fruchtbar sein, wenn sie von dem Respekt aller Beteiligten vor dem je spezifischen Bildungs- und Erziehungsauftrag der anderen bestimmt ist, ohne eine blinde Anpassung der Schulen an die realen oder

20 Vgl. Arnold/Lempp 2008; Stauber/Pohl/Walther 2007; Steiner 2009. - In Bezug auf einen spezifischen Reformansatz, diesen Prozessen entgegenzuwirken, sei auf den Beitrag von Jesse in diesem Band verwiesen.

vermeintlichen Anforderungen „der Betriebe“ oder „des Arbeitsmarktes“ oder „der Wirtschaft“ zu betreiben.

Besonders aus Sicht der Jugendlichen ist es relevant, dass die entsprechenden Angebote *sozialräumlich verankert* sind, also in der alltäglichen Lebensführung präsent und daher leicht zugänglich sind (Öffnung der Erziehungsinstitutionen meint nicht nur und meist noch nicht einmal vorrangig interinstitutionelle Kooperation, sondern vorrangig sozialräumliche Ausrichtung). Speziell die Schulsozialarbeit sollte sich um eine solche Verschränkung der regionalen *Bildungslandschaften* mit den regionalen *Soziallandschaften* bemühen.[21] Dazu dienen auch und besonders die *Netzwerkarbeit* und die *Basisöffentlichkeiten.* Sie sind die entscheidende Alternative zur Informationsübermittlung via Printmedien, weil hier der unmittelbare Austausch von Informationen über die konkret vorhandenen lokalen und regionalen Angebote (z.B. als allgemein zugängliche Praktikums- und Nebenjobbörse - etwa in Form eines von Jugendlichen gestalteten Internetportals) verknüpft werden kann mit dem Austausch von Erfahrungen und Tipps und der Aktivierung oder auch dem Auf- bzw. Ausbau interpersonaler Ressourcen zur allgemeinen und berufsbezogenen Lebensbewältigung. Dabei brauchen allerdings auch solche basisverankerten Netzwerke und Öffentlichkeiten einen institutionellen Kern, der Stabilität ermöglicht und Zuverlässigkeit gewährleistet. Das kann z.B. ein für alle Interessierte und Betroffene zugängliches Job-Cafe in einer Schule oder einem Jugendzentrum sein, wo man sich zwanglos treffen kann, wo man Infos bekommen kann, wo es Themenabende gibt und wo Fachpersonal anwesend ist, das einen guten Überblick hat und auch für ganz spezifische Fragen und persönliche Problemlagen aktiv beratend zur Verfügung steht.

Nun kann und sollte zwar die Pädagogik zur konstruktiven Bewältigung der Krisen- und Umbauprozesse der Arbeitsgesellschaft ihren spezifischen Beitrag leisten, aber sie kann dafür selbstredend nicht die Hauptverantwortung übernehmen. Vielmehr gilt es *wirtschaftlich* und *politisch entgegenkommende Bedingungen* zu schaffen, so dass die bisher genannten Maßnahmen überhaupt eine Realisierungschance haben. Dazu dient als ein zentraler Aspekt der Schulkooperationen der Aufbau eines lokalen und regionalen ExpertInnennetzwerkes, an dem VertreterInnen der Arbeitsverwaltung, der Planungsinstanzen der Schulentwicklung und der Kinder- und Jugendhilfe, der Wirtschaft, der politischen Entscheidungsinstanzen sowie der Basisnetzwerke und –öffentlichkeiten beteiligt sind. Seine Aufgabe ist es, einen lokalen und regionalen Sozialdiskurs zu führen, der versucht alle relevanten Entwicklungsprobleme

21 Vgl. Bollweg/Otto 2011; Spies 2013.

offen zu legen und gemeinsam nach realistischen wie anspruchsvollen Lösungen zu suchen. In diesen Diskursen geht es übergreifend um ein *Umsteuern in der Arbeitsmarktpolitik*, die – und zwar in neuen Formen – wieder stärker sozialpolitisch mitgesteuert werden muss, wozu nicht nur angemessene Formen gehören, die die Sozialverpflichtung des Eigentums praktisch zur Geltung bringen, sondern auch eine Steuerpolitik, die dem Grundsatz der gleichsetzenden und ausgleichenden Gerechtigkeit dient und somit die zumindest teilweise selbstverschuldete Verarmung der öffentlichen Haushalte Stück für Stück überwindet und ihnen damit die Möglichkeiten (zurück) gibt, Verwerfungen des Arbeitsmarktes besser ausgleichen zu können.

3.7. Perspektive: Die Projekte „Ganztagsbildung“ und „Schulsozialarbeit“ benötigen einen langen Atem

Die Realisierung einer so konzipierten sozialpädagogischen Profilbildung von Schule kann selbstverständlich nicht in der alleinigen Verantwortung der SchulsozialarbeiterInnen liegen, sondern ist nur durch die gemeinsamen Anstrengungen der gesamten Schulgemeinde zu erreichen. Dazu bedarf es neben der flexiblen Klarheit über die Ziele und Wege auch eines kritisch-konstruktiven Durchhaltevermögens, und deshalb sind realistische Schwerpunktsetzungen für die unterschiedlichen Entwicklungsetappen erforderlich: z.B. in Bezug auf neue Unterrichtsinhalte und -formen und die verstärkte Beachtung der SchülerInnen als eigensinnige Kinder und Jugendliche, auf die Kooperation mit außerschulischen Institutionen und Personen, auf die systematische Auswertung der Fälle von Einzelfallhilfe und Entwicklung eines gesundheitspädagogischen Profilelements, auf die sozialräumliche Öffnung der Schule für das nähere und weitere Umwelt, auf die psychosoziale Gewaltprävention. Dabei kann die breite Einführung von Ganztagsschulen bzw. ganztägiger Bildung, Erziehung und Betreuung einen wichtigen Reformschub ergeben, der intensiv genutzt werden sollte. Aber auch bei solchen bildungspolitisch von fast allen Beteiligten gewollten Projekten wird die *innere Schulreform* nicht zum Selbstläufer. Der erstrebenswerte, auf Verständigung beruhende Konsens über die Ziele und Wege der sozialpädagogischen Profilbildung und die Bedeutung der Schulsozialarbeit in diesem Kontext ist dabei nicht einfach die Voraussetzung, sondern das *Ergebnis* solcher Anstrengungen.

Literatur

Adamowitsch, Michaela/Lehner, Lisa/Felder-Puig, Rosemarie (2011): Schulsozialarbeit in Österreich: Darstellung unterschiedlicher Implementierungsformen. Wien: LBIHPR Forschungsbericht

Altrichter, Herbert/Heinrich, Martin/Soukup-Altrichter, Katharina (Hrsg.) (2011): Schulentwicklung durch Schulprofilierung? Wiesbaden: VS Verlag

Arnold, Helmut/Lempp, Theresa (Hrsg.) (2008): Regionale Gestaltung von Übergängen in Beschäftigung. Weinheim, München: Juventa

Baier, Florian/Deinet, Ulrich (Hrsg.) (2011): Praxisbuch Schulsozialarbeit. Opladen, Farmington Hills: Barbara Budrich

Beck, Ulrich (2000 a): Freiheit oder Kapitalismus. Ulrich Beck im Gespräch mit Johannes Willms. Frankfurt a. M.: Suhrkamp

Beck, Ulrich (Hrsg.) (2000b): Die Zukunft von Arbeit und Demokratie. Frankfurt a. M.: Suhrkamp

Beck, Ulrich/Bonß, Wolfgang/Lau, Christian (2001): Theorie reflexiver Modernisierung - Fragestellungen, Hypothesen, Forschungsprogramme. In:

Beck, Ulrich/Bonß, Wolfgang (Hrsg.) (2001): Die Modernisierung der Moderne. Frankfurt a. M. : Suhrkamp, 11 - 59

Beck, Ulrich/ Lau, Christoph (Hrsg.) (2004): Entgrenzung und Entscheidung. Frankfurt a. M.: Suhrkamp

Beck-Gernsheim, Elisabeth (1998): Was kommt nach der Familie? Beck'sche Reihe: München

Bollweg, Petra/Otto, Hans-Uwe (Hrsg.) (2011): Räume flexibler Bildung, Wiesbaden: VS

Böhnisch, Lothar/Schröer, Wolfgang (2001): Pädagogik der Arbeitsgesellschaft. Weinheim und München: Juventa

Braun, Karl-Heinz/Felinger, Martin/Wetzel, Konstanze (2009): Kindheit, Schule und Peergroups. In: Knapp, Gerald/Salzmann, Gerald: (Hrsg.): Kindheit, Gesellschaft und Soziale Arbeit, Klagenfurt, Ljubljana. Wien: Mohorjeva/Hermagoras, 265 - 297

Braun, Karl-Heinz/Wetzel, Konstanze (2000): Sozialpädagogisches Handeln in der Schule. Neuwied: Luchterhand

Braun, Karl-Heinz/Wetzel, Konstanze (2006): Soziale Arbeit in der Schule. München, Basel: Reinhardt

Braun, Karl - Heinz/Wetzel, Konstanze (2011a): Schule und Soziale Arbeit. In: Otto, Hans- Uwe/Thiersch, Hans (Hg.) (2011): Handbuch Soziale Arbeit. München, Basel: Reinhardt, 1247 - 1254

Braun, Karl-Heinz/Wetzel, Konstanze (2011b): Schulsozialarbeit in Österreich. In: Baier, Florian/Deinet, Ulrich (Hrsg.) (2011), 45 - 60

Bucher, Anton/Schnider, Andreas (2004): Eine Schule des Miteinander, Wien: öbv&hpt

Bundesministerium für Unterricht, Kunst und Kultur (2011): Empfehlungen für gelungene schulische Tagesbetreuung. Wien: BMUKK

Bundesministerium für Wirtschaft, Familie und Jugend (2011): 6. Bericht zur Lage der Jugend in Österreich. Jugend aus Sicht der Wissenschaft (Teil A). Wien: BWFJ

Coelen, Thomas (2002): „Ganztagsbildung“. Ausbildung und Identitätsbildung von Kindern und Jugendlichen zwischen Schule und Jugendarbeit. In: Neue Praxis (2002), Heft. Lahnstein: Verlag neue Praxis, 53 - 66

Coelen, Thomas (2004): „Ganztagsbildung“ - Integration von Aus- und Identitätsbildung durch die Kooperation zwischen Schulen und Jugendeinrichtungen. In: Otto, Hans-Uwe/Coelen, Thomas (Hrsg.) (2004): Grundbegriffe der Ganztagsbildung. Wiesbaden: VS Verlag, 247 - 267

Coelen, Thomas (2006): Ausbildung und Identitätsbildung: In: Otto, Hans-Uwe/Oelkers, Jürgen (Hrsg.) (2006): Zeitgemäße Bildung. München Basel: Reinhardt Verlag, 131 - 148

Coelen, Thomas/Otto, Hans-Uwe (Hrsg.) (2008): Grundbegriffe Ganztagsbildung. Das Handbuch. Wiesbaden: VS

Copei, Friedrich (1966). Der fruchtbare Moment im Bildungsprozess. Heidelberg: Quelle & Meyer

Eder, Ferdinand/Hörl, Gabriele (Hrsg.) (2008): Gerechtigkeit und Effizienz des Bildungswesens: Unterricht, Schulentwicklung und LehrerInnenbildung als professionelle Handlungsfelder Österreichische Beiträge zur Bildungsforschung, Bd. 6. Wien: LIT

Eichelberger, Harald/Laner, Christian (Hrsg.) (2007): Zukunft Reformpädagogik. Neue Kraft für eine moderne Schule, Innsbruck, Wien, Bozen: Studienverlag

ELSA-Handbuch (o.J. [2004]) Evaluation Schulsozialarbeit am Magistrat Linz. o.O. (Linz): Magistrat

ExpertInnenkommission Zukunft der Schule (2008): Zweiter Zwischenbericht, Wien

Fraundorfer, Andrea (Hrsg.) (2006): Ideen machen Schule. Wien: LIT

Fraundorfer, Andrea (Hrsg.) (2008): Schulen, die es anders machen. Wien: Löcker

Habermas, Jürgen (1998): Die postnationale Konstellation und die Zukunft der Demokratie. In: Ders. (1998): Die postnationale Konstellation. Frankfurt a.M. : Suhrkamp, 91 - 169

Habermas, Jürgen (2011): Zur Verfassung Europas. Berlin: Suhrkamp

Höllinger, Franz (2005): Christliche Religiosität und New Age - zwei Pole des religiösen Feldes der Gegenwartsgesellschaft. In: Schulz, Wolfgang u.a. (Hrsg.): Österreich zur Jahrhundertwende. Wiesbaden: VS Verlag, 487 - 515

Hörl, Gabriele/Dämon, Konrad/Popp, Ulrike/Bacher, Johann/Lachmayr, Nobert (2012): Ganztägige Schulformen - Nationale und internationale Erfahrungen, Lehren für die Zukunft. In: Herzog-Punzenberger, Barbara (Hrsg.): Nationaler Bildungsbericht Österreich 2012, Band 2. Graz: Leykam, 269 - 312

Holzkamp, Klaus (1993): Lernen. Subjektwissenschaftliche Grundlegung. Frankfurt/New York: Campus

Idel, Till-Sebastian (2013): Pädagogische Praktiken im Ganztag. In: Müller, Hans-Rüdiger/Bohne, Sabine/Thole, Werner (Hrsg.): Erziehungswissenschaftliche Grenzgänge. Opladen, Berlin, Toronto: Barbara Budrich, 151 - 165

Kaiser, Beatrix/Coulin-Kuglisch, Johanna u.a. (2008): „Schulsozialarbeit - Wozu“ Ist-Analyse und Bedarfserhebung, Wien

Klafki, Wolfgang (1996): Neue Studien zur Bildungstheorie und Didaktik. Weinheim, Basel: Beltz

Klafki, Wolfgang (1996a): Erste Studie. Die Bedeutung der klassischen Bildungstheorien für ein zeitgemäßes Bildungskonzept. In: Ders. (1996), 15 - 41

Klafki, Wolfgang (1996b): Zweite Studie. Grundzüge eines neuen Allgemeinbildungskonzepts. Im Zentrum: Epochaltypische Schlüsselprobleme. In: Ders. (1996), 43 - 81

Klafki, Wolfgang (2002): Zweite Studie. Gesellschaftliche Funktionen und pädagogischer Auftrag der Schule in einer demokratischen Gesellschaft. In: Ders.: Schultheorie, Schulforschung und Schulentwicklung im politisch-historischen Kontext. Weinheim, Basel: Beltz, 41 - 62

Klafki, Wolfgang/Braun, Karl-Heinz (2007): Wege pädagogischen Denkens. München, Basel: Reinhardt

Knapp, Gerald/Lauermann, Karin (Hrsg.) (2007): Schule und Soziale Arbeit. Zur Reform der öffentlichen Erziehung und Bildung in Österreich. Klagenfurt, Ljubljana, Wien: Mohorjeva/Hermagoras

Knapp, Gerald/Pichler, Heinz (Hrsg.) (2008): Armut, Gesellschaft und Soziale Arbeit. Klagenfurt, Ljubljana, Wien: Mohorjeva/Hermagoras

Kommission der Europäischen Gemeinschaften (2000): Memorandum über Lebenslanges Lernen, Brüssel http://www.die-frankfurt.de/esprid/dokumente/doc-2000/EU00_01.pdf (Zugriff 30.10. 2014)

Kommission der Europäischen Gemeinschaften (2001): Weißbuch der Europäischen Kommission - Neuer Schwung für die Jugend Europas http://eur-lex.europa.eu/legal-content/DE/TXT/PDF/?uri=CELEX:52001DC0681&from=DE (Zugriff am 30.10. 2014)

Lichtenberger, Elisabeth (2002): Österreich, Darmstadt: Wissenschaftliche Buchgesellschaft

Löw, Martina (2010): Soziologie der Städte. Berlin: Suhrkamp

Marterer, Michaela (Hrsg.) (2012): „Schulsozialarbeit in Österreich“: Status, Zwischenbilanz und Perspektiven. Graz, Wien, Dokumentation der bundesweiten Fachtagung vom 12.05.2012

ÖROK (Österreichische Raumordnungskonferenz (2011): ÖROK-Regionalprognosen 2010 - 2030. Modellberechnung bis 2050, Wien

ÖROK (2012): 13. Raumordnungsbericht, Wien

Otto, Hans-Uwe/Coelen, Thomas (Hrsg.) (2004): Grundbegriffe der Ganztagsbildung. Wiesbaden: VS

Otto, Hans- Uwe/Coelen, Thomas (Hrsg.) (2005): Ganztägige Bildungssysteme. Münster u. a.: Waxmann

Schulz, Wolfgang/Haller, Max/Grausgruber, Alfred (Hrsg.) (2005): Österreich zur Jahrhundertwende. Wiesbaden: VS

Schwandtner, Ursula/Schreiner, Claudia (Hrsg.) (2010): PISA 2009. Internationaler Vergleich von Schülerleistungen. Graz: Leykam

Schwantner, Ursula/Toferer, Bettina/ & Schreiner, Claudia (Hrsg.) (2013): PISA 2012. Internationaler Vergleich von Schülerleistungen. Erste Ergebnisse Mathematik, Lesen, Naturwissenschaft. Graz : Leykam

Seel, Helmut/Scheipl, Josef (2004): Das österreichische Bildungswesen am Übergang ins 21. Jahrhundert. Graz: Leykam

Spies, Anke (Hrsg.) (2013): Schulsozialarbeit in der Bildungslandschaft. Wiesbaden: VS Verlag

Statistik Austria (2013) : Armuts- und Ausgrenzungsgefährdung in Österreich, Ergebnisse aus EU-SILC 2011, Wien

Stauber, Barbara/Pohl, Axel/Walther, Andreas (Hrsg.) (2007): Subjektorientierte Übergangsforschung, Weinheim, München: Juventa

Steiner Mario (2009): Early School Leaving und Schulversagen im österreichischen Bildungssystem. In: Specht, Werner (Hrsg.) (2009): Nationaler Bildungsbericht Österreich 2009, Bd. 2. Graz: Leykam, 141 - 159

Vester, Michael u. a. (2001): Soziale Milieus im gesellschaftlichen Strukturwandel. Frankfurt a. M.: Suhrkamp

Wetzel, Konstanze (Hrsg.) (2006): Ganztagsbildung - eine europäische Debatte, Wien: LIT

Wetzel, Konstanze/Braun, Karl-Heinz/Hönig, Barbara (2011): Pilotprojekt „Schulsozialarbeit in Kärnten". Endbericht der quantitativen Befragung. www.schulsozialarbeit-ktn.at/images/docs/endbericht_27.04.11.pdf

https://www.bmbf.gv.at/schulen/bw/nms/mr.html (Zugriff am 12.01.2015)

https://www.bmbf.gv.at/schulen/gts/standorte/GTS_standorte_AHS.pdf?4mevju (Zugriff am 12.01.2015)

https://www.bmbf.gv.at/schulen/gts/standorte/GTS_standorte_PS.pdf?4mevjx; (Zugriff am 12.01.2015)

http://www.neuemittelschule.at/grundlegende-informationen/paedagogische-konzepte/ (Zugriff am 12.01.2015)

http://www.neuemittelschule.at/nms-standorte/ (Zugriff am 12.01.2015)

Gesundheitsförderung als Bildungsaufgabe – Perspektiven für die Ganztagsschule

Stephan Sting

„Gesundheit" scheint in der österreichischen Öffentlichkeit zunehmend als relevantes Bildungsthema wahrgenommen zu werden. Wenn von gesundheitlichen Problemen von Kindern und Jugendlichen die Rede ist, wird häufig auf die Schule und deren Potential zur Gesundheitsförderung verwiesen. In den letzten Jahren haben sich zahlreiche Aktivitäten und Programme zur schulischen Gesundheitsförderung etabliert, die seit 2011 durch eine umfassende „Kinder- und Jugendgesundheitsstrategie" der Bundesregierung untermauert werden. Im Themenfeld 3 – „gesunde Entwicklung" – findet sich das explizite Ziel: „Bildung als zentralen Einflussfaktor auf Gesundheit positiv nutzen" (Ziel 6; BMG 2013: 30ff.).

In der Beschreibung dieses Ziels wird der wechselseitige Zusammenhang von Bildung und Gesundheit klar skizziert: Bildung dient als Ressource für die Gesundheit, da sie die Chancen auf höheres Einkommen und bessere Lebensumstände erhöht und sich dadurch positiv auf Gesundheit auswirkt und da sie gesundheitsbezogene Einstellungen und Verhaltensmuster prägt. Ebenso können umgekehrt der Gesundheitsstatus und das Gesundheitsverhalten von Kindern und Jugendlichen den Bildungserfolg positiv oder negativ beeinflussen (BMG 2013: 30). Aus dieser Erkenntnis werden umfangreiche Maßnahmen für Kindergärten, Schulen und den Übergang in den Arbeitsmarkt abgeleitet. Ein wichtiger, vom Bundesministerium für Unterricht, Kunst und Kultur forcierter Aspekt ist dabei der „Ausbau der ganztägigen Schulbetreuung unter Berücksichtigung der Anforderungen im Hinblick auf die Gesundheitsförderung" (BMG 2012: 21).

Die Anregungen, Empfehlungen und Initiativen zur schulischen Gesundheitsförderung werden vielfältig aufgegriffen: Gegenwärtig haben sich ca. 850 Schulen bzw. knapp 15% aller Schulen in Österreich durch entsprechende Schulkonzepte und Maßnahmen zu „gesunden Schulen" entwickelt. Zu deren Unterstützung stehen zahlreiche, fachlich fundierte Beratungsangebote, Workshops, Broschüren und Handreichungen bereit, die über die in allen Bundesländern verankerten „Servicestellen Schule" zugänglich sind (www.

gesundeschule.at). Darüber hinaus gibt es im Rahmen der Reform der LehrerInnenbildung Bestrebungen zur Verankerung von „Health Literacy" in der PädagogInnenbildung NEU, was Chancen zu einer weiteren Verbreitung der Gesundheitsperspektive im schulischen Kontext bietet (Koordinierungsstelle Gesundheitsförderung 2014).

Gegen den Strich gelesen bedeutet diese positive Entwicklung allerdings, dass nach wie vor für gut 85% aller Schulen – und damit für die überwiegende Mehrheit – Gesundheit kein zentrales Thema der Schule darstellt. Gesundheit bleibt also immer noch ein Sonderthema in der Schule. In den großen Auseinandersetzungen um Schule und Bildung ist Gesundheit kaum präsent. Österreichische Schule lösen sich erst allmählich aus einer Vernachlässigung des Gesundheitsthemas, die für die deutschsprachige Pädagogik insgesamt charakteristisch ist. Gesundheit und Körper stellen wichtige Entwicklungs- und Bildungsthemen dar, die von der Schule bis zur Sozialpädagogik generell unterschätzt werden (z.B. Hübner-Funk 2003; Homfeldt/Sting 2006: 9). Während z.B. im finnischen Bildungssystem das „Wohlbefinden" eine zentrale Leitkategorie für die Organisation von Schule und die Bereitstellung von schulischen Beratungs- und Unterstützungsangeboten ist, konzentrieren sich Reformdebatten in Österreich auf die Erhöhung qualifikatorischer Kompetenzen, die Festlegung und Überprüfung von Bildungsstandards und die Zukunft des Wirtschaftsstandorts Österreich.

Demgegenüber muss betont werden, dass das „Wohlbefinden" die Basis für alle weiterführenden Bildungsprozesse ist. Das gilt insbesondere beim Übergang ins Jugendalter, bei dem die extremen Körperereignisse in der Pubertät den Entwicklungsprozess in einer Weise beeinflussen, dass häufig schulische Bildungsprozesse beeinträchtigt werden. Zugleich weist die Betonung des Zusammenhangs von Gesundheit und Bildung in der Kinder- und Jugendgesundheitsstrategie darauf hin, dass die Schule für alle Kinder und Jugendlichen in vielfältiger Weise gesundheitsrelevant ist. Vor dem Hintergrund möchte ich mich in meinem Beitrag dem Verhältnis von Gesundheit, Schule und Bildung in drei Schritten nähern: Erstens geht es darum, zentrale gesundheitsbezogene Aufgaben der Schule zu skizzieren. Zweitens sollen verschiedene Zugänge zu einer „gesunden Schule" aufgezeigt werden, und drittens werden schließlich Chancen und Grenzen einer gesundheitsbezogenen Bildungsarbeit in und durch die Schule reflektiert.

1. Gesundheit als Aufgabe der Schule

Das österreichische Bildungssystem geht bisher davon aus, dass die gesundheitliche Reproduktion der Schüler und Schülerinnen außerhalb der Schule stattfindet. Die Wiederherstellung der physischen, psychischen und sozialen Leistungsfähigkeit wird an die Privatsphäre – die Familie und den außerschulischen Alltag – delegiert, die gewährleisten sollen, dass die SchülerInnen immer wieder aufs Neue lernbereit und bildungswillig in der Schule antreten.

Gegen diese Sichtweise, die die gesundheitliche Verfassung der Schüler und Schülerinnen von der schulischen Bildungsarbeit abkoppelt, lassen sich mehrere Einwände formulieren:

- Sozialepidemiologische Studien belegen, dass die gesundheitliche Reproduktion in der Familie in höchst unterschiedlichem Ausmaß gelingt. Familien können z.B. als Quelle von sozialer Unterstützung, aber auch als Quelle von Stress fungieren (Schnabel 2001: 80ff.; Sting 2007a: 486). Gesundheitsbezogene Verhaltensweisen, körperliche Lebenspraktiken und Potentiale zur psychischen Erholung sind in den verschiedenen Familien und Lebenswelten sehr unterschiedlich ausgeprägt, was Auswirkungen auf die Lernbereitschaft und das Verhalten der Schüler und Schülerinnen im schulischen Alltag hat.
- Schule ist nicht gesundheitsneutral, sondern sie bezieht im Rahmen ihrer Alltagsgestaltung selbst explizit oder implizit zu gesundheitlichen Fragen Stellung. Über die Organisation von Essen und Bewegung (oder Nicht-Bewegung), über die zeitliche und räumliche Gestaltung des Schulalltags, über die Strukturierung von Arbeit und Entspannung usw. ist sie selbst an der Herstellung gesundheitsbezogener Lebensweisen und Lebensstile beteiligt (Demmer et al. 2005: 75).
- Mit der Ausbreitung von Ganztagsschulen verändert sich der Status der Schule: Schule bzw. schulbezogene pädagogische Situationen nehmen mehr Raum im Alltag der SchülerInnen ein und werden dadurch gesundheitsrelevanter. Die Schule wird zu einem wichtigen „Lebensort“, an dem SchülerInnen auch ihre Freizeit verbringen, sich mit Freunden und Freundinnen treffen und zahlreiche Interessen über den Unterricht hinaus verfolgen (z.B. Standop 2008). Der Einfluss der Schule auf das Wohlbefinden und die gesundheitliche Situation der SchülerInnen nimmt damit zu.
- Darüber hinaus werden Kinder und Jugendliche inzwischen als *gesundheitliche Problemgruppe* betrachtet. Chronische Erkrankungen (z.B. Asthma, Allergien, Hauterkrankungen), psychische und psychosomatische Beeinträchtigungen (z.B. Kopfschmerzen, Magenverstimmungen) sowie

Gesundheitsrisiken wie Essstörungen, Bewegungsmangel oder Substanzkonsum werden als Gesundheitsprobleme im Kindes- und Jugendalter thematisiert (Hurrelmann et al. 2003). In der groß angelegten Studie zur Gesundheit von Kindern und Jugendlichen in Deutschland, die 2007 in Deutschland durchgeführt wurde, kommt zu Tage, dass insbesondere das Jugendalter durch zahlreiche gesundheitliche Belastungen charakterisiert ist (Sting 2013: 177). In den österreichischen HBSC-Studien, die den Gesundheitsstatus von 11-17-jährigen SchülerInnen erheben, wird von einem „Pubertätsloch der Gesundheit" bei den 15-Jährigen berichtet (Dür/Griebler/Hojni 2011). Die Entwicklungsanforderungen des Jugendalters und die schulischen Anforderungen scheinen sich gegenwärtig nicht gut zu entsprechen. Ebenso beeinflussen spezifische Gesundheitsbelastungen wie z.B. Übergewicht die Erfolgs- und Partizipationschancen in der Schule (Homfeldt/Ritter 2005: 15f.).

- Die Gesundheitsprobleme im Kindes- und Jugendalter gelten zum einen als Resultat eines prinzipiell veränderbaren gesundheitsbezogenen Verhaltens. Da sich gesundheitsbezogene Lebensstile und Verhaltensweisen in dieser Lebensphase ausbilden (Lohaus 1993: 25; Palentien et al. 1998: 79), liegt es nahe, sie als Bestandteil eines umfassenden Bildungsprozesses zu betrachten. Zum anderen sind sie in einen generellen Wandel der „somatischen Kultur" eingebettet, der dazu führt, dass überlieferte Verhaltensformen im Bereich der Bewegung, der Ernährung, des Sexualverhaltens, der Körperinszenierung usw. an Selbstverständlichkeit verlieren (Rittner 1999). Die Art und Weise, wie wir mit unserem Körper umgehen und uns zu gesundheitlichen Fragen positionieren, wird immer mehr in die Verantwortung des Einzelnen gelegt und damit zu einer Aufgabe, mit der wir uns im Prozess des Aufwachsens auseinandersetzen müssen.

Diese Überlegungen machen deutlich, dass eine Berücksichtigung gesundheitlicher Themen in der Schule unumgänglich ist. Körper und Gesundheit müssen als Bestandteile gelingender Bildungsarbeit betrachtet werden. Bezugspunkt dafür ist ein umfassendes, positives Gesundheitsverständnis in Anlehnung an die Gesundheitsdefinition der WHO (www.who.int 2009). Zentrales, daraus ableitbares Kriterium ist das „Wohlbefinden", das individuellen und sozialen Entwicklungen als Leitorientierung dienen kann. Aus der Perspektive des capability approach gilt das „Wohlbefinden" als Maßstab für die Verwirklichungschancen einer Person (Sting 2011); es ist damit unmittelbar mit den schulischen Bildungschancen verschränkt.

2. Von der Gesundheitserziehung zur „gesunden Schule"

Die schulische Berücksichtigung des Gesundheitsthemas geht mit dem Aufstieg der Medizin einher. Nach dem zweiten Weltkrieg setzte sich eine individuumzentrierte und verhaltensorientierte *Gesundheitserziehung* durch, in der expertenbasierte Verhaltensregeln und gesundheitliche Anweisungen verbreitet wurden. Das Verhalten der Heranwachsenden wie der Gesamtbevölkerung sollte sich an medizinischen Empfehlungen zur Krankheitsfrüherkennung, zur körperlichen und seelischen Hygiene und zur Unfallvermeidung ausrichten. Mit dem Aufstieg chronisch-degenerativer Erkrankungen und dem Aufkommen des biomedizinischen Risikofaktorenkonzepts erweiterte sich die Perspektive der Gesundheitserziehung um Themen wie Rauchen, Übergewicht, Bewegungsmangel oder Stress. Gesundheitserziehung sollte zur Entwicklung eines risikovermeidenden, gesundheitsbewussten Lebensstils beitragen. Zugleich wurde der Widerstand gegenüber diesen fremdbestimmten Verhaltensänderungen „dem Individuum als persönliche Schuld an nachfolgender Erkrankung zurückgespiegelt (‚Blaming the victim')" (Franzkowiak/ Wenzel 2001: 716f.; Naidoo/Wills 2003: 74). Gesundheitserziehung bewahrte damit bis in die 1980er Jahre einen moralisierend-belehrenden Charakter.

Mit der Verabschiedung der „Ottawa-Charta zur Gesundheitsförderung" im Jahr 1986 bündelte die WHO Bemühungen Gesundheit in einem breiteren sozialpolitischen Sinn zu thematisieren. Die Förderung von Gesundheit wurde jenseits der Vermeidung von Risiken und Krankheiten zu einer eigenständigen, positiven Aufgabe erklärt. Sie sollte die Menschen in ihren alltäglichen Lebenszusammenhängen ansprechen und auf die aktive Mitwirkung und Selbstbestimmung der Bevölkerung setzen, da jeder Experte seiner eigenen Gesundheit ist und Einfluss auf die Gesundheit in seiner unmittelbaren Umgebung nehmen kann. Zugleich sollte sie übergreifende Rahmenbedingungen von Gesundheit wie Chancengleichheit und soziale Gerechtigkeit, Frieden und Befriedigung von Grundbedürfnissen (z.B. Wohnen, Arbeit, Lebenssinn) einbeziehen (Ottawa-Charta 1995). *Gesundheitsförderung* wird in den Horizont sozialer Lebensbedingungen eingebettet und mit der Stärkung persönlicher Lebenskompetenzen und sozialer Ressourcen verknüpft. Sie ist nicht mehr nur Aufgabe des Individuums, sondern eine gesamtgesellschaftliche Querschnittsaufgabe unterschiedlicher Politik- und Handlungsfelder (Franzkowiak/Wenzel 2001: 718).

Im österreichischen Bildungssystem knüpft man seit dem „Grundsatzerlass Gesundheitserziehung" des BMUKK von 1997 explizit an das WHO-Konzept zur Gesundheitsförderung an – z.B. auch in Kärnten (www.gesundheitsland.at 2014). In Informationsmaterialien der Bundesministerien zur Umsetzung der

Gesundheitsförderung an Schulen wird explizit für eine system- und umweltbezogene Sichtweise plädiert. Die daraus sich ergebende Neuorientierung wird durch eine prägnante Gegenüberstellung von traditioneller Gesundheitserziehung und gesundheitsfördernder Schule verdeutlicht (Dietscher 2001: 8f.).

Ein Blick auf die praktische Umsetzung zeigt allerdings, dass sich schulische Gesundheitsförderung nur zögerlich aus der Tradition der Gesundheitserziehung befreien kann. Sichtungen der vorhandenen Angebote in Deutschland ergaben, dass verhaltensorientierte, individuumzentrierte Zugänge mit Themen wie Suchtprävention, Ernährung, Bewegung, AIDS und Zahngesundheit überwiegen, wobei die wissensbasierte Gesundheitsbelehrung um Trainings zur Förderung sozialer und allgemeiner Lebenskompetenzen ergänzt worden ist (Schnabel 2004: 288f.; Sting 2003: 31). Zugleich herrschen insgesamt Kurzzeit-Projekte mit Ausnahmecharakter vor (Schreiner-Kürten 2004: 42ff.), die keine nachhaltige Wirkung entfalten können.

Diese Beobachtung gilt auch für die schulischen Angebote in Österreich: Eine Studie des Ludwig-Boltzmann-Instituts zur „Implementierung von Gesundheitsförderung in österreichischen Schulen" im Zeitraum von November 2010 bis Jänner 2012 zeigt, dass die Einführung von Gesundheitsförderung in den untersuchten Schulen wenig geplant und unkoordiniert verläuft. Projekte entstehen aus Gelegenheiten und Bekanntschaften, meist als isolierte Einzelmaßnahmen und auf Initiative von Einzelpersonen. Die vorgefundenen Interventionen haben überwiegend SchülerInnen zur Zielgruppe (also nicht LehrerInnen oder die Schule insgesamt als Organisation und Umwelt). Sie zielen überwiegend auf Verhaltensänderungen, befassen sich mit einfachen Themen (vor allem: Ernährung und Bewegung) und konzentrieren sich auf kurze, häufig eintägige Aktionen, die sich gut in die sonstige schulische Organisation integrieren lassen. Oft wird Gesundheitsförderung von den LehrerInnen als zusätzlicher Stressfaktor erlebt und nicht als Beitrag zu einer Verbesserung des eigenen Wohlbefindens (Teutsch et al. 2012).

Demgegenüber kann Gesundheit in einem umfassenderen Sinn zu einem Kriterium für die „Schulentwicklung" werden (Homfeldt/Schulze-Krüdener 2001: 22f.). Das Schulklima (z.B. soziale Beziehungen in der Schule, Partizipations- und Mitbestimmungsmöglichkeiten, Atmosphäre in der Schulklasse), das Verhältnis der Schule zum kommunalen Umfeld (z.B. zu gesundheitlichen und sozialen Diensten) und die physische Schulumwelt (z.B. Architektur, baulicher Zustand, Infrastruktur) haben Einfluss auf die Gesundheit und wirken als „verdeckter Lehrplan" auf die Gestaltung des Lebensstils ein (Naidoo/Wills 2003: 285; Richter 2005: 303ff.; Schnabel 2004: 287; Paulus 2000: 243ff.). Vor diesem Hintergrund gerät die Schule als gesamtes „*Setting*" in den Blick der Gesundheitsförderung, und die schulische Gesundheitsförderung erweitert sich zum Konzept der *„gesunden Schule"*.

Neben der Förderung gesundheitsbezogener Einstellungen, Verhaltensweisen und Lebensstile geht es im Konzept der „gesunden Schule" um eine Integration von Gesundheitsförderung und Qualitätsentwicklung in der Schule. Diese umfasst laut einer Handreichung der Servicestelle für Gesundheitsbildung vier Bereiche:

1. den Bereich „Lebensraum Schule und Klasse" (z.B. durch die Gestaltung der materiellen und räumlichen Schulumwelt, durch Verbesserung des Arbeitsplatzes Schule und durch die Verzahnung schulischer und außerschulischer gesundheitsrelevanter Angebote);
2. den Bereich „Lehren und Lernen" (z.B. durch die Verknüpfung von Wissensvermittlung und der Vermittlung alltagsrelevanter Fähigkeiten und Fertigkeiten, durch eine Rhythmisierung des Unterrichts und durch selbstständiges Lernen in Projekten);
3. den Bereich „Führen und Schulmanagement" (z.B. durch Förderung von Autonomie und Selbstorganisation, durch die Entwicklung von Teamarbeit sowie einem sozialen Schulklima und durch die Öffnung der Schule zur Gemeinde und die Stärkung von Partizipationsmöglichkeiten);
4. den Bereich „Professionalität und Personalentwicklung" (z.B. durch Sicherung der Arbeitszufriedenheit, durch Ausweitung von Fort- und Weiterbildungen und durch eine gesundheitsorientierte Schulentwicklung) (Give- Servicestelle für Gesundheitsbildung 2014: 17-20).

In der Praxis finden sich dazu Aktivitäten zur Neugestaltung der schulischen Räumlichkeiten, zur Förderung von Bewegung, zum Einbetten von Ruhephasen in die schulische Zeitstruktur, aber auch zur Einbeziehung niedrigschwelliger Beratungsangebote in die Schulen. Ein wichtiger Faktor für die Etablierung eines positiven, unterstützenden Schulklimas ist die Einführung von *Schulsozialarbeit*. Durch ihre vermittelnde Position zwischen SchülerInnen, LehrerInnen und SchulleiterInnen sowie zwischen Schule und Familie bzw. außerschulischen Institutionen kann die Schulsozialarbeit das Wohlbefinden in der Schule deutlich erhöhen. Bereits vorliegende Evaluationen zur Einführung von Schulsozialarbeit an österreichischen (und Kärntner) Schulen belegen, dass SchulsozialarbeiterInnen in den überwiegenden Fällen nach relativ kurzer Zeit als wirkungsvolles Unterstützungsangebot von unterschiedlichen Akteursgruppen erlebt werden (z.B. Adamowitsch et al. 2011; Gspurning et al. 2011; Leitner/Sting 2010; Wetzel et al. 2010). Der Erfolg der Schulsozialarbeit zeigt, dass eine positive, gesundheitsförderliche Schulentwicklung die Erweiterung der bisherigen pädagogischen Professionalität der Schule hin zu einer kooperativen, multiprofessionellen Arbeit erfordert. Neben den LehrerInnen und SchulsozialarbeiterInnen zählen dazu z.B. auch *FreizeitpädagogInnen und Betreuungspersonen für die außerunterrichtlichen Aktivitäten* in der schulischen Tages- oder Nachmittagsbetreuung (Gspurning et al. 2010).

Die Bemühungen um gesunde Schulen haben gezeigt, dass eine positive, gesundheitsförderliche Veränderung von Schulen möglich ist. Das Anliegen der Gesundheitsförderung deckt sich dabei weitgehend mit einer bildungstheoretisch und demokratiepolitisch fundierten Schulentwicklung hin zu einer Schule, in der Partizipation und Mitbestimmung aller Beteiligten eine entscheidende Rolle spielen, in der eine Beziehungskultur der Wertschätzung, des Respekts und der gegenseitigen Akzeptanz vorherrscht, in der eine integrative Schulgemeinschaft und ein positives Schulklima verbreitet sind, in der Unterstützung bei Problemen gewährt wird und in der die unterschiedlichen Potentiale der Beteiligten zur Geltung kommen können (Paulus 2004; www.anschub.de 2014).

Trotz der Deckung der Intentionen von Gesundheitsförderung und Schulreform gelingt es bisher nur begrenzt, die daraus resultierenden Erkenntnisse in aktuelle bildungspolitische Bestrebungen einfließen zu lassen (Homfeldt/Sting 2006: 182). Der Gesundheitsforscher Rosenbrock hat schon vor Jahren darauf hingewiesen, dass sich das Anliegen der Gesundheitsförderung im Widerstreit mit anderen gesellschaftlichen Interessen befindet (Rosenbrock 1998). Die im Rahmen der Gesundheitsförderung propagierte Kultur des Aufwachsens muss sich gegen ein Umfeld durchsetzen, in dem andere Prioritäten und Einflüsse dominieren. Gesunde Schulen befinden sich damit in einem Spannungsfeld widersprüchlicher Interessen. Das Setting Schule bleibt auf dominante gesellschaftliche Strömungen, das Lebensumfeld und dessen Lebensbedingungen bezogen (z.B. Infrastruktur, Milieus, sozioökonomische Rahmenbedingungen); zugleich sind an der Schule beteiligten Akteure in weitere Settings einbezogen (z.B. Familien, Peers, Nachbarschaften) (Schnabel 2004: 281). Gesunde Schulen sind daher mit gesellschaftlich vorgegebenen Grenzen konfrontiert, innerhalb derer sie ihre Chancen und Wirkungsmöglichkeiten reflektieren müssen.

3. Chancen und Grenzen von Gesundheitsförderung und gesundheitsbezogener Bildungsarbeit in der Schule

Die Tatsache, dass schulische Gesundheitsförderung sich mit widersprüchlichen und zum Teil gegenläufigen Interessen konfrontiert sieht, macht es aus meiner Sicht notwendig, die Chancen von Gesundheitsförderung und gesundheitsbezogener Bildungsarbeit in der Schule auch im Hinblick auf ihre Grenzen zu diskutieren. Ich möchte in dem Zusammenhang drei zentrale Grenzen näher betrachten: die Grenze, die der gesellschaftlichen Funktionalität von Schule entspringt; die Grenze, die aus dem Einfluss der Jugendkultur auf den Lebensstil der Schüler und SchülerInnen resultiert, und die Grenze, die sich durch die Auswirkungen sozialer Ungleichheit auf die Gesundheit ergibt.

1. Gesundheit ist nicht das zentrale Anliegen von Schule, sondern bestenfalls deren Voraussetzung. Die zentrale gesellschaftliche Funktion von Schule besteht in der Vermittlung gesellschaftlicher Lern- und Leistungsansprüche. Der Erfolg in der Schule wird zu einem immer unausweichlicheren Nadelöhr, durch das Kinder und Jugendliche auf ihrem Weg zur gesellschaftlichen Integration hindurch müssen. Der gesellschaftliche Blick richtet sich dabei weniger auf die Persönlichkeitsentwicklung der Schüler und Schülerinnen als auf ihr gesellschaftliches Potential als Humankapital (Giesecke 2005). In der gegenwärtigen Konkurrenz der Wirtschaftsstandorte sind die Bildungs- und Kompetenzerwartungen an die Schüler und Schülerinnen gestiegen, was psychosoziale und gesundheitliche Belastungen nach sich zieht und einer wirkungsvollen Gesundheitsförderung entgegensteht. Dennoch bleibt Gesundheit ein wichtiges Aufgabenfeld der Schule, dessen Bedeutung im Rahmen der Ausdehnung des Schulbesuchs und schulbezogener Betreuungsangebote zunimmt. Schule ist ein gesundheitsrelevanter Erfahrungsraum, dessen Lehr-, Lern- und Lebensformen Einfluss auf die Gesundheit und die gesundheitsbezogenen Praktiken der Beteiligten nehmen und der deshalb einer Auseinandersetzung mit seinen gesundheitlichen Effekten bedarf. In ganztägigen Schulen und Betreuungsangeboten ist die Reflexion der gesundheitlichen Effekte besonders relevant, um nicht einer Ausweitung des Bildungsdrucks über den ganzen Tag Vorschub zu leisten. Dem Wohlbefinden und selbstbestimmten Prozessen der Persönlichkeitsbildung müssen gegen die gesellschaftlich dominante Bildungs- und Verwertungslogik Räume eröffnet werden.
2. Der eingangs erwähnte Wandel der somatischen Kultur führt dazu, dass der Umgang mit Körper und Gesundheit nicht mehr selbstverständlich ist, sondern Ergebnis von Selbstreflexion und Selbstgestaltung. Zugleich existieren gesellschaftliche Zwänge zur Herstellung des „richtigen“ Körpers (Rittner 1999) und zur Förderung und Erhaltung von Gesundheit. Die daraus resultierende Ambivalenz zwischen Selbstverfügung und normativen Erwartungen spitzt sich im Jugendalter zu (Sting 2007b: 103f.). Jugendkulturen sind durch expressive Körperpraktiken charakterisiert, die die Selbstverfügung über den Körper mittels körperbezogener Selbstinszenierungen auf die Spitze treiben. Gesundheit spielt dabei auf den ersten Blick keine Rolle. Dies zeigt sich in so unterschiedlichen Praktiken wie

„body modifications" durch Piercings, Tätowierungen und Styling (Kasten 2006), im jugendlichen Substanzkonsum oder Rauschtrinken oder auch in exzessiven Events. Detaillierte Untersuchungen zu diesen Praktiken zeigen allerdings, dass den Jugendlichen Gesundheit in der Regel nicht egal ist, sondern dass sie die Ambivalenz zwischen körperbezogener Selbstinszenierung und Erwartungen der Gesunderhaltung in unterschiedlicher Weise ausbalancieren. Eine Untersuchung von Großegger unter jugendlichen Partygängern zeigte, dass diese Jugendlichen zwar ein explizit gesundheitsbezogenes Verhalten ablehnen, dass sie aber ihre exzessiven Aktivitäten mit bewussten Gesundheitsstrategien ausbalancieren (wie z.B. ausreichend Schlaf danach, einige Tage gesunde Ernährung und Bewegung zur Regeneration). Sie leben eine „Rhythmisierung von (eher) gesund und (eher) ungesund" und wissen dabei über Strategien zur Erhaltung des Wohlbefindens recht gut Bescheid (Großegger 2010: 266f.). Die gesundheitsbezogene Bildungsarbeit kann somit nicht ungebrochen auf einen positiven, gesundheitsförderlichen Lebensstil setzen, sondern sie muss die gesamte Kultur des Aufwachsens mit ihrer Ambivalenz in den Blick nehmen. Jugendliche Körperpraktiken begrenzen die Durchsetzbarkeit gesundheitsförderlicher Lebensstile. Um Anschluss an die gesundheitlichen Perspektiven der Schüler und Schülerinnen zu finden, darf jugendkulturelles Verhalten nicht pauschal als gesundheitsschädlich diskreditiert werden, sondern es bedarf einer differenzierten Wahrnehmung der faktischen jugendlichen Verhaltensweisen und der darin enthaltenen Gesundheitspotentiale.

3. Studien zum Zusammenhang von sozialer Ungleichheit und Gesundheit bringen zum Vorschein, dass Wohlbefinden und Gesundheit in und außerhalb der Schule ungleich verteilt sind und dass – analog zur Bildungsungleichheit – ein linearer Zusammenhang zwischen sozialer und *gesundheitlicher Ungleichheit* besteht (Mielck 2005; Sting 2008). Inzwischen gibt es zahlreiche Daten zur gesundheitlichen Ungleichheit bei Kindern und Jugendlichen, die belegen, dass insbesondere der subjektive Gesundheitszustand, psychosomatische Beschwerden, psychische Auffälligkeiten und Übergewicht entsprechend der sozialen Herkunft ungleich verteilt sind (HBSC Factsheet 2014; Sting 2013: 187). Kardorff und Ohlbrecht betrachten in diesem Kontext z.B. psychosomatische Erkrankungen und Essstörungen als „soziosomatische Reaktionen" auf Erwartungs- und Statusstress, die mit Misserfolgen im Bildungssystem sowie mit Veränderungen in der Familienwelt einhergehen und die vor allem in sozial benachteiligten Milieus zu einer Kumulation von Belastungen führen (Kardorff/Ohlbrecht 2007: 160f.). Der soziale Status

stellt damit eine dritte Grenze für die Förderung des Wohlbefindens und die Etablierung eines gesundheitsförderlichen Lebensstils dar. Bisherige Ansätze der schulischen Gesundheitsförderung sprechen Schülerinnen und Schüler in der Regel mittels generalistischer, von der Homogenität der Schülerschaft ausgehender Zugänge an. Auf diese Weise werden jedoch bestehende Ungleichheiten verdoppelt. Bauer beschreibt dies als „Präventionsdilemma“: „Obwohl Heranwachsende in sozial benachteiligter Lebenslage von einem erhöhten Risiko der Ausbildung selbst- und fremdschädigender Verhaltensweisen betroffen sind, ist die Erreichbarkeit dieser Klientel mit Angeboten der Gesundheitsförderung besonders defizitär“ (Bauer 2005: 14). Die gesundheitsbezogene Bildungsarbeit muss (wie schulische Bildung insgesamt) zukünftig stärker von der Heterogenität der Schülerschaft ausgehen und die Diversität und Ungleichheit der Lebenswelten und somatischen Kulturen berücksichtigen. Unterschiedliche Kontextbedingungen und damit verbundene unterschiedliche „Entwicklungspfade“ erfordern „differentielle Maßnahmen zur Gesundheitsförderung“ (Pinquart/Silbereisen 2004: 67). Ein positives Beispiel aus Kärnten in diese Richtung ist das von „pro mente Kinder, Jugend und Familie“ in Kärnten durchgeführte Mentoringprojekt „Ich & Du“, bei dem Schüler und Schülerinnen im Übergang von der Volksschule in die Sekundarschule von MentorInnen unterstützt werden, die ihnen individuell als Vertrauenspersonen bei unterschiedlichen Fragen und Problemen zur Verfügung stehen (www.promente-kijufa.at 2014).

4. Fazit

Die skizzierten drei Grenzen schulischer Gesundheitsförderung verdeutlichen, dass die „gesunde Schule“ trotz ihrer offensichtlichen Plausibilität nicht ohne Konflikte und Widersprüche zu etablieren ist. Sie muss Räume des Wohlbefindens und einer kind- und jugendgemäßen Entwicklung gegen die Verwertungslogik der Humankapitalperspektive durchsetzen. Sie muss das Anliegen der Gesundheitsförderung mit den Ambivalenzen einer Kultur des Aufwachsens vermitteln, in der die Selbstbestimmung über Körper und Gesundheit mit exzessiven Selbstinszenierungspraktiken und der Aufforderung zu körperlichen Grenzüberschreitungen einhergeht. Und sie muss auf bestehende Ungleichheiten mit einem differenzierten Angebot an Unterstützung und Beratung antworten.

Die gesunde Schule ist damit so spannungsreich und widersprüchlich wie die Gesellschaft selbst – sie ist kein Ort außerhalb, sondern sie ist mitten in der

Gesellschaft angesiedelt. Ihre Entwicklung zur Ganztagsschule führt dazu, dass sie sich längst nicht mehr an einem auf Unterricht und Wissensvermittlung begrenzten Schulmodell orientieren kann, sondern dass sie zu einem relevanten sozialen Lebensort für Schülerinnen und Schüler wird, an dem diese wesentliche soziale Erfahrungen machen, Interessen mit Gleichaltrigen verfolgen und an dem die außerschulischen Voraussetzungen, Lebenserfahrungen und -bedingungen nicht mehr ausgeblendet werden können. Eine dieser Voraussetzungen ist die Gesundheit, die damit zu einer Aufgabe der Schule wird. Die wirkungsvolle Auseinandersetzung mit dieser Aufgabe erfordert ein kooperatives und vernetztes Vorgehen, in dem in der Schule agierende Personen jenseits des Lehrpersonals nicht mehr zu „schulfremden" Personen erklärt werden, sondern in dem Multiprofessionalität zum Schulalltag gehört.

Literatur

Adamowitsch, Michaela/Lehner, Lisa/Felder-Puig, Rosemarie (2011): Schulsozialarbeit in Österreich. Darstellung unterschiedlicher Implementierungsformen. Forschungsbericht. Wien: Ludwig Boltzmann Institute - Health Promotion Research

Altgeld, Thomas/Hofrichter, Petra (Hrsg.) (2000): Reiches Land - kranke Kinder? Frankfurt a. M.: Mabuse

Bauer, Ulrich (2005): Das Präventionsdilemma. Potentiale schulischer Kompetenzförderung im Spiegel sozialer Polarisierung. Wiesbaden: Springer VS

Bundesministerium für Gesundheit (BMG) (2012): Kinder- und Jugendgesundheitsstrategie 2012. Wien

Bundesministerium für Gesundheit (BMG) (2013): Kinder- und Jugendgesundheitsstrategie 2013. Wien

Bundesministerium für Gesundheit, Familie und Jugend (Hrsg.) (2011): 6. Bericht zur Lage der Jugend in Österreich. Wien

Coelen, Thomas/Otto, Hans-Uwe (Hrsg.) (2008): Grundbegriffe Ganztagsbildung. Das Handbuch. Wiesbaden: Springer VS

Demmer, Marianne/Eibeck, Bernhard/Höhmann, Katrin/Schmerr, Martina (Hrsg.) (2005): ABC der Ganztagsschule: Ein Handbuch für Ein- und Umsteiger. Schwalbach/Ts.: Wochenschau-Verlag

Dietscher, Christina (2001): Schritt für Schritt zur gesundheitsfördernden Schule. Ein Leitfaden für LehrerInnen und SchulleiterInnen. Bundesministerium für soziale Sicherheit und Generationen/Bundesministerium für Bildung, Wissenschaft und Kultur. Wien http://give.or.at/fileadmin/template01/download/download_andere/schritt-fuer-schritt.pdf, (Zugriff am 08.08.2014)

Dür, Wolfgang/Griebler, Robert/Hojni, Markus (2011): Die Gesundheit der Jugend in Österreich als Grundlage für politische Maßnahmen. In: Bundesministerium für Gesundheit, Familie und Jugend (2011): 275-293

Ecarius, Jutta (Hrsg.) (2007): Handbuch Familie. Wiesbaden: Springer VS

Franzkowiak, Peter; Wenzel, Eberhard (2001): Gesundheitserziehung und Gesundheitsförderung. In: Otto et al. (2001): 716-722

Geene, Raimund/Halkow, Anja (Hrsg.) (2004): Armut und Gesundheit. Strategien der Gesundheitsförderung. Frankfurt a. M.: Mabuse

Giesecke, Hermann: „Humankapital" als Bildungsziel? Grenzen ökonomischen Denkens für das pädagogische Handeln. In: Neue Sammlung, 3, 2005, 377-389

Give - Servicestelle für Gesundheitsbildung: Schulqualität und Gesundheit. Die gute und gesundheitsfördernde Schule - alle Schulstufen. http://give.or.at/fileadmin/template01/download/download_infoseiten/Give_Schulqualitaet_Gesundheit122013.pdf, (Zugriff am 08.08.2014)

Göpel, Eberhard/Schneider-Wohlfart, Ursula (Hrsg.) (1995): Provokationen zur Gesundheit. Frankfurt a. M.: Mabuse

Großegger, Beate (2010): „Zu viel Gesundheit ist auch nicht gesund, weil da geht mir etwas ab." In: Hackauf et al. (2010): 252-270

Gspurning, Waltraud/Heimgartner, Arno/Leitner, Sylvia/Sting, Stephan (2010). Soziale Qualität von Nachmittagsbetreuungen und Horten. Wien: LIT - Verlag

Gspurning, Waltraud/Heimgartner, Arno/Pieber, Eva Maria/Sing, Eva (2011). Wissenschaftliche Begleitung der Schulsozialarbeit Graz. Institut für Erziehungs- und Bildungswissenschaft der Universität Graz: Graz. Online: (http://www.uni-graz.at/~heimgara/SP/SIM.pdf)

Hackauf, Horst/Ohlbrecht, Heike (Hrsg.) (2010): Jugend und Gesundheit. Weinheim, München: Juventa

HBSC Factsheet 10/2014: Soziale Ungleichheit und Gesundheit bei österreichischen Schülerinnen und Schülern. http://www.gesundeschule.at/wp-content/uploads/2014_FH_Factsheet_Nr_10_soziale_Ungleichheit.pdf, (Zugriff am 08.08.2014)

Homfeldt, Hans Günther (Hrsg.) (1999): „Sozialer Brennpunkt" Körper. Baltmannsweiler: Schneider

Homfeldt, Hans Günther (Hrsg.) (2007): Soziale Arbeit im Aufschwung zu neuen Möglichkeiten oder Rückkehr zu alten Aufgaben? Baltmannsweiler: Schneider

Homfeldt, Hans Günther/Ritter, Annette (2005): Das dicke Kind. Herausforderungen für die Soziale Arbeit. Baltmannsweiler: Schneider Hohengehren

Homfeldt, Hans Günther/Schulze-Krüdener, Jörgen: Schulsozialarbeit: eine konstruktiv-kritische Bestandsaufnahme. In: neue praxis 31, 2001. 9-28

Homfeldt, Hans Günther/Sting, Stephan (2006): Soziale Arbeit und Gesundheit. Eine Einführung. München: Reinhardt

http://www.anschub.de/fileadmin/inhalte/Downloads/Vollstaendige_Themenhefte/GGs.pdf, (Zugriff am 08.08.2014)

http://www.gesundheitsland.at/default.aspx?pagetype=main&SIid=19&a=l, (Zugriff am 08.08.2014)

http://www.promente-kijufa.at/index.php?subregion=174&lang=deu, (Zugriff am 08.08. 2014)

http://www.who.int/governance/eb/who_constitution_en.pdf, (Zugriff am 08.05.2009)

Hübner-Funk, Sibylle: Körperbezogene Selbstsozialisation. Varianten sozio-kultureller Überformung jugendlicher „Bodies". In: Diskurs, 13, 2003, H. 3, S. 5-9

Hurrelmann, Klaus/Klocke, Andreas/Melzer, Wolfgang/Ravens-Siebener, Ulrike (Hg.) (2003): Jugendgesundheitssurvey. Weinheim, München: Juventa

Hurrelmann, Klaus/Klotz, Theodor/Haisch, Jochen (Hrsg.) (2004): Lehrbuch Prävention und Gesundheitsförderung. Bern: Huber

Kardorff, Ernst v./Ohlbrecht, Heike: Essstörungen im Jugendalter – eine Reaktionsform auf gesellschaftlichen Wandel. In: Diskurs Kindheits- und Jugendforschung 2, 2007. 155-168

Kasten, Erich (2006): Body-Modification. Psychologische und medizinische Aspekte von Piercing, Tattoo, Selbstverletzung und anderen Körperveränderungen. München: Reinhardt

Knapp, Gerald/Pichler, Heinz (Hrsg.) (2008): Armut, Gesellschaft und Soziale Arbeit. Klagenfurt/Ljubljana/Wien: Hermagoras

Koordinierungsstelle Gesundheitsförderung im BMUKK (2014): Verankerung von „Health Literacy" in der Pädagog/innenbildungNEU. http://www.gesundeschule.at/wp-content/uploads/Arbeitsunterlage_HealthLiteracy_PaedagogInnenbildungNEU_02_2014.pdf, (Zugriff am 08.08.2014)

Leitner, Sylvia/Sting, Stephan (2011): Evaluation des Pilotprojektes "Schulsozialarbeit in Kärnten" - Endbericht der qualitativen Evaluierung. Klagenfurt: Universität Klagenfurt

Lohaus, Arnold (1993): Gesundheitsförderung und Krankheitsprävention im Kindes- und Jugendalter. Göttingen: Hogrefe

Mielck, Andreas (2005): Soziale Ungleichheit und Gesundheit. Bern: Huber

Naidoo, Jennie/Wills, Jane (2003): Lehrbuch der Gesundheitsförderung. Köln: BZgA

Ottawa-Charta zur Gesundheitsförderung (1995): In: Göpel et al. (1995): 279-283

Otto, Hans-Uwe/Thiersch, Hans (Hrsg.) (2001): Handbuch Sozialarbeit/Sozialpädagogik. Neuwied, Kriftel: Luchterhand

Palentien, Christian/Settertobulte, Wolfgang/Hurrelmann, Klaus (1998): Gesundheitsstatus und Gesundheitsverhalten von Kindern als Grundlage der Prävention. In: BZgA 1998: 79-89

Paulus, Peter (2000): Gesundheitsfördernde Schulen als Gegenpotential zum Leben? In: Altgeld et al. (2000): 235-259

Paulus, Peter (2004): Anschub.de – Mit Gesundheit Schule machen! In: Geene et al. (2004): 50-53

Pinquart, Martin; Silbereisen Rainer K. (2004): Prävention und Gesundheitsförderung im Jugendalter. In: Hurrelmann et al. (2004): 63-71

Rauschenbach, Thomas/Borrmann, Stefan (Hrsg.) (2013): Herausforderungen des Jugendalters. Weinheim: Beltz

Richter, Matthias (2005): Gesundheit und Gesundheitsverhalten im Jugendalter. Wiesbaden: Springer VS

Rittner, Volker (1999): Körper und Identität. Zum Wandel des individuellen Selbstbeschreibungsvokabulars in der Erlebnisgesellschaft. In: Homfeldt (1999): 104-116

Roeßiger, Susanne, Merk, Heidrun (Hrsg.) (1998): Hauptsache gesund! Gesundheitsaufklärung zwischen Disziplinierung und Emanzipation (Ausstellungskatalog). Marburg: Jonas Verlag

Rosenbrock, Rolf, (1998): Wa(h)re Gesundheit. In: Roeßiger et al. (1998): 202-216

Schnabel, Peter-Ernst (2001): Familie und Gesundheit. Bedingungen, Möglichkeiten und Konzepte der Gesundheitsförderung. Weinheim, München: Juventa.

Schnabel, Peter-Ernst (2004). Gesundheitsförderung in Familien und Schulen. In: Hurrelmann et al. (2004): 281-291

Schreiner-Kürten, Karin (2004). GKV-Engagement in der schulischen Gesundheitsförderung am Beispiel der AOK. In: Geene et al. (2004): 42-49

Sedmak, Clemens/Babic, Bernhard/Bauer, Reinhold/Posch, Christian (Hrsg.): Der Capability-Approach in sozialwissenschaftlichen Kontexten. Wiesbaden: Springer VS

Standop, Jutta (2008): Grundschulen in ganztägiger Form. In: Coelen et al. (2008): 527-537

Sting, Stephan (2007a): Gesundheit. In: Ecarius (2007): 480-499

Sting, Stephan (2007b): Der Körper als Bildungsthema. In: Homfeldt (2007): 102-112

Sting, Stephan (2011): Gesundheit als Basic Capability. Einflüsse von Armut und Benachteiligung auf das Aufwachsen von Kindern und Jugendlichen. In: Sedmak et al. (2011): 139-150

Sting, Stephan (2013): Jugend und Gesundheit. In: Rauschenbach et al. (2013): 177-197

Sting, Stephan (2003): Gesundheit bei Kindern und Jugendlichen in Sachsen (Expertise zum Zweiten Sächsischen Kinder- und Jugendbericht). Dresden: Staatsministerium für Soziales.

Sting, Stephan (2008): Gesundheitliche Ungleichheit. In: Knapp et al. (2008): 419-439

Teutsch, Friedrich/Guggenberger, Lisa/Adamowitsch, Michaela/Felder-Puig, Rosemarie/ Dür, Wolfgang (2012): Studie zur Implementierung von Gesundheitsförderung in österreichischen Schulen. LBIHPR Forschungsbericht. Wien.

Wetzel, Konstanze/Braun, Karl-Heinz/Hönig, Barbara (2010): Evaluation des Pilotprojektes „Schulsozialarbeit in Kärnten“. Endbericht der quantitativen Evaluierung. Feldkirchen: Fachhochschule Kärnten.

Innovatives Schulmanagement – Eine Herausforderung: Ganztägige Praxis Handelsschule NEU

Melitta Trunk

Motivation für die Entscheidung, mich als Direktorin der HAK Villach zu bewerben, mich einer neuen Herausforderung in meinem bisherigen vielfältigen beruflichen Leben zu stellen, war meine Erkenntnis, dass der Reformbedarf an der HAK Villach sehr groß und umfassend war. Dieses Wissen beruhte auf Erfahrungen und Gesprächen mit SchülerInnen und mit KollegInnen, weil aus meiner Sicht viele Lehrer vieles tun wollten, dass aber Aktivität und Innovation an der Schule nicht besonders en vogue waren. Natürlich war mir auch das wenig gute Image der Schule aus Kontakten mit WirtschaftsvertreterInnen bekannt.

Sogar Innovationen wie die Teilzentrale Reifeprüfung, die dringende Neukonzeption der Handelsschule, der HAK Lehrplan Neu, die Modulare Oberstufe, die allesamt entweder als Entwurf, Gesetz, Verordnung oder als brennendes Problem (HAS) vorlagen, wurden nicht in Angriff genommen und selbst entsprechende Vorarbeiten wie Information der SchülerInnen, Eltern, Beschlüsse im SGA, Ausbildung der LehrerInnen, Projektierung, Personalentwicklung u.v.m wurden nicht erledigt.

Vorstellungen und Visionen für die Tätigkeit als Direktorin an der Bundeshandelsakademie Villach

Gerade die aktuellen und künftigen Herausforderungen an die österreichischen Schulen im allgemeinen und die HAK Villach im Besonderen sind es, die mich motivieren, mich aktiv als Direktorin mit Entscheidungs- und Führungskompetenz in die Gestaltung, Planung und Umsetzung der Schulentwicklung mit der Priorität der Implementierung der umfassenden Qualitäts- und Bildungsstandards einzubringen.

Die innovativen Formen des Lehrens und Lernens, die damit verbundene neue Rolle des Lehrers als Coach mit einem sehr komplexen Aufgabenbereich, die durch die veränderten gesellschaftlichen Rahmenbedingungen äußerst stark geforderten SchülerInnen und Eltern erfordern eine zeitgemäße Kultur der Führung und Zusammenarbeit im schulischen und außerschulischen Bereich.

Die notwendige Weiterentwicklung und Positionierung der HAK Villach im Rahmen des Schulsystems und des internationalen Wirtschafts- und Kulturraumes des Bezirkes Villach mit besonderer Berücksichtigung und Nutzung der Alpe Adria Region machen Innovation, Kreativität, globales Denken mit lokaler Verantwortung, die Fähigkeit MitarbeiterInnen zu motivieren und ihnen Chancen sich extern und intern zu qualifizieren unerlässlich.

Motivation und Vertrauen durch Zutrauen & Wertschätzung

Meinem Leadershiptypus entsprechend baue ich auf eine transparente Organisationsstruktur und teamorientierte Führung mit verbindlicher Verantwortung. Die Motivation zur aktiven Mitgestaltung aller direkt und indirekt an der Schulentwicklung Beteiligten zu fördern und zu fordern hat hohe Priorität.

Die Wechselwirkung von kommunikativer, operativer, sozialer und kreativer Intelligenz schafft ein Arbeitsklima und eine Form der Kooperation, die partnerschaftlich, demokratisch, transparent und lösungsorientiert ist. Dieses Klima ist für mich Basis und Voraussetzung für das Arbeiten und Entwickeln einer Schule, die kompetenzorientiert ausbildet, die die Bereitschaft zur Leistung, zur sozialen und gesellschaftlichen Verantwortung im Schulalltag lebt.

Im Rahmen der Personalentwicklung habe ich ein ausgeprägtes Sensorium für das Erkennen, Wahrnehmen und Nutzen aller Ressourcen und Qualifikationen der MitarbeiterInnen.

Basierend auf einem erstmals an dieser Schule entwickelten Organigramm und einer sich daraus entwickelten transparent strukturierten Personal- und Karriereplanung aller MitarbeiterInnen gibt es die freiwillige Möglichkeiten zur Erweiterung der individuellen Qualifikation und Kompetenz (für LehrerInnen und SchülerInnen) und eine entsprechende Anerkennung in Form eines schulinternen „Ausbildungs- Praxis- Qualifikationspasses". Dieser ist Grundlage für gesonderte Zertifikate für SchülerInnen, die mit dem Abschlusszeugnis und dem Reifeprüfungszeugnis offiziell verliehen werden. Dies entspricht einem übersichtlichen Ausbildungsportfolio für SchülerInnen, die damit einen wesentlichen Startvorteil bei Stellenbewerbungen und Praktikumsbewerbungen haben.

Für LehrerInnen und nichtwissenschaftliche MitarbeiterInnen haben solche Zusatzqualifikationen und der Nachweis eines besonderen Engagements den Vorteil, dass sie bei Belohnungen, Karrieresprüngen, Funktionen in der flachen Hierarchie der Lenkungsgruppe/Stabsstellen im Rahmen der Schulentwicklung klare Priorität haben.

Neu eingeführt werden jährliche MitarbeiterInnengespräche zur Verbesserung der individuellen Zufriedenheit, auch weil sie identitätsstiftend sind und Qualitätssteigerung, der eigenen und gemeinschaftlichen Leistung inkludieren.

Dazu gehört neben dem Bekenntnis auch das Konzept für eine engagierte MitarbeiterInnenbeteiligung an der Schulentwicklung wie: Schaffung von Raum, Zeit, Infrastruktur:

Zur Förderung und Unterstützung bei der Entwicklung und Umsetzung der Ideen und Projekte erhalten die schulinternen Stabsstellen wie

Fachgruppen, Qualitätsbeauftragte, Kustoden, Kompetenzteams, im Rahmen von Konferenzen und Dienstaufträgen geplante Zeit, Infrastruktur für ihre Beratungen und die Arbeit an Projekten.

Gleiches gilt für die Schulpartner, Klassen/SchulsprecherInnen, den Elternverein, den Verein zur Förderung der HAK Villach, die Personalvertretung, den Absolventenverein, Wirtschaftspartner, Kooperationspartner wie Öffentliche Institutionen und Vereine, welchen Räumlichkeiten und Infrastruktur zur Verfügung gestellt werden.

Zur Aktivierung und Belebung der bisher ziemlich geringen Beteiligung der SchülervertreterInnen und ElternvertreterInnen wird gemeinsam eine neue Form der Eltern-Schülerkommunikation erarbeitet. Regelmäßig geplante Meetings, Besprechungen mit der Direktorin und im Bedarfsfall mit den Stabsstellen, eine neue kundenorientierte Form des Elternsprechtages ohne Warteschlangen und eine neue Form der engen identitätsstiftenden Form der Kooperation mit dem Elternverein.

Corporate Governance Code – Zutrauen schafft Vertrauen

Als Wirtschaftsschule gehört es zum Standard, dass es für den Bildungsbetrieb einen transparenten und für alle zugänglichen und möglichst von allen gelebten Corporate Governance Code gibt, weil gelebte schulische Mitarbeiterkultur als positives, berechenbares und attraktives Image nach außen wirkt.

Arbeitsklima und Verhaltenscodex werden im Schulgemeinschaftsausschuss definiert und in den Verhaltensvereinbarungen, zu welchen sich alle Schulpartner durch Unterschriftsleistung bekennen, beschlossen. Diese theoretische und praktische Bewusstseinsausbildung dient der Verbesserung der Qualität des Arbeitsplatzes Schule mit direkter Auswirkung auf den Schulalltag und die Persönlichkeitsentwicklung der Auszubildenden.

Migration als Herausforderung & Chance – Internationale Schule

Die Realisierung des ESF geförderten Projektes: Deutsch für Ausländer, Deutsch als Zweitsprache mit Zertifikat; Cross Culture Communication und identitätsfördernde Projekte sind nur Teilbereiche eines Gesamtkonzeptes zur positiven Nutzung der Tatsache, dass SchülerInnen aus 16 Nationen an unserer Schule arbeiten und leben.

Neue Schwerpunkte und neue Ausbildungszweige und -wege

Aufbauend und ausgehend von den erfolgreichen Zweigen an der HAK Villach und den vom Ministerium geplanten neuen Lehrplänen der Handelsschule Neu und der Handelsakademie Neu soll das Bildungsangebot erweitert, an die Berufs- und Wirtschaftsrealität angepasst ,ausgebaut werden. Basis dafür ist ein Sprachenkompetenzzentrum an der Wirtschaftsakademie.

Neue Ausbildungszweige sollen etwa eine Schule für Journalismus, Werbung, Medien & Recht, ein Ausbildungszentrum für grenzüberschreitende Unternehmenskooperation im Alpe-Adria-Raum werden.

Darüber hinaus wurde dieses Jahr eine weitere Kooperationen, aufbauend auf den Erfahrungen der bestehenden Kooperationen mit den NMS Völkendorf, Lind, Arnoldstein, auch in Treffen vertraglich fixiert.

In definierten Schwerpunktklassen soll es für SpitzensportlerInnen durch eine gesonderten Stundenplan, durch Synergien, gemeinsame Nutzung von Infrastruktur, und engen Kontakt zu Vereinen eine realistische und schaffbare Ausbildung angeboten werden.

Diese Zusammenarbeit schafft einerseits Wissens- und Praxisaustausch für alle Beteiligten und neue Arbeitsplätze für Lehrerinnen.

Gleiches gilt für die angestrebte Kooperation der HAK Villach mit Berufsschulen im Rahmen der Lehre mit Matura.

Plattform Offene Schule - Ort der Begegnung

Die Hak Villach wird zum Ort der Begegnung von nationalen und internationalen Experten aus Wirtschaft, Kunst, Kultur, Sport, Wissenschaft, Forschung und Öffentlicher Verwaltung im Rahmen von Veranstaltungen, und Ausstellungen von kulturellen, politischen und sozialen Initiativen. Diese Plattform soll der Imagebildung, der Förderung der Aus- und Weiterbildung der SchülerInnen, Absolventen und der interessierten Öffentlichkeit dienen.

Lebensraum Schule - das Milieu bestimmt die Qualität

Renovierung und Adaptierung der baulichen Infrastruktur. Die räumliche Infrastruktur bedarf einer schrittweisen Renovierung und Adaptierung, um die Schule zu einem zeitgemäßen, attraktiven und mitarbeitergerechten Lehr- und Lernort für SchülerInnen und LehrerInnen zu machen.

Eine Mediatec als Folgeprojekt der herkömmlichen Bibliothek bietet die Möglichkeiten für pendelnde SchülerInnen in der Wartezeit zu arbeiten, sich zu erholen.

Eine in diesem Sommer errichtete Mensa bietet die Möglichkeit ein ernährungsbewusstes Essen einzunehmen, zumal die Wirtschaftsakademie mittlerweile zur ganztägigen Schulform mutierte.

Qualitätsmanagement: Das Jetzt bestimmt die Zukunft

Die Teams der Schulentwicklung arbeiten inhaltlich an einer:

- Methodischen und inhaltlichen Neuausrichtung des kompetenzorientierten Unterrichts,
- neuen Form der transparenten Beurteilung,
- der Implementierung der umfassenden Qualitäts- und Bildungsstandards,
- Vorbereitung und Umsetzung der teilzentralen Reife- und Diplomprüfung,
- Umsetzung des modularen Systems
- Umsetzung des neuen Fördersystems

Neupositionierung der HAK Villach im Wirtschafts- und Kulturraum der Alpe-Adria-Region

Die Schaffung einer Dachmarke: „Handelsakademie-next level – Wirtschaftsakademie Villach" soll alle Handelsakademien unter einem Dach zur Zusammenarbeit motivieren und Synergien nutzen, Effizienz steigern und Kooperation statt Konkurrenz ermöglichen.

Gleichstellungsbedingungen – Genderprojekt

Schulinterne Evaluierung der Arbeits- und Rahmenbedingungen für SchülerInnen und LehrerInnen werden realisiert und im Schuljahr 2014/2015 umgesetzt.

Stärkung des Leistungswillens und der sozialen Kompetenz

Fördern und fordern

Bonussystem für alle MitarbeiterInnen, SchülerInnen, LehrerInnen (u.a. nach dem Modell des Unternehmens Green-One-Tech)

Priorität: Praxis HAS NEU

Die Entscheidung im Rahmen der umfangreichen Schulentwicklung der PRAXIS-HAS-NEU Priorität zu geben war letztlich auch eine Herzensangelegenheit, weil mir Menschen, die eher an den Rändern unserer Gesellschaft leben, eben näher stehen als andere. „Stark für die Schwachen und laut für die Leisen"- mein Lebensmotto hat mich zur Themenwahl bewegt.

Projektbeschreibung PRAXIS HAS - ein Schulversuch

Motivation

Eine sowohl inhaltlich, strukturell , methodisch- didaktisch, pädagogisch und organisatorisch neue Ausbildungsform für HandelsschülerInnen an der Wirtschaftsakademie Villach zu entwickeln und zu implementieren, beruhte auf der jahrzehntelangen Erfahrung als Lehrerin, die auch – vor allem freiwillig und bewusst – in der Handelsschule unterrichtet hat.

Während die HAS in den Anfangszeiten eine attraktive Form der Fachschule für wirtschaftliche Berufsorientierung darstellte, mutierte diese Schulform im Laufe der letzten Jahre zu einer wichtigen Form der Integration von SchülerInnen, die einerseits die Qualifikation für die HAK nicht nachweisen konnten, die in der HAK nicht reüssieren konnten und daher in die HAS wechselten und andererseits für SchülerInnen, die sich für diesen Ausbildungszweig vor allem deshalb entschieden, weil sie keine Lehrstelle fanden. Hinzu kamen SchülerInnen mit Migrationshintergrund, die aufgrund mangelnder Sprachkenntnisse in Deutsch Probleme hatten, eine höhere Schule erfolgreich zu absolvieren.

Hinzu kam die Problematik der politisch verordneten „Ausbildungsgarantie" für alle österreichischen SchülerInnen und der nicht vorhandenen adäquaten Ausbildung. Das bestärkte mich in dem Vorhaben als neue Direktorin, dieses Defizit im Bildungsangebot an unserer Schule durch eine neue Ausbildungsform zu beheben.

Dieser Vision kam der vom Unterrichtsministerium bekundete Wille entgegen, einen Schulversuch für eine entsprechend innovative, zeitgemäß reformierte Ausbildungsform für eine berufsbildende mittlere Wirtschaftsschule zu befürworten.

Strategie der Umsetzung

All diese Voraussetzungen kennend, nahm ich das Projekt in Angriff, weil es meinen Vorstellungen als Direktorin entspricht, Innovationen, die eine Steigerung der Qualität einer zukunftsorientierten Ausbildung zum Inhalt haben umzusetzen und mich auch mit Widerständen und Konfliktpotential auseinanderzusetzen. Natürlich war mir klar, dass nicht alles auf Anhieb, etwa in Form der Realisierung der Chance zur Erprobung im Rahmen eines Schulversuches gelingen würde.

Im Herbst 2012 gab es nach einer breit angelegten Information aller LehrerInnen bei der Pädagogischen Konferenz eine hundertprozentige Zustimmung zum Schulversuch der Praxis Handelsschule Neu. Weniger aus Begeisterung gab es dieses JA sondern naturgemäß, weil dieser Schulversuch nur ein Drittel der Lehrer betreffen und treffen würde. Zudem habe ich den KollegenInnen unmissverständlich erklärt, dass ausschließlich sehr engagierte LehrerInnen, die an der Schulentwicklung auch bisher schon beteiligt waren, in diesem Schulversuch unterrichten würden.

Ich bildete in Kenntnis und auf Grundlage der Kompetenzen der jeweiligen LehrerInnen ein Schulentwicklungteam „HAS NEU“, um das Projekt mental, inhaltlich, didaktisch, organisatorisch vorzubereiten.

Ausgangslage und Konzeption der PRAXIS HAS NEU

Die HAS mutierte also von der anerkannten eigenständigen Fachschule mit einer sehr hohen späteren Beschäftigungssicherheit zu einer Schule, deren Image zunehmend weniger attraktiv war, kaum Jobchancen implizierte und daher an Ansehen rapide verlor. Damit einher ging natürlich auch ein extrem geringes Selbstwertgefühl der SchülerInnen, was sehr oft dazu führte, dass Handelsschulklassen auch auffallend viele disziplinäre Probleme hatten.

Auch die Auswahl der LehrerInnen in der Zuteilung zum Unterricht in der Handelsschule war weniger geprägt von einem pädagogischen Anforderungsprofil, das sich am Selbstverständnis der SchülerInnen orientierte und an den methodisch didaktischen Herausforderungen als vom Charakter einer „Strafversetzung“. Zu viele Lehrer sahen ihre Tätigkeit zunehmend als unattraktiv und Zwangszuweisung, daher war auch das Level der Motivation der Unterrichtenden extrem niedrig.

Dass die Attraktivität dieser Schulform zunehmend geringer wurde, beweist auch die Tatsache, dass immer weniger Handelsakademien diese Schulform führen.

Auch der Blick in die Schülerstatistik zeigte, dass diese Schulform eine besorgniserregende Dropout Quote verzeichnete. Eine Erhebung im Zeitraum 2000-2011 zeigte, dass im Durchschnitt nach dem 1. Jahr 45% der anfangs gemeldeten SchülerInnen wieder ausstiegen, entweder weil sie die Klasse nicht erfolgreich abschließen konnten (28%) oder weil sie mittlerweile einen Lehrplatz gefunden haben (12%) oder weil sie Hilfsarbeiter - oder sonstige Tätigkeiten ausführten oder arbeitslos waren. Nach dem 3. Jahr waren es im Durchschnitt 62- 78%.Folglich absolvierten lediglich 38- 22% aller SchülerInnen die Ausbildung erfolgreich mit einem Abschluss.

Damit einher ging ein geringes Selbstwertgefühl der Lehrerinnen und SchülerInnen, weil das Image zunehmend negativer wurde.

Die Handelsschule galt zudem als „Auffangschule" für gescheiterte HAK SchülerInnen.

Die Handelsschule wurde selbstbestimmt kaum als weitere Ausbildungsform gewählt, sondern eher aus der Notsituation heraus, dass die jungen Menschen weder einen Lehrplatz fanden noch eine andere Perspektive hatten.

SchülerInnen, die noten-und leistungsmäßig die Aufnahmekriterien für die HAS nicht erfüllten, besuchten lieber den Polytechnischen Lehrgang, weil der Polytechnische Lehrgang zwar ebenso wenig attraktiv war aber für SchülerInnen „einfacher", um zu einem positiven Abschluss der 9. Schulstufe zu kommen. Zudem war der Zugang zur HAS mit einem Zeugnis des Polytechnischen Lehrganges ohne Aufnahmeprüfung automatisch gegeben.

Daher meldeten sich für die HAS auch vorwiegend SchülerInnen, die über den Umweg eines 9. Schuljahres im Polytechnischen Lehrgang eine automatische Berechtigung hatten; Motiv war auch in diesem Fall, dass sie keine Lehrstelle fanden.

Der gesellschaftliche Trend zur Höherqualifizierung auch als Erfordernis der Zeit und der Wirtschaft führte dazu, dass die Handelsschüler kaum mehr einen Job fanden, weil man in der Wirtschaft in der Beschäftigung zunehmend auf HAK Absolventen abzielte.

Kriterien der Praxis HAS NEU

Die Analyse und Evaluation der traditionellen Form der Handelsschule mit ihren oben beschriebenen Defiziten war letztlich auch die Basis und der Ansatz bei der Entwicklung der Kriterien für die Praxis HAS NEU

- Eine Infrastruktur, die in zeitlicher, pädagogischer und methodischer Hinsicht der Realität und dem potentiellen SchülerInnenprofil entspricht.
- Eine Ausbildung, die praxisnahes, individuelles und betreutes Lernen im Blick hat.
- Eine Lernumgebung und Arbeitsräume, die praktisches Arbeiten zulassen, ermöglichen und fördern, durch eine vielfältige Lernumgebung, die aktives, selbstverantwortetes und selbst-gesteuertes Lernen als didaktisches Basiskonzept haben.
- Die Umsetzung der Praxis in einem Office als eigenem Lernraum, einer Lernplattform - HAK-NK-Site, Moodle Kurs und externen Venture in Practice Days.

- Eine kompetenz- und ergebnisorientierte Didaktik, die immer die Persönlichkeit des Schülers im Blickfeld hat.
- Gruppen- und Teamarbeit, die das Zusammenspiel von kognitiven, sozialen und emotionalen Lernkomponenten aktiviert.
- Lernfirma und Persönlichkeitsbildung als Unterrichtsprinzip in allen Gegenständen.
- Ein Spiralkonzept, das die Firma im Zentrum sieht, um welche sich die Gegenstände und Unterrichtseinheiten drehen. Alle Unterrichtsgegenstände konzentrieren sich auf den jeweiligen Firmenschwerpunkt, der monatlich wechselt.
- Ein verpflichtendes Praktikum als Voraussetzung für die Zulassung zur Abschlussprüfung.
- Motivation durch Identifikation mit Schule und Schultyp.
- Schule in der Schule-daheim frei! – Eine ganztägige Schule mit innovativen Formen des Lernens in der Praxis.
- Die Klasse arbeitet mit einer real existierenden Firma als Kooperationspartner.
- Lehrer als Coach: Die SchülerInnen werden von Lehrern im Sinne des eigenverantwortlichen und selbständigen Arbeitens und Lernens gecoacht. Bei der Vermittlung geht es immer um Kompetenzorientierung: was wir lernen, setzen wir ganz konkret praktisch um.
- Mittagspause: Es gibt wie in jeder Firma auch – eine einstündige Mittagspause, in der es die Möglichkeit gibt, gemeinsam ein warmes Essen in der neu errichteten Mensa einzunehmen.
- Alle Übungen, „Hausaufgaben", individuelle Fördermaßnahmen finden in der Schule statt, im Rahmen der EU geförderten KOEL Stunden (kompetenzorientiertes, eigenverantwortliches Lernen), damit die SchülerInnen nach dem Unterricht Freizeit genießen können und die Eltern mit Schulangelegenheiten nicht belastet werden.

Zeithorizont und inhaltliche Darstellung

Ich werde zunächst versuchen, den engagierten Prozess der Entwicklung der völlig neuen Form der PRAXIS HAS NEU - next level, die nunmehr seit letztem Schuljahr lebt, darzulegen, um dann in einem weiteren Schritt, eine 1. Evaluation zu dokumentieren.

Meilensteine

- 13. November 2012: Teambesprechung Direktion
- November: Informationen sammeln (Klagenfurt/Spittal); 22. November Schulbesuch in Neunkirchen
- Dezember: Schulversuchsantrag erstellen und einreichen
- 11.12. Besprechung Direktion; Präsentation der Zwischenergebnisse bei Pädagogischer Konferenz
- Marketingkonzept (WEBSITE, Tag der Offenen Tür)

Nach vielen spannenden Vorgesprächen mit KollegInnen, Eltern, SchülerInnen Wirtschafts- und BildungsexpertInnen, die ich führte, um meine Idee von einer völlig neuen Ausbildungsform nach der mir vorschwebenden Idee der PRAXIS HAS sowohl vom Bedarf her als auch pädagogisch didaktisch und aus der Sicht des Arbeitsmarktes und der Berufsbilder abzusichern, formte ich ein kleines Team mit KollegInnen an meiner Schule, um die Idee weiter zu entwickeln, diese in den Lehrkörper zu tragen und unsere vorgesetzten Entscheidungsstellen damit zu konfrontieren.

Start war der 13. November 2012 bei einem informellen Meeting in meinem Büro. Dass dabei alle LehrerInnen dieses Teams im wahrsten Sinne des Wortes Feuer und Flamme waren, hätte ich mir nicht erträumt. Es lag wohl auch an der heterogenen Zusammensetzung des Teams, das bei aller Unterschiedlichkeit eines verband, das Engagement für eine bessere Entwicklung unserer damaligen Handelsakademie aus Gründen der Zukunftssicherung auch der Beschäftigung der LehrerInnen (70 Prozent des Lehrpersonals sind nicht pragmatisiert). Die stetig sinkenden SchülerInnenzahlen sorgten für Existenzsorgen einerseits und waren andererseits getragen von dem idealistischen Willen, ein zeit-und-zukunftssicheres Bildungsangebot im Raum Villach zu entwickeln.

Sofort begaben wir uns in der Freizeit als Team, dem auch SchülerInnen der traditionellen Handelsschule angehörten, auf Fact Finding Mission.

Wir besuchten andere Handelsschulen in Kärnten und in Neunkirchen, einer Schule, die ebenso wie wir auf Innovationskurs waren.

Neben der inhaltlichen Konzeption im Team, kümmerte ich mich um die formalen Angelegenheiten der Antragstellung eines Schulversuches.

Bereits einen Monat nach dem ersten Teamgespräch konfrontierten wir alle KollegInnen unserer Schule im Rahmen einer pädagogischen Konferenz mit den ersten Ergebnissen unserer Arbeit und der formalen Abstimmung der *Zustimmung zur Antragstellung eines Schulversuches.* Die einhellige Zustimmung des Kollegiums ermöglichte die weitere Befassung der Antragstellung im SGA. Dieser Sitzung ging natürlich eine interne Informationskampagne voraus, sowohl auf SchülerInnenebene als auch mit den Eltern.

Nachdem alle schulinternen Ebenen Zustimmung erteilten, nützten wir die Weihnachtsferien zur Erarbeitung eines Marketingkonzeptes für den Tag der offenen Tür, denn wir waren uns auch der Hürden bewusst.

Wir mussten ja mit einem fast radikal geänderten Bildungsangebot auch die zukünftigen SchülerInnen erreichen, die sich bereits im Februar anmelden sollten. Der größte Unsicherheitsfaktor war, dass unser Konzept eine ganztägige Schulform darstellte im Gegensatz zum früheren Modell ohne Nachmittagsunterricht.

Inhaltlich arbeiteten wir daher an einem Konzept, das garantieren musste, dass wir eine Ausbildung nach dem Motto „Schule in der Schule" real anbieten – keine Hausaufgaben, kein Lernen daheim, keine Nachhilfestunden, geringe Drop-Out-Quote.

Dazu benötigten wir auch eine Infrastruktur wie eine Mensa, die es nicht gab. Bis zu diesem Zeitpunkt gab es ein sogenanntes Buffet, das 2mal täglich für 10 Minuten am Vormittag geöffnet war und den typischen Charakter eines Zubrotes für den pensionierten Schulwart hatte, wobei das Zubrot nicht etwa eine gesunde Jause darstellte sondern eine Vielzahl von Getränkeautomaten gespickt mit Süßigkeiten, Pizza und ungesunden Getränken.

Meine Aufgabe war es „nebenbei" die Umbaugenehmigung für eine Mensa, samt Finanzierung zu erreichen. Die Aufsicht der Baustelle in den Sommerferien, Kündigung des vormaligen pensionierten Schulwartes als Pächter, Neuausschreibung und Bewerbungsverfahren nach EU Richtlinien durchzuführen- Zeitfenster: 7 Monate!

Voraussetzungen für die formale Antragstellung waren

- Ein ausgearbeiteter Lehrplan samt Stundentafel
- Beschreibung der Lehrinhalte (es gab dazu keine geeigneten Lehr-Schulbücher)
- Erarbeitung von Unterrichtsmaterialien
- Beantragung des ESF Förderprojektes für die KOEL Stunden
- Zusammensetzung des LehrerInnenteams
- Nachweis der personellen Kostenneutralität
- Ausbildungs-Schulungsmaßnahmen für alle Lehrerinnen
- Sicherstellung einer Mensa (die war erst im Planungs-Genehmigungsstadium)

Zeitgleich erfolgten die Maßnahmen „Mensa", Einschreibung und Werbung der potentiellen neuen Schüler für den Herbst 2013, fortlaufende konzeptionelle Arbeit.

Visionen, Team, Planung

EU geförderte Werteinheiten für die KOEL Stunden

Wir nützten die Chance der Beantragung von ESF finanzierten KOEL Stunden – pro Klasse 5 Unterrichtsstunden in der 1. Klasse, avisiert wurden weitere 3 Stunden für die 2. Klasse, in der 3. Klasse sind planmäßig keine betreuten KOEL Stunden vorgesehen. Wir planen diese Stunden zwar im Stundenplan ein, die SchülerInnen arbeiten dann in der 3. Klasse ohne Lehrerbetreuung, weil sie diese Eigenständigkeit bereits erworben haben.

Diese Stunden werden methodisch dem kooperativen offenen Lernen entsprechend gestaltet. Arbeitsaufträge werden von den SchülerInnen eigenständig, im Team oder zu zweit – jedenfalls selbstgewählt

- ESF Stunden erfordern ein eigenes Abrechnungssystem und einen eigenen Verwaltungskreislauf
- Eigenen Konzeption der Organisation
- Planungs-und-Unterrichtsinhalte
- Ausgebildete LehrerInnen als Coach
- Fächerübergreifendes Wissen des Coa

KOEL: kompetenzorientiertes, eigenverantwortliches Lernen

Stundenplan für einen verschränkten Unterricht samt Mittagspause

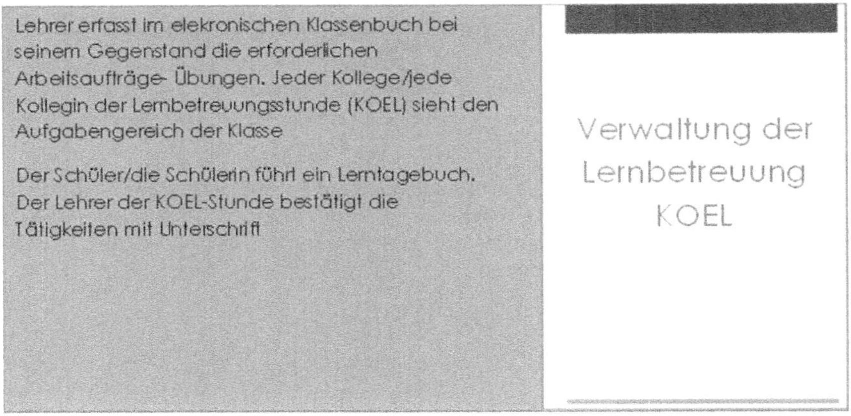

Stundenplan 1AS

	Montag 24.11.14	Dienstag 25.11.14	Mittwoch 26.11.14	Donnerstag 27.11.14	Freitag 28.11.14
07:50 1 08:40	1AS NUC (HOF) OMAIA DV6	1AS PRO GE 217	1AS MAU PBSKA 217	1AS MLE OMAIA DV6	1AS, 1BS KLI RK 217
08:40 2 09:30	1AS ADA PBZG 217	1AS BER ENWS 217	1AS MAU KOEL 217	1AS MLE OMAIA DV6	1AS BER ENWS 217
09:45 3 10:35	Schularbeit 1. SA D 1AS MAU D 217	1AS, 1EK, 1DK CEN RE 019	1AS MAU D 217	1AS, 1BS LEG (TAF) BSPK TS1 | 1AS, 1BS KNOB BSPM TS2	1AS PAG (PRO) GE 217
10:35 4 11:25	1AS MAU D 217	1AS MLE KOEL DV3	1AS MAU D 217	1AS, 1BS PRO (TAF) BSPK TS1 | 1AS, 1BS KNOB BSPM TS2	1AS ADA PBZG 217
11:30 5 12:20	1AS MES BWRR 217	1AS HOF OMAIA DV6	1AS MES BWRR 217	1AS BER KOEL 217	1AS MAU D 217
12:20 6 13:10	1AS MAU PBSKA 217	1AS HOF OMAIA DV6	1AS MES BWRR 217		1AS BER ENWS 217
13:15 7 14:05				1AS MLE BWUFA BWZ1	
14:05 8 14:55	1AS TRU KOEL 217	1AUL, 3AS, 1EK TAF BSP | 3AS, 1EK, 1AS PRO BESP TS2		1AS MLE BWUFA BWZ1	1AS MAU KOEL 217
14:55 9 15:45	3AS, 1EK, 1AS KAH FU4A | 1AS MAU FKD 217	1AUL, 3AS, 1EK TAF BSP | 3AS, 1EK, 1AS PRO BESP TS2		1AS MLE BWUFA BWZ1	
15:45 10 16:35	3AS, 1EK, 1AS KAH FU4A		4CK IT, 4CK ENT, 1AS IPA RGRO 023	1AS MLE BWUFA BWZ1	1AUL, 3AS, 4BK TRU KMTG
16:35 11 17:25			~~1AUL, 1AS, 2AK NOV~~ ~~RS~~		1AUL, 3AS, 4BK TRU KMTG

Abbildung: Stundenplan der Klasse 1AS
Anmerkung: OMAI- Office-Management und angewandte Informatik; PBZG- Politische Bildung und Zeitgeschichte; D- Deutsch; BWRR- Betriebswirtschaft; PBSKA-Persönlichkeitsbildung; KOEL- kompetenzorientiertes Lernen; GE- Geografie; ENWS-Englisch; RE- Religion; BSP- Turnen

Kooperationsvertrag mit der Partnerfirma ÖBAU Rössler als Lernfirma

Die Verschränkung von Praxis und Theorie erfordert eine präzise fächerübergreifend Unterrichtsplanung, in enger Absprache und Abstimmung in regelmäßigen monatlichen Teamsitzungen aller KlassenlehrerInnen

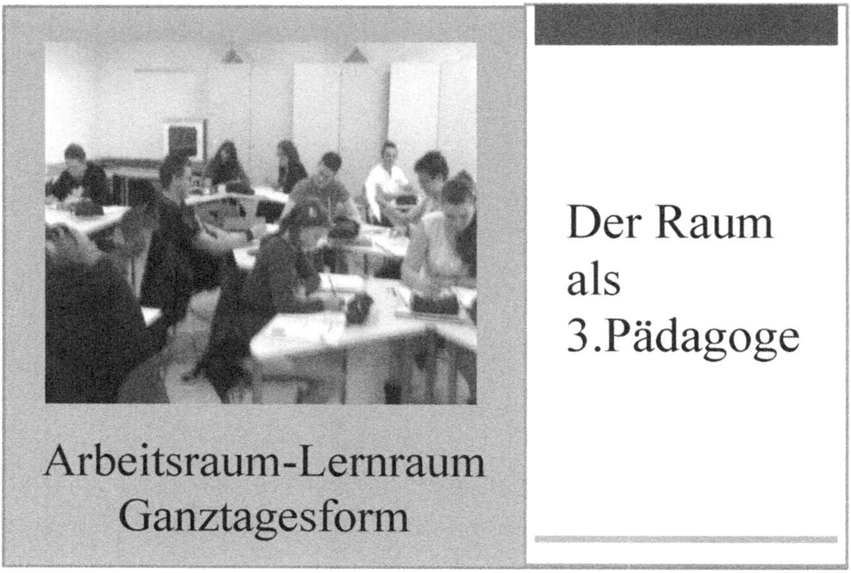

- Ganztägige Schulform mit gemeinsamer Mittagspause
- kleines Lehrerteam
- Betreutes Lernen
- Raum als 3. Pädagoge (Neuausstattung der Klassen)

Der Konzeption entsprechend war es erforderliche eine neue Klassenausstattung anzuschaffen. Angesichts des reduzierten Schulbudgets war dieses Unterfangen nur durch die Verpachtung unserer Schulräumlichkeiten an Vereine und die dadurch erzielten Einnahmen möglich. Aus dem regulären Budget hätten wir diese Infrastruktur nicht finanzieren können, auch weil die Zusicherung der Genehmigung des Schulversuches mit der Einschränkung erfolgte, dass keine zusätzlichen Kosten anfallen würden.

- Das Entwicklungsteam erarbeitete unter meiner Leitung einen Katalog mit der infrastrukturellen Mindestausstattung
- Lernfirma wird als Übungsfirma geführt.
- Als Partnerfirma firmiert Ö-BAU Mössler- lifestyle unlimited Garten - Haus bzw. Baustoffhandel; Einführungswochen
- Gegenseitiges Kennenlernen der SchülerInnen und Klassenvorstand zu Schulbeginn in der zweiten Schulwoche im Rahmen eines 2-tägigen Team-Building-Workshops am Faakersee.
- Klassenrat
- Regelmäßige mindestens einmal monatliche Teamsitzungen der Klassen-lehrerInnen
- Informationsaustausch über die Lernplattform Moodle

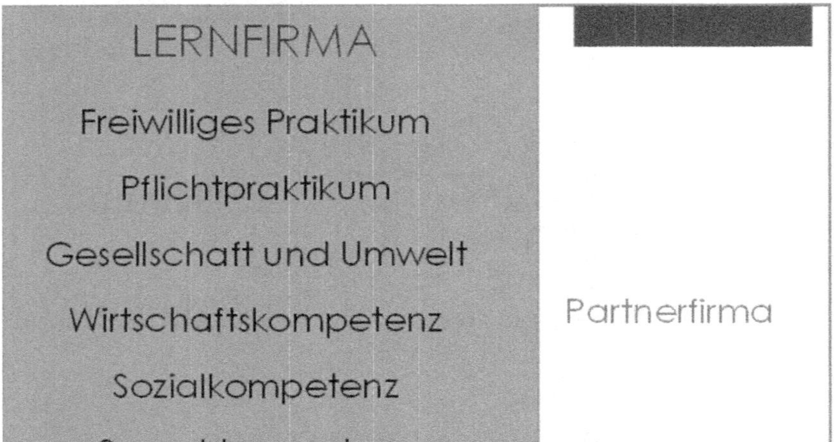

Resümee der Evaluierung

Die bisherige Erfahrung wird untermauert durch eine umfangreiche Befragung (Methode Fragenbogen und Auswertung)der SchülerInnen und der Eltern, sowie eine Erhebung unter den unterrichtenden LehrerInnen:

- Das Verantwortungsbewusstsein von LehrerInnen und SchülerInnen bewegt sich auf sehr hohem Niveau. Dies ist ein wesentliches Qualitätsmerkmal der Kultur der Zusammenarbeit von Lehrenden und Lernenden
- Ein nicht nur durch Noten nachgewiesener starker teamorientierter Leistungswille ist nachweisbar und prägt die Arbeitskultur.
- Die Bereitschaft, auch Inklusion zu leben beweist der erfolgreiche Abschluss von zwei gehörlosen Schülerinnen, die zudem noch Spitzen-sportlerinnen als Rennläuferinnen des ÖSV sind.
- Die soziale Kompetenz ist offensichtlich weit über dem Durchschnitt, zumal es keine einzige Teamproblematik (Disziplin) gab und auch die Verhaltens-vereinbarung fast lückenlos gelebt wurde.
- Die Drop Out Quote reduzierte sich enorm, zumal zwei SchülerInnen die Schule verließen, weil sie einen Lehrplatz gefunden haben und nur ein einziger Schüler die Schulstufe wiederholen musste.

Wesentliche Erkenntnisse – ein Auszug aus der SchülerInnenbefragung Oktober 2014

Deine Einstellung zum Besuch der Praxis HAS:

- 88% ich gehen gerne in die Schule, es macht Spaß
- 9% Schule ist einfach notwendig für mich
- 3% Schule ist mir egal

Wurden deine Vorstellungen seit der Information bei der Anmeldung erfüllt:

- 92% erfüllt

Die Wirtschaftsakademie Villach ist eine internationale Schule mit SchülerInnen aus 14 Herkunftsländern. Wie empfindest du diese Vielfalt:

- 70% Es ist ein Vorteil, weil ich dadurch mehr erfahre und weiß
- 23% Ich profitiere von der Sprachenvielfalt
- 84% Ich lerne mit anderen Kulturen und Menschen mit anderen Religionen respektvoll umzugehen

Was ist neu an der Praxis HAS im Vergleich zur Schule früher?

Ranking:

- Ich muss daheim nicht mehr lernen
- Ich werde gefördert und gefordert

- Ich fühle mich als Individuum anerkannt und respektiert
- Die Schulkultur, der Umgang ist wertschätzend
- Ich kann meine Talente in der Schule ausleben (Sport, Kunst, Sprachen, Organisation....)
- Wenn ich Probleme habe, kümmert sich jemand um mich (LehrerIn, DirektorIn, Coach, MitschülerInnen)

Welche Infrastruktur, Rahmenbedingungen in der Schule sind dir besonders wichtig? Ranking:

- Mittagspause
- Lernräume (Bibliothek, Cool Raum, Aula, Café, Sitzecken, DV Raum)
- Möglichkeiten der Teamarbeit im Unterricht und außerhalb
- Exkursionen
- Vorträge und Begegnung mit Experten
- Kunstwerkstatt :Ausstellungen
- Sportliche Aktivitäten, Wettbewerbe

Welche Pläne hast du nach der Praxis HAS:

- 65% ich will den Aufbaulehrgang besuchen und die Matura machen
- 21% ich werde einen Job suchen
- 10% ich werde selbstständig was unternehmen
- 3% ich hab noch keine Ahnung

Ausblick

In diesem Schuljahr 2014/15 hat sich die Anmeldequote für die Praxis-HAS NEU noch erhöht und neben den zwei Klassen, die eröffnet wurden gibt es eine Warteliste. Dieses Faktum führt Gegenargumente ad absurdum, die früher als gegen die ganztägige neue Schulform angeführt wurden.

Aufbaulehrgang

Wir haben, um eine neue Qualifizierungsperspektive für unsere SchülerInnen für die Zeit nach dem Abschluss der Praxis-HAS NEU zu eröffnen, nach einem mühsamen und beharrlichen Prozess, die ministerielle Genehmigung zur Installierung eines dreijährigen Aufbaulehrganges mit dem Abschluss der Reife- und Diplomprüfung der modularen Handelsakademie NEU erreicht. Diese neue Schulform wird von SchülerInnen der Handelsschulen im Villacher Raum ebenso genützt wie von SchülerInnen wirtschaftlicher Schulen wie der Landwirtschaftlichen Fachschulen.

Anhang:

Die Kärntner Volkshochschulen – Grundbildung und das Nachholen des Pflichtschulabschlusses als Einstieg in das Lebensbegleitende Lernen

Katharina Zimmerberger

Tina war 15 Jahre alt als sie aufgrund von „Problemen mit Lehrern und Lehrerinnen" die Hauptschule abbrach. Einen weiteren Versuch, die Schule abzuschließen, machte sie nicht, da ihr die Erfolgserlebnisse und die Motivation fehlten. Zu diesem Zeitpunkt fühlte sie sich sehr alleine, da sie weder von ihren Eltern noch von ihren damaligen Freundinnen und Freunden, die im Gegensatz zu Tina bereits erfolgreich die Schule abgeschlossen hatten, Unterstützung und Hilfe bekam. Bis zu ihrem 18. Lebensjahr war Tina größtenteils zu Hause, wo sie ihre kranke Mutter im Haushalt und bei der Betreuung ihrer jüngeren Schwester unterstützte. Gemeinsam mit einer Freundin fing sie als Stubenmädchen in einem Hotel auf der Gerlitzen zu arbeiten an. Nach langer Zeit des Trübseins erlebte sie dort wieder ein Gefühl von Freude und Motivation. „Die Saisonarbeit machte mir Spaß und ich hatte endlich wieder mein eigenes Geld" erzählt Tina. Seit nun fast 14 Jahren arbeitet die heute 32-Jährige in der Gastronomie. Doch ihr Ziel im Berufsleben liegt woanders: „Mein Berufswunsch Altenpflegerin zu werden, hat mich nicht losgelassen und motiviert mich heute, den Pflichtschulabschluss nachzuholen". Tina, Mutter eines siebenjährigen Sohnes, bringt die Dreifachbelastung von Muttersein, Arbeit und Bildung für sich gut in Einklang, auch wenn der Alltag sie immer wieder vor Herausforderungen stellt. „Mein Mann unterstützt mich sehr und meine eigene kleine Familie gibt mir den Halt und die Kraft, meinen Weg nun gehen zu können" erzählt Tina. Ihre derzeitigen schulischen Erfolgserlebnisse sowie die positiven Berufsaussichten geben ihr die nötige Motivation in schwierigen Zeiten weiterzumachen. Im Februar 2015 wird Tina ihren Pflichtschulabschluss abschließen. Besonders freut sie sich darüber, im März 2015 eine Ausbildungsstelle als Pflegehelferin in einem Pflegeheim in Villach antreten zu können.

Die Geschichte von Tina erzählt von einem Leben voller Umbrüche und Herausforderungen. Tina ist eine von über 1.000 Personen, die bei den Kärntner

Volkshochschulen einen Lehrgang zum Nachholen des Haupt- bzw. Pflichtschulabschlusses abgeschlossen hat.

Seit 2001 bieten die Kärntner Volkshochschulen kostenfreie Grundbildungskurse und Lehrgänge zum Nachholen des Pflichtschulabschlusses in ganz Kärnten an. Über 3.000 Personen haben von diesen Bildungsangeboten in den Bereichen der Grundbildung sowie des Pflichtschulabschlusses bereits profitiert und ein Großteil dieser Personen haben mit Tina eine Gemeinsamkeit - Erfahrungen hinsichtlich einer von Umbrüchen gekennzeichneten Lebens- und Bildungsbiografie.

Durch die Verbesserung der Grundkompetenzen in den Kulturtechniken Lesen, Schreiben, Rechnen und im Bereich der Informationstechnologien sowie durch das Nachholen grundlegender Bildungsabschlüsse soll jede Einzelne bzw. jeder Einzelne befähigt werden, Veränderungsprozesse des eigenen Lebensumfeldes aktiv mitgestalten zu können. Die Kärntner Volkshochschulen können auf ihre langjährige Erfahrung und Expertise zurückgreifen, um Menschen eine chancengerechte Teilhabe an der Wissensgesellschaft zu ermöglichen.

Die Sicherung sowie die Kontrolle der Qualität der Bildungsangebote sind zentrale Anliegen der Kärntner VHS. Als Basis zur Selbstreflexion und Weiterentwicklung des organisationalen Handelns dient der LQW-Prozess. Seit 2009 ist der Verein mit dem Qualitätssiegel LQW (Lernerorientierte Qualitätstestierung in der Weiterbildung) zertifiziert. Somit stehen die KundInnen im Fokus des Qualitätsmanagements und sämtliche Maßnahmen hinsichtlich Lehre, Infrastruktur und Organisation werden unter diesem Aspekt der für die TeilnehmerInnen optimalen Lernsituation geprüft.

Die Grundbildungs- und Pflichtschulabschlusskurse werden seit Herbst 2012 von der Initiative Erwachsenenbildung getragen. Eine Kooperation zwischen Bund und Land, deren Ziel es ist, allen Menschen ein adäquates Bildungsfundament zu sichern sowie die Zugangsmöglichkeiten zum Lebensbegleitenden Lernen für bildungsferne bzw. gering qualifizierte Personen nachhaltig zu verbessern (Länder-Bund-ExpertInnengruppe 2011: 7ff.).

Als Voraussetzung für die Förderungswürdigkeit des Bildungsangebotes bzw. -trägers gilt es bundesweit einheitliche Qualitätskriterien zu erfüllen. In einem Akkreditierungsprozess werden die Qualität der Bildungseinrichtung, die Pädagogische Qualität sowie die Qualifikationsstandards des Personals laufend geprüft (Länder-Bund-ExpertInnengruppe 2011: 18).

Die Bildungsangebote im Bereich der Grundbildung werden von einem multiprofessionellen Team, bestehend aus TrainerInnen und SozialpädagogInnen, betreut. Eine fundierte facheinschlägige Qualifikation der Unterrichtenden ist eine wichtige Voraussetzung für einen optimalen Lernprozess, da die TrainerInnen wesentlich zur Entwicklung und zum Erfolg der Lernenden beitragen.

1. Zahlen, Daten, Fakten – PIAAC Studie 2011/12

PIAAC (Programme for the International Assessment of Adult Competencies) ist eine von der Organisation for Economic Co-operation and Development (OECD) initiierte internationale Studie, die erstmals zeigt, wo die österreichische Bevölkerung im Vergleich zu den weiteren teilnehmenden 23 Industrieländern[1] hinsichtlich des Vorhandenseins von Schlüsselkompetenzen steht. Anhand zentraler Ergebnisse der Studie werden Zusammenhänge mit Faktoren wie Alter und Bildungsabschluss hergestellt (Rammstedt/Maehler 2014: 26).

PIAAC untersucht allgemeine Fähigkeiten von Erwachsenen (16- bis 65-Jährigen), die im Alltag und Beruf notwendig sind. Dazu zählen Kompetenzen im Bereich Lesefähigkeit (literacy), alltagsmathematische Fähigkeiten (numeracy) und Fähigkeiten zu technologiebasiertem Problemlösen (problem-solving in technology-rich environments). Diese Schlüsselkompetenzen werden als wichtige Faktoren zur Partizipation an sozialen und wirtschaftlichen Prozessen verstanden. Das damit zusammenhängende Verstehen und die kritische Reflexion von schriftlichen Informationen sind vor allem im heutigen Zeitalter von großer Bedeutung.

Die im Oktober 2013 veröffentlichten Ergebnisse der Studie zeigen, dass rund 17,1 % der ÖsterreicherInnen über geringe bis gar keine Lesekompetenzen verfügen. Damit liegt Österreich im internationalen Vergleich unter dem Durchschnitt der teilnehmenden OECD Länder. Dies trifft somit auf rund 970.000 Personen in Österreich zu. Für das Bundesland Kärnten bedeutet das, dass circa 63.000 Personen geringe bis gar keine Lesekompetenzen aufweisen.

Im Hinblick auf alltagsmathematische Kompetenzen finden sich 14,3 % der ÖsterreicherInnen auf der niedrigsten Kompetenzstufe wider, was einem überdurchschnittlichen Kompetenzniveau im internationalen Vergleich entspricht.

15,5 % der befragten Personen weisen ungenügend Computerkenntnisse und Problemlösungskompetenzen im Kontext neuer Technologien auf. Dies betrifft demnach jede_n 6. ÖsterreicherIn. Österreich liegt mit diesem Ergebnis im Durchschnitt der teilnehmenden OECD Länder.

---

1 Australien, Belgien, Kanada, Zypern, Tschechische Republik, Dänemark, Estland, Finnland, Frankreich, Deutschland, Irland, Italien, Japan, Korea, Niederlande, Norwegen, Polen, Slowakische Republik, Spanien, Schweden, England, Nordirland, USA, OECD

In der PIAAC Studie wurden Einflussfaktoren festgehalten, welche die Wahrscheinlichkeit erhöhen, der Gruppe anzugehören, die Probleme im Bereich der Schlüsselkompetenzen aufweisen:

- Personen mit einem niedrigen Bildungsabschluss
- Personen mit einer anderen Erstsprache als die Sprache, in welcher der PIAAC-Test durchgeführt wurde (in Österreich in deutscher Sprache)
- Die gemessenen Schlüsselkompetenzen sinken mit zunehmendem Alter
- Personen, deren Eltern einen niedrigen Bildungshintergrund aufweisen (Statistik Austria 7.10.2013).

Hinsichtlich der Erhebung der Zielgruppengröße von Personen, die keinen Pflichtschulabschluss haben, bezieht man sich auf Daten der Schulstatistik vom „Institut für Höhere Studien". Die Daten wurden mit einem entsprechenden Schätzverfahren aufbereitet und ergeben, dass jährlich bis zu 5.000 Jugendliche bzw. 5% jedes Altersjahrganges ihre Schullaufbahn ohne positiven Abschluss der 8.Schulstufe beenden (Länder-Bund-ExpertInnengruppe 2011: 36).

Schätzungen zufolge gibt es in Österreich 280.000 Personen (in der Altersgruppe der 15- bis 64-Jährigen) ohne positiven Pflichtschulabschluss. Auf Kärnten bezogen würde dies etwa 12.000 Menschen betreffen.

2. Die Zielgruppe

Bei den Kärntner Volkshochschulen stehen die Lernenden stets an erster Stelle.

> „Die TeilnehmerInnen repräsentieren alle Alters- und Berufsgruppen sowie alle sozialen Schichten, unabhängig von Herkunft und Religion. Sie sind an Weiterbildung und Kommunikation interessiert und wollen mit unterschiedlichen Zielsetzungen Wissen und Fertigkeiten erwerben. Einen besonderen Stellenwert in unserer Organisationen haben diejenigen Menschen, die sich Grundbildungskenntnisse aneignen wollen" (Leitbild der Kärntner Volkshochschulen 2013).

Die Zielgruppe der Kärntner Volkshochschulen ist also breit gefächert und spiegelt demnach die Vielfalt unserer Gesellschaft wider. Bei den TeilnehmerInnen, die ein Angebot im Bereich der Grundbildung wahrnehmen, handelt es sich um Menschen, deren Basiskompetenzen nicht oder nicht ausreichend vorhanden sind und/oder die Pflichtschule nicht positiv abschließen konnten oder deren im Ausland erworbene Pflichtschulabschluss in Österreich nicht anerkennt wird.

Zielgruppen des Bereichs „Basisbildung/Grundkompetenzen" sind:

- Personen mit Erstsprache Deutsch, welche die Schulpflicht erfüllt, aber keinen positiven Pflichtschulabschluss erreicht und Defizite in den Grundkompetenzen haben
- Personen mit positivem Pflichtschulabschluss, die dennoch entsprechende Defizite aufweisen (z.B. sekundärer Analphabetismus, Dyskalkulie...)
- Personen mit Migrationshintergrund und mangelnden Basis- und Grundkompetenzen

  (Länder-Bund-ExpertInnengruppe 2011: 21)

Die Konkretisierung und genaue Definition der Zielgruppe im Bereich der Grundbildung gestaltet sich in der Praxis weit herausfordernder als es auf den ersten Blick erscheinen mag. Es bedarf einer Zielgruppeneingrenzung, aufgrund beschränkter finanzieller Ressourcen, wodurch qualitative und quantitative Anforderungen an die TeilnehmerInnen gestellt werden. Diese Eingrenzungen sind besonders für TrainerInnen und SozialpädagogInnen schwierig und erfordern einerseits klare strukturelle Vorgaben sowie eine konkrete Lokalisierung der individuellen Lern- und Bildungsziele. Bei der Angebotsplanung und bei der Erstellung des pädagogischen Konzepts stehen die stark unterschiedlichen Voraussetzungen und Bedürfnisse der Zielgruppe im Vordergrund. Die Bildungsangebote orientieren sich soweit wie möglich am individuellen Bedarf der Lernenden. Generell wird der Ansatz verfolgt, Lerninhalte an den Lebenswelten der Teilnehmenden zu orientieren, wodurch der persönliche und berufliche Nutzen des Gelernten aufgezeigt werden kann und so im besten Fall zum Besuch weiterer Bildungsangebote motiviert.

3. Wie kommt es dazu?

Die Gründe, weshalb Menschen keine ausreichenden Kompetenzen in den Kulturtechniken Lesen, Schreiben, Rechnen und im Bereich der Informations- und Kommunikationstechnik haben, sind vielfältig. Meist stehen mehrere Ursachen im Zusammenhang. Marion Döbert und Sven Nickel sprechen von einem Ursachenkomplex welcher zu funktionalem Analphabetismus im Erwachsenenalter führt.

> „Als funktionale Analphabetinnen und Analphabeten werden Erwachsene bezeichnet, die trotz ausreichender Beschulung kaum lesen und schreiben können" (...) „Neben den individuellen Kompetenzen im Lesen und Schreiben muss auch berücksichtigt werden, welches Schriftsprachniveau in der jeweiligen Gesellschaft vorausgesetzt wird: Wenn die gesellschaftlichen Mindestanforderungen an die Beherrschung der Schriftsprache sehr hoch sind, gelten auch Personen mit gering

ausgeprägten Fähigkeiten als funktionale Analphabeten und Analphabetinnen“ (Rüsseler/Gerth/Boltzmann 2011: 12).

Im Kursalltag können natürlich bei weitem nicht alle Teilnehmenden als funktionale Analphabeten definiert werden. Dennoch decken sich die Ursachen für funktionalen Analphabetismus Großteils mit jenen der TeilnehmerInnen von Grundbildungskursen: Negativerfahrungen in Elternhaus und Schule, Leistungsprobleme in der Schule, Schwierigkeiten im Schriftspracherwerb, unzureichende oder unsichere Schriftsprachkompetenz, Vermeidung schriftsprachlicher Anforderungs- und Gebrauchssituationen, geringes Zutrauen in die eigenen Fähigkeiten und Diskriminierungserfahrungen. Diese Ursachen stehen in enger Wechselwirkung zueinander (Döbert/Hubertus 2000: 52f.).

Personen, die keinen Pflichtschulabschluss haben, tragen häufig Ängste, ungelöste Konflikte und Probleme aller Art mit sich. Dazu zählen negative Schulerfahrungen, Prüfungsängste, gesundheitliche Probleme, schwierige familiäre Verhältnisse, finanzielle Probleme oder dergleichen. Die Chancen am Arbeitsmarkt sind für Personen ohne Pflichtschulabschluss sehr schwierig. Langes Verweilen im Niedriglohnbereich und geringe Aussichten auf eine Verbesserung der Arbeitssituation gehen häufig mit dem niedrigen Bildungsniveau einher (Arajärvi/Drubig 2009: 96). Ebenso ist die Beherrschung der Grundkompetenzen im Bereich Lesen, Schreiben, Rechnen und IKT (Informations- und Kommunikationstechnik) eng an Erwerbstätigkeiten geknüpft. Personen mit Grundbildungsbedarf sind von einem dauerhaften Ausschluss aus dem Arbeitsmarkt bedroht oder dazu gezwungen Arbeiten zu verrichten, die an ein entsprechend niedriges Einkommen gebunden sind.

4. Konzeptionelle und didaktische Schwerpunkte

Um den unterschiedlichen Ansprüchen der Zielgruppe gerecht zu werden, setzen die Kärntner Volkshochschulen auf einen qualitativ hochwertigen Aufbau der jeweiligen Kurskonzepte, welche laufend reflektiert und weiterentwickelt werden.

Die erste Kontaktaufnahme zwischen InteressentInnen und Bildungsanbieter ist bereits ein ganz wesentlicher Moment. Bei einem Großteil der InteressentInnen ist die erste Kontaktaufnahme mit Schwellenangst und Schamgefühl verbunden. Durch professionelle Beratungsgespräche, Zeit für die Anliegen der InteressentInnen und Verständnis für deren Situation kann eine gute Basis für den Einstieg in ein Bildungsangebot geschaffen werden.

Beratungsgespräche finden nicht nur in Form von unverbindlichen Erstgesprächen statt, sondern begleiten und unterstützen laufend den Lernprozess der TeilnehmerInnen.

In der Eingangsphase des Bildungsangebotes wird Beratung zu einem großen Teil im Rahmen der Kompetenzerfassung eingesetzt. Vordergründig ist dabei spezifische Stärken der Personen herauszustellen und nicht zu versuchen mittels Ratschlägen geschilderte Probleme zu lösen (Strauch/Jütten/Mania 2009: 87). Die Beratung in der Eingangsphase dient als Grundlage zur Erstellung eines individuellen Lernplanes, welcher regelmäßig weiterentwickelt wird.

Die Orientierung an den Ressourcen und Kompetenzen der TeilnehmerInnen sowie die hochgradige Individualisierung des Angebotes gelten als zentrale didaktische Prinzipien bei den Bildungsprozessen in der Grundbildung.

Nach der ersten Phase der Beratung und Kompetenzerhebung, folgt der Kurseintritt. Bei den ersten Kurswochen handelt es sich um eine sensible Phase. Die TeilnehmerInnen befinden sich in einer ungewohnten Situation, in der man auf Personen trifft, die man noch nicht kennt, es Zeit braucht, um als Gruppe zusammenzuwachsen und Rahmenbedingungen besprochen werden, die die Arbeit in der Gruppe für alle Teilnehmenden angenehm gestaltet. TrainerInnen und SozialpädagogInnen begleiten diesen gruppendynamischen Prozess mit Sorgfalt und den Lernenden wird von Anfang an die Eigenverantwortung für den eigenen Lernprozess übertragen indem Freiräume und Entscheidungsspielräume geschaffen werden. Die dialogische Kommunikation sowie die gegenseitige Wertschätzung in der Gruppe stellen den Rahmen der Lehr- und Lernprozesse dar. Das Wohlfühlen in der Gruppe, trägt wesentlich zu einer positiven Lernsituation bei.

„Grundbildung ist weitaus stärker als andere Bereiche der Erwachsenenbildung mit dem Problem der Teilnehmerheterogenität konfrontiert“ (Brödel 2014: 31).

Die Heterogenität in den Gruppen ist eine Herausforderung, die jedoch etwas sehr Positives mit sich bringt. Der Bildungsprozess zielt auf Wertschätzung und Chancengleichheit von Diversität ab und die Unterschiedlichkeiten hinsichtlich der Herkunft, des Alters, des Geschlechts, usw. der einzelnen TeilnehmerInnen bieten ein gutes Lernfeld um die eigenen Vorstellungen einzubringen und kritisch zu reflektieren. Der herausfordernde Aspekt von heterogenen Gruppen bleibt jedoch hinsichtlich der unterschiedlichen Kompetenzen in den Bereichen Lesen, Schreiben, Rechnen und IKT. Bei Personen mit Migrationshintergrund kommen Probleme im Sprachverständnis hinzu. Im Sinne der Individualisierung, die den Teilnehmenden im Bildungsprozess im größten Ausmaß zukommen soll, sind die TrainerInnen gefordert. Durch den Unterricht in Kleingruppen (maximal 6

Personen, ab 7 Personen im Team Teaching) ist es möglich, individuell auf die Bedürfnisse der Teilnehmenden reagieren zu können und alltagsrelevante Themen, die für die Teilnehmenden selbst einen starken Lebensweltbezug aufweisen, in den Mittelpunkt zu stellen.

Im Bereich Pflichtschulabschluss findet der Unterricht in größeren Gruppen statt. Im Gegensatz zur Grundbildung, steht bei den TeilnehmerInnen des Bildungsangebotes Pflichtschulabschluss, bereits bei Kurseintritt fest, dass das Ziel der Schulabschluss auf der 8.Schulstufe sein wird. In erwachsenengerechter Form, werden von den TeilnehmerInnen Prüfungen in sechs (zumeist) fachübergreifenden Kompetenzfeldern abgelegt. Als didaktische Grundsätze in den Lehrgängen zum Nachholen des Pflichtschulabschlusses gelten ähnlich wie im Bereich Grundbildung die Individualisierung, Kompetenzorientierung, Orientierung an der Lebenswelt der TeilnehmerInnen, Chancengleichheit und Diversität, Selbstbestimmung und -steuerung sowie die Vielfalt an Lehr- und Lernarrangements.

Besonders hervorzuheben ist die Orientierung an den Kompetenzen der TeilnehmerInnen, denn nicht nur in der Zeit der Prüfungsvorbereitung spielt diese eine wichtige Rolle, auch die Validierung des Pflichtschulabschlusses stellt die individuellen Stärken der Prüflinge in den Vordergrund. „Ein reines Abfragen von Wissen ermöglicht keine lebensnahe, praktische und vor allem keine reflexive Auseinandersetzung mit diesem Wissen. Aber genau darauf zielt der PSA ab. Die Dimensionen Inhalt und Handlung bestimmen wechselseitig die Validierung“ (Muckenhuber/Schildberger/Krupka 2013: 4). Ziel des Bildungsprozesses im Rahmen des Pflichtschulabschlusses ist also nicht nur die positive Absolvierung von Prüfungen, vielmehr geht es darum, „Anforderungen in unterschiedlichen alltäglichen Situationen bewältigen zu können. Dies bedeutet einen Perspektivenwechsel von einer Inhaltsorientierung hin zu einer Handlungsorientierung sowie zu einer reflektierten Anwendung zu Wissen“ (Böcksteiner/Bonifer-Jungwirth/Draxl u.a. 2010: 9).

Bei dem Bildungsverlauf handelt es sich um einen aktiven Aneignungsprozess, der durch Anwendungs- und Anforderungssituationen bestimmt wird. Dies erfordert das Angebot einer Vielfalt von Lehr- und Lernarrangements (Böcksteiner/Bonifer-Jungwirth/Draxl u.a. 2010: 10). Gerade für Teilnehmende, die negative Schul- und Lernerfahrungen haben, können „klassische“ Formen des Unterrichts (z.B. Frontalunterricht), Angst erzeugen und an frühere, schlechte Schulerfahrungen erinnern. Ein allzu offener Unterricht (z.B. Lernwerkstatt), auf der anderen Seite, kann für die Teilnehmenden, die während ihrer Schullaufbahn nur wenig Unterstützung (sei es von der Familie oder der Lehrperson selbst) erhalten haben, beängstigend wirken, da sie sich ohne laufende Anweisungen von Kursleitern "verloren" fühlen. Das Lernen in der

Gruppe und die Arbeit mit PartnerInnen werden von vielen Teilnehmenden bevorzugt. Die Orientierung an den Bedürfnissen der TeilnehmerInnen sowie die Anpassung der Lehr- und Lernformen an die Bildungsinhalte erfordern eine Palette von Möglichkeiten, aus der didaktisch durchdacht gewählt wird.

4.1. Integrierte Lebensplanungs- und Bildungsberatung

Da mangelnde Grundbildung und negative Schulabschlüsse nie getrennt von sozialen Phänomen wie beispielweise ökonomischer Armut, negativen Schulerfahrungen oder politischen Strukturen zu betrachten sind, besteht für alle Teilnehmenden der Kurse die Möglichkeit einer Sozialpädagogischen Begleitung. Diese ist für eine positive Umsetzung des Bildungsangebotes unverzichtbar und stellt auch eine Entlastung für die TrainerInnen dar. Die Aufgabenfelder der SozialpädagogInnen sind in den Bereichen der Sozial-, Bildungs- und Lernberatung sowie der individuellen Begleitung angesiedelt.

Die SozialpädagogInnen gewährleistet ein Eingehen auf individuelle Situationen der einzelnen TeilnehmerInnen, die in der Gruppe nicht behandelt werden wollen oder können. Sollten Probleme auftreten, die im Rahmen der sozialpädagogischen Betreuung nicht bewältigt werden können, wird professionelle Unterstützung hinzugezogen.

Zusätzlich werden die TeilnehmerInnen von den SozialpädagogInnen auch dabei gestärkt, die passenden Lerntechniken und -methoden für sich zu finden. Durch das Erproben unterschiedlicher Lernmethoden, einer Lernstärkenanalyse und gezielten Motivationstrainings werden die Lernenden durch den Bildungsprozess begleitet.

Zu besonders emotionalen Momenten kommt es, wenn der Abschied, also das Ende des Kurses, naht. Es handelt sich dabei um sehr freudenreiche Momente, da das individuell gesetzte Bildungsziel erreicht wurde und dennoch fließen nicht nur Freudentränen, sondern auch Tränen der Trauer, da der Abschied schmerzt. Doch in jedem Ende liegt auch ein neuer Anfang und auf diesen neuen Anfang sollen die TeilnehmerInnen möglichst gut vorbereitet werden. Mit einer durchdachten Zukunftsplanung und der Möglichkeit auch nach dem Abschied bei der Sozialpädagogin oder dem Sozialpädagogen Rat einzuholen, schreiten die ehemaligen TeilnehmerInnen in die Zukunft. Es ist uns wichtig, dass die TeilnehmerInnen mit konkreten Zukunftsperspektiven und dem Wissen, wie diese erreicht werden können, den Kurs verlassen.

Nach Möglichkeit versuchen die SozialpädagogInnen den Kontakt zu ehemaligen TeilnehmerInnen aufrecht zu erhalten, was häufig durch den Wechsel von Telefonnummern sowie des Wohnsitzes erschwert wird. Leider kann daher der Lebens- bzw. Bildungsweg und somit der Erfolg hinsichtlich des Einstiegs in das Lebensbegleitende Lernen vieler ehemaliger TeilnehmerInnen nicht nachvollzogen werden.

Die Bemühungen der Kärntner VHS als Erwachsenenbildungseinrichtung liegen darin nahtlose Übergänge in weiterführende Aus- und/oder Weiterbildungsprogramme zu gewährleisten. Die Vernetzung und Kooperation mit anderen Bildungseinrichtungen, Lehrbetrieben und ArbeitgeberInnen ist hinsichtlich dieser Bemühungen von größter Bedeutung.

Zu einigen ehemaligen KursteilnehmerInnen bleibt jedoch eine starke Verbundenheit, da sie nach ihrer Kursteilnahme ein besonders wichtiges Amt antreten – jenes der Botschafter. Die Rolle der GrundbildungsbotschafterInnen hat sich aus eigenen Bedürfnissen der TeilnehmerInnen konstituiert. Sie stellen ein Sprachrohr nach „Außen" dar und verkörpern eine niederschwellige Informationsquelle für zukünftige TeilnehmerInnen. Lernende, Betroffene und deren jeweiliges Umfeld sind die besten BotschafterInnen für die Themen und Belange der Grundbildung.

4.2. Zusatzangebote

In den Bildungsangeboten der Grundbildung finden immer wieder Aktivitäten statt, die an den individuellen Bedürfnissen der Teilnehmenden sowie den aktuellen politischen und gesellschaftlichen Themen angepasst sind. Im Fokus steht dabei die Teilhabe der TeilnehmerInnen am gesellschaftlichen Leben.

4.2.1. Politische Bildung

Das Aufzeigen der Notwendigkeit der politischen Partizipation der Teilnehmenden ist ein wichtiger Aspekt. Zentral ist dabei, dass den Teilnehmenden verdeutlicht wird, dass die Meinungsbildung und Wahlstimme jeder einzelnen Person von größtem Wert ist. Durch den Vergleich mit politischen Systemen der Herkunftsländer der Teilnehmenden wird die demokratische Herrschaftsform in Österreich meist mit anderen Augen gesehen und es vollzieht sich langsam ein Wandel von Politikverdrossenheit zur aktiven Teilhabe am politischen Geschehen. Durch den Besuch von Landtagssitzungen und des Parlaments in Wien werden auch Möglichkeiten geschaffen, einen Einblick in den Alltag unserer Politiker zu gewinnen.

Politische Bildung ist ebenso wie die interkulturelle Bildung ein Querschnittsthema, das sich in allen Bereichen wiederfindet. Die multikulturelle

Zusammensetzung der Gruppen bietet den idealen Rahmen, um Vorurteile aufzugreifen und Barrieren abzubauen.

4.2.2. Medienkompetenz

Mit den wachsenden Kompetenzen im Bereich der Informations- und Kommunikationstechnologie spielt auch die Reflexion des eigenen Verhaltens im Umgang mit Medien eine wichtige Rolle. Die Betrachtung des eigenen Medienverhaltens und -konsums, der sichere Umgang mit dem Internet sowie die Analyse unterschiedlicher Medien sind Ziele des Zusatzangebots „Medienkompetenz".

4.2.3. Outdoor-Aktivitäten

Erlebnispädagogische Aktivitäten tragen wesentlich zu einen positiven Gruppengefühl bei. Durch gemeinsame Wanderungen, der Teilnahme an Kleinfeldfußballturnieren, Schneeschuhwanderungen, das Klettern im Hochseilgarten, usw. wird das Gruppengefühl gestärkt und eigene Grenzen erfahren. Die Teilnehmenden unterstützen sich gegenseitig in herausfordernden und anstrengenden Situationen, nehmen ihr Recht auf Freizeit wahr und lernen neue Möglichkeiten der Freizeitgestaltung kennen.

5. Menschen erreichen

Öffentlichkeitsarbeit und Sensibilisierungsangebote zur Enttabuisierung und Bekanntmachung der Notwendigkeit ausreichender Grundbildungskenntnisse waren und sind ein wichtiges Aufgabenfeld der „Kärntner Volkshochschulen". Dies konnte durch verschiede Aktionen, Presseberichte, Kooperationsgespräche, Tagungen, Präsentationen, Workshops, Seminare, MultiplikatorInnenarbeit, Fernsehspots, Plakataktionen und vieles mehr erreicht werden.

Ein Auszug von Aktivitäten der Kärntner Volkshochschulen

Der Alphabetterday - ein Weltrekord von A bis Z
600 SchülerInnen formierten sich auf dem Villacher Hauptplatz zum größten menschlichen Alphabet – ein gelungener Rekordversuch, der mit viel Spaß und Freude am Bewegen über die Bühne gegangen ist.
Der Aktionstag „Alphabetterday", von den Kärntner Volkshochschulen initiiert, sollte darauf aufmerksam machen, dass in Kärnten noch immer mehr als 50.000 Menschen Probleme mit Lesen, Schreiben und Rechnen haben. Dafür wurden die besten Botschafter gewonnen, um ein sichtbares Zeichen zu setzen – SchülerInnen aller Altersgruppen!
Die Kärntner Volkshochschulen haben 2012 deshalb zum Jahr der Alphabetisierung erklärt und wollten mit diesem großen Aktionstag auf die Problematik hinweisen. Gleichzeitig sollte der Öffentlichkeit veranschaulicht werden, dass lesen und schreiben zu können kein Privileg, sondern ein Menschenrecht ist.

Aktionen zum 8. September - Weltalphabetisierungstag
Mit einer Bookcrossing Aktion im Jahr 2008, dem Ausschenken von Buchstabensuppe unter dem Motto „Buchstabensuppe statt Wortsalat" im Jahr 2009, der Österreichpremiere des Dokumentarfilms „Wortlos. Im Chaos der Buchstaben" und ihrer eigens produzierten Fernsehspots im Jahr 2010, einer Straßenaktion zur Sensibilisierung 2011, der Aktion „15 von 100" im Jahr 2012 und einer Lesung im Jahr 2013 zum Buch „Das Labyrinth der Wörter" mit Jungschauspieler Christian Krall in Kooperation mit StadtLesen, das unter der Schirmherrschaft der österreichischen UNESCO steht, veranstalten die Kärntner Volkshochschulen alljährlich eine Aktion zum 08. September, um das Thema Grundbildungsbedarf zu enttabuisieren und den Menschen näher zu bringen.

Gruppe „Mut zum Lernen"
Im Jahr 2014 wurde die Gruppe „Mut zum Lernen" von TeilnehmerInnen für TeilnehmerInnen der Grundbildungskurse gegründet. Gemeinsam wollen die Lernenden auf das Thema mangelnder Grundbildung aufmerksam machen und Betroffene in Kärnten ermutigen, selbst einen Grundbildungskurs zu besuchen. Es sollen Beratungen, öffentliche Veranstaltungen, Lerngruppen und Weiterbildungsangebote stattfinden, um das Thema noch mehr in der Öffentlichkeit zu positionieren.

6. Fazit

Es kann nicht oft genug betont werden, dass in einer Wissensgesellschaft jeder Person die aktive Teilhabe an gesellschaftlichen Prozessen ermöglicht werden muss. Durch Bildung gelangen Personen zu mehr Sicherheit und Unabhängigkeit im Alltag und somit zu einer höheren Lebensqualität. Daher verfolgen die Kärntner Volkshochschulen das Ziel der Verbesserung von Bildungschancen und versuchen, möglichst vielen Menschen den Einstieg ins Lebensbegleitende Lernen zu ermöglichen. Die Bildungsangebote im Rahmen der Grundbildung sowie die Lehrgänge zum Nachholen des Pflichtschulabschlusses bieten hierfür eine besonders gute Möglichkeit. Der Bildungsprozess orientiert sich im größtmöglichen Ausmaß an den Bedürfnissen der Teilnehmenden – holt diese dort ab, wo sie stehen, bezieht sich weitgehend auf deren Lebenswelt und führt sie zu individuellen, selbstbestimmten Zielsetzungen. Durch ein hohes Maß an Selbststeuerung des Lernprozesses, der Anknüpfung an den Ressourcen der Lernenden sowie der reflexiven Auseinandersetzung mit dem Wissen und der daraus resultierende Bewusstseinsbildung wird das Ziel des autonomen Handelns der TeilnehmerInnen verfolgt.

Am Ende dieses Beitrages stehen Zitate von jenen Personen, die im Zentrum des Interesses der Kärntner Volkshochschulen stehen – den Teilnehmern und Teilnehmerinnen:

- „Wir hatten eine tolle Klassengemeinschaft, ich habe viele gute Freunde gewonnen."
- „Der Kurs war eine Chance, die ich in meinem Heimatland nicht bekommen hätte."
- „Die TrainerInnen haben mir das Lernen erleichtert und nicht schwer gemacht."
- „Die Sozialpädagogin war sehr wichtig für den ganzen Kurs."
- „Ich kann jetzt endlich einen Beruf erlernen."

Literatur

Arajärvi, Outi/Drubig, Roland: Schlüssel zum Erfolg – Grundbildung und MigrantInnen. In: Klein, Rosemarie (Hrsg.) (2009): 61-112

Böcksteiner, Romana/Bonifer-Jungwirth, Manuela/Draxl, Edith/u.a.: Curriculum. Lehrgänge zur Vorbereitung auf die Pflichtschulabschluss-Prüfung. Wien: Bundesministerium für Unterricht Kunst und Kultur

Brödel, Rainer: Entwicklung und Anerkennung professioneller Grundbildung. PIAAC und die Grundbildungsarbeit.. In: Die Zeitschrift für Erwachsenenbildung 21.III/2014. 30-35

Döbert, Marion/Hubertus, Peter (2000): Ihr Kreuz ist die Schrift. Analphabetismus und Alphabetisierung in Deutschland. Münster: Ernst Klett Verlag

Klein, Rosemarie (Hrsg.) (2009): „Lesen und Schreiben sollten sie schon können". Sichtweisen auf Grundbildung. Dortmund: Institut für angewandte Kulturforschung e.V.

Länder-Bund-ExpertInnengruppe (2011): Programmplanungsdokument „Initiative Erwachsenenbildung"

Leitbild der Kärntner Volkshochschulen (2013) http://www.vhsktn.at/volkshochschulen/detail/C13/leitbild

Muckenhuber, Sonja/Schildberger, Elke/Krupka, Birgit (2013).: Leitfaden für Prüfende. Handreichung zum Pflichtschulabschluss. Wien: Bundesministerium für Unterricht Kunst und Kultur

Projektträger im DLR e.V. (Hrsg.) (2011): Lernprozesse in Alphabetisierung und Grundbildung Erwachsener. Diagnostik, Vermittlung, Professionalisierung. Bielefeld: W. Bertelsmann Verlag

Rammstedt, Beatrice/Maehler, Debora: Eine internationale Untersuchung von Alltagsfertigkeiten Erwachsener. PIAAC. In: Die Zeitschrift für Erwachsenenbildung 21..III/2014. 26-29

Rüsseler, Jascha/Gerth, Ivonne/Boltzmann, Melanie: Basale Wahrnehmungsfähigkeiten von erwachsenen funktionalen Analphabeten und Analphabetinnen. In: Projektträger im DLR e.V. (Hrsg.) (2011): 11-27

Strauch, Anne/Jütten, Stefanie/Mania, Ewelina (2009):Kompetenzerfassung in der Weiterbildung. Instrumente und Methoden situativ anwenden. Bielefeld: W. Bertelsmann Verlag

Statistik Austria (7.10.2013): PIAAC 2011/12 http://www.statistik.at/web_de/statistiken/bildung_und_kultur/piaac/index.html

III

Krisenhafte Beziehungen im Übergangsfeld von Schule und Ausbildung

Bildung und Beschäftigung – Der Beitrag von internationalen Wirtschaftsorganisationen zur Debatte

Peter Härtel und Michaela Marterer

1. Blick auf die Bildung

Am 9. September 2014 wurde – zum 19. Mal in Folge – der Report „Bildung auf einen Blick" (OECD 2014) der OECD weltweit präsentiert.

Auf über 700 Seiten werden hier von der OECD – der Organisation für wirtschaftliche Zusammenarbeit und Entwicklung – umfassende quantitative, auch qualitative, Daten dargestellt, die vielfältigste Aspekte des Bildungsgeschehens in den Mitgliedsstaaten der OECD – und zum Teil darüber hinaus – beleuchten.

Es gibt kein umfassenderes Material zum Bildungsgeschehen in der Welt. In Verbindung mit den heftig diskutierten, auch umstrittenen PISA-Studien (OECD 2012) erreicht die OECD mit diesen Publikationen – und mit der Medienberichterstattung darüber - wahrscheinlich die größte Öffentlichkeit.

Was ist dieser „Blick auf die Bildung"? Warum unternimmt eine weltweite Wirtschaftsorganisation ein solches Unterfangen? Was wird damit bewirkt?

Zu diesen Fragen blicken wir hier kurz auf die wesentlichen Inhalte von „Bildung auf einen Blick", wir folgen dabei der „Kurzfassung" – auch diese umfasst 96 Seiten – den „Highlights" (OECD 2014).

Das Dokument umfasst das gesamte Bildungsspektrum von der elementaren Pädagogik an, über Primar- und Sekundarschulwesen bis zum Hochschulsektor und zur Erwachsenenbildung. Die quantitativen Daten von Beteiligung an verschiedenen Bildungsebenen, an allgemeiner und beruflicher Bildung, in Hochschulbildung und in der Beteiligung Erwachsener am lebenslangen Lernen werden zwischen 36 Staaten in Vergleich gesetzt. Darüber hinaus werden aber auch qualitative Aspekte beschrieben und verglichen, z.B. welche Effekte bringt Bildung mit sich? Für den Einzelnen, und für die Gesellschaft? Wie ist das Verhältnis von eingesetzten Mitteln zu – messbaren und bewertbaren – Ergebnissen von Bildung? Wie sind die Bedingungen für das Lehren und Lernen in der Schule, in der Erwachsenenbildung? Welche Einstellungen, Erwartungen, Ergebnisse sind bei Lernenden auf verschiedenen Bildungsniveaus feststellbar? Letztlich sind alle Daten mit dem Ziel und Zweck zu lesen und zu interpretieren, die nationale Bildungslandschaft im internationen Vergleich zu bewerten und Ansatzpunkte zu finden, richtige und wirksame Maßnahmen zur Optimierung der Bildungsleistungen setzen zu können.

Warum tut das eine weltweit tätige Wirtschaftsorganisation? Ist „Bildung ihr Schwerpunktthema? Verständlicher wird dies, wenn man Tätigkeiten und Publikationen der OECD aus ihrem „ureigenen“ Bereich, von „Economy“ and „Employment“ betrachtet.

Die OECD ist die weltweite Organisation für wirtschaftliche Zusammenarbeit und Entwicklung, mit derzeit 34 Mitgliedsstaaten, gegründet 1960, als Nachfolgeorganisation der OEEC, der Organisation für Europäische wirtschaftliche Zusammenarbeit.

In den Gründungsdokumenten der OECD (OECD 1960) findet sich kein Wort von „Bildung“ oder „education“. Nur der Begriff „vocational training“ wird einmal verwendet im Zusammenhang mit betrieblicher und wirtschaftlicher Entwicklung. Ihr Schwerpunkt liegt seit mehr als 50 Jahren auf den Themen Wirtschaft und Beschäftigung, darauf beziehen sich auch ihre wesentlichen Arbeiten und Publikationen.

2. Economic and Employment Outlook

Wenige Tage vor der Veröffentlichung des Bildungsberichtes der OECD, am 3. September 2014, wurde der OECD Employment Outlook 2014 (OECD 2014) publiziert, der neben dem OECD Economic Outlook (OECD 2014) eine der wesentlichsten Dokumentationen der OECD darstellt.

Naturgemäß beschäftigt sich dieser Bericht zur Beschäftigungslage weltweit mit den wesentlichsten Herausforderungen am Arbeitsmarkt, mit Arbeitslosigkeit und deren Ursachen, mit Jugendbeschäftigung und Jugendarbeitslosigkeit in den OECD Staaten, mit arbeitsmarktpolitischen Ansätzen und deren Wirkungen. Daraus wird auch eine Reihe von konkreten Empfehlungen abgeleitet – Was hat das wiederum mit Bildung zu tun? Sehr viel.

Auch dieser „Employment Outlook“ enthält nämlich entscheidende Passagen zu Bildung und Ausbildung. Ein 40-Seiten Kapitel beschäftigt sich mit der Rolle von Fertigkeiten und Qualifikationen und deren Bedeutung am Arbeitsmarkt. Dies zeigt, welche Bedeutung internationale Organisationen heute dem Bereich Bildung und Ausbildung beimessen, und da sind nicht nur vordergründig berufliche Fähigkeiten und Fertigkeiten angesprochen, das bezieht sich auch ganz intensiv auf Basisqualifikationen – siehe PISA – und auf die Frage der Weiterbildung insgesamt, auch die Frage der dualen Ausbildung Jugendlicher – Berufsbildung in Unternehmen und Schule – wird zunehmend thematisiert und reflektiert.

3. Education and Training 2020 - European Union

Dies gilt auch für eine weitere, wichtige internationale Organisation, die Europäische Union (EU). In den Gründungsdokumenten der Europäischen Gemeinschaften von 1957 wird Bildung weder in der Präambel noch den Zielsetzungen oder im Tätigkeitskatalog erwähnt (EWG 1957), und doch zählen heute „Education“, „Qualification“, Skills“ zu den wichtigsten Themen der EU

Warum ist heute, fast 65 Jahre später, Bildung eines der wichtigsten Themen einer weltweiten Wirtschaftsorganisation? – Vordergründig ist die Antwort einfach.

„Bildung“ ist heute das Kernthema für jede wirtschaftliche Entwicklung. Spätestens seit der wissenschaftlichen Begründung der „Human Capital Theory“ (Becker 1964) ist die überragende Bedeutung des „Faktors“ Qualifikation, Bildung, Ausbildung dokumentiert, auch wenn dies in politische und praktische Prozesse vielfach erst viel später Eingang gefunden hat.

Heute kommt keine wirtschaftliche Organisation, kein wirtschaftlich verantwortlicher Sektor politischen Handelns, ob auf internationaler, europäischer, nationaler oder regionaler Ebene, ohne das – zumindest verbale – Bekenntnis zu Bildung und Qualifikation aus. Dabei geht es nicht nur um formale, fachliche Bildungsgrundlagen. Auch das menschliche Verhalten, soziale Kompetenzen, die Einstellung zu Arbeit, zu Leistung und Wertschöpfung, zum unternehmerischen Tun ist zunehmend Gegenstand des Diskurses geworden, aus durchaus unterschiedlichen Gesichtswinkeln (Heinrich 1957).

Näher betrachtet berührt jedoch das Thema „Bildung und Beschäftigung“ unterschiedlichste Phänomene, die durchaus kontrovers diskutiert werden. Dies lässt sich schon aus der Begrifflichkeit von „Bildung“ und „Beschäftigung“ in unterschiedlichen Kontexten ableiten.

Häufig wird der Europäischen Union – bzw. deren handelnden Organen, vorgehalten, „Bildung“ nur zu „ökonomistischen“ Zwecken zu instrumentalisieren. Dieser Vorhalt greift jedoch zu kurz, er verkennt erstens die Europäische Kompetenzlage hinsichtlich „Bildung“. Die Mitgliedsstaaten gewähren der Union nur soweit gemeinschaftliche Kompetenz im Sinne von „Zuständigkeit“, als es Berufsbildung und Beschäftigung betrifft – alles Weitere ist der „Open Method of Co-ordination“ zugeordnet (EK 2001).

4. Zum Begriff „Bildung“

Die eingangs erwähnte OECD-Publikation hat als deutschen Titel „Bildung auf einen Blick“. Der englische Titel lautet „Education at a Glance“. Das ist nicht dasselbe. Wenn „Öffentliche Erziehung im Strukturwandel“ das Thema dieser Publikation ist – „Erziehung - Education - Bildung“ – das transportiert nicht denselben Bedeutungsgehalt. Das ist in Europa, insbesondere im deutschsprachigen Raum ein komplexes Thema. Die Frage, wie Bildung und Beschäftigung zueinander korrelieren, hat viel mit dem zu tun, was den Begriffen zugeschrieben wird. Dazu hier nur einige kurze Anmerkungen:

Gerne wird Jean Monnet, einer der Gründerväter der Europäischen Einigung nach dem Zweiten Weltkrieg, zitiert „Wenn ich noch einmal beginnen könnte, ich würde nicht mit Kohle und Stahl, ich würde mit der Bildung beginnen“. Oder meinte er doch „mit der Kultur“? Monnet gebrauchte den Begriff „culture“, dies kann Beides bedeuten – „Bildung“ und „Kultur“. Mit den Worten „Education“, „Qualification“, Competence“ etc. werden in unterschiedlichen sprachlichen, kulturellen, nationalen Verknüpfungen unterschiedliche Bilder transportiert (Härtel 2008). Das ist für den Diskurs zu „Bildung und Beschäftigung“ in der OECD ebenso wie in der Europäischen Union, auch in Österreich, von entscheidender Bedeutung.

5. Bildung und Beschäftigung

Auch der Begriff „Beschäftigung“ ist im internationalen, europäischen Kontext differenziert zu interpretieren. Die Bedeutung einer „Anstellung“ im herkömmlichen, mitteleuropäischen Verständnis ist nicht überall ident. Diese Betrachtung verkennt nicht die dramatischen Konsequenzen, die Versäumnisse am Arbeitsmarkt nach sich ziehen, etwa wenn Jugendliche keine Vorsorge für spätere Lebensphasen treffen, wenn Frauen der Wiedereinstieg in die Beschäftigung nicht gelingt, wenn Ältere aus dem Job gedrängt werden. Aber, die konkreten Umstände sind in Andalusien, im Norden Finnlands, in den Randbezirken von Paris oder in Wien-Favoriten differenziert zu betrachten und zu bewerten. Die Kultur des „Selbstständig-Sein“ hat in der OECD und in Europa äußerst unterschiedliche Ausprägungen, darauf weisen sowohl der regelmäßig publizierte „Global Entrepreneurship Monitor (DCU 2013) hin wie die Erhebungen in „Rethinking Education“ der Europäischen Kommission (EK 2012).

6. Beitrag internationaler Organisationen

Umso wichtiger ist es, über international vergleichbare Daten, Fakten, Erkenntnisse zu verfügen, die es ermöglichen, in unterschiedlichen Kontexten „evidence based“ Schlüsse zu ziehen. Die Betonung dabei liegt auf Beidem: „unterschiedliche Kontexte“ und „evidence based“. Der vielfach geäußerte Vorhalt, die Daten, die internationale Organisationen produzieren, dienen nur wirtschaftlichen Interessen (Liessmann 2014) träfe ja nur dann zu, wenn man diese Daten nur für wirtschaftliche Interessen nützt. Aber: sie stehen ja Allen zur Verfügung: der Politik, dem Bildungswesen, allen Interessierten. Man muss daraus nur jene Schlüsse ziehen, die im Sinne der politischen und gesellschaftlichen Ziele förderlich und wirksam sein können.

7. Wirkungszusammenhänge zwischen Internationalen Organisationen und Nationaler Politik

Über die rein sachlich-fachlichen Aspekte hinaus, die die Wechselwirkungen zwischen Bildung und Beschäftigung betreffen, seien hier ein paar Überlegungen angeführt. Der Einfluss von Bildung auf alle gesellschaftlichen Entwicklungen ist ja gut erforscht und dokumentiert, nicht nur die Wirkung auf die Wirtschaft und Beschäftigung. Gesundheit, Wohlbefinden, sozialer Zusammenhalt, Lebenserwartung, und vieles mehr, steht mit Bildung in Verbindung (Bertelsmann Stiftung 2014). Jeder, der sich im wirtschaftlichen Bereich ernsthaft mit diesen Fragen auseinandersetzt, kommt an diesen Überlegungen nicht vorbei.

Aber der sachliche Diskurs ist das Eine. Das, was Politik will und kann – und das hängt, in unterschiedlichen Gewichtungen – vom demokratischen Procedere ab – ist das Andere. Staaten machen mit bei internationalen Vergleichsstudien, wenn es im politischen Prozess möglich und gewünscht ist. Staaten ziehen politische Schlussfolgerungen aus Empfehlungen, wenn es mit nationalen Entwicklungen vereinbar ist. Staaten setzen Empfehlungen um, wenn sie als sinnvoll, nutzenstiftend eingeschätzt werden – und wenn sie finanzierbar sind.

Klingt das nach oberflächlicher Unverbindlichkeit und Wirkungslosigkeit? Nur vordergründig.

Eine nähere Analyse dessen, was sich in den letzten Jahren und Jahrzehnten in nationalen Entwicklungen – auch in Österreich – ergeben hat, würde zeigen, dass alle entscheidenden Veränderungen auch auf Anstöße von außen zurückzuführen sind, ob in der Elementarpädagogik, in den Bildungsstandards, der Zentralmatura, in der Bildungs- und Berufsberatung, u.v.m.

Dazu sollen im Folgenden einige Beispiele angeführt werden.

8. Bildung ist mehr

„Und wenn Sie alles vergessen, was ich heute sage, merken Sie sich das Eine: Es gibt keine gebildete Gesellschaft in der Welt, die arm ist, und es gibt keine ungebildete Gesellschaft in der Welt, die irgendetwas anderes als arm ist" rief der bedeutende Ökonom John Kenneth Galbraith vor über 20 Jahren seinem Publikum bei einem Vortrag in Wien zu (Galbraith 1958). In der klassischen Theorie kam das nicht vor. Arbeit, Kapital und Boden, das waren die Faktoren, die, richtig kombiniert, zu wirtschaftlicher Wertschöpfung und Wohlstand führten (Smith 1776).

Dies berücksichtigt auch der „Human Development Indicator" den die UNDP – das Entwicklungsprogramm der Vereinten Nationen – seit 1990 jährlich veröffentlicht. Einer der Drei „Wohlstandsindikatoren" – neben Lebenswartung und Bruttonationaleinkommen pro Kopf – ist ein „Bildungsindex" (UNO 2014). Bei aller Anfechtbarkeit solcher Indices: die international einhellige Einschätzung der Bedeutung von Bildung und Qualifikation für Wirtschaft, Wohlstand, Wachstum geht daraus eindrucksvoll hervor.

Dabei geht heute der Anspruch „Bildung" in Europa, auch in Österreich, weit über die Verknüpfung mit „Beschäftigung" und Wirtschaft hinaus. Gestaltung des Lebens, kulturelle, musische, historische, religiöse Aspekte – all dies sind unbestritten potenziell Wesenselemente von „Bildung". Dies steht jedoch nicht im Widerspruch dazu, dass „Bildung" auch „Ausbildung" beinhaltet, die dazu befähigt, Zugang zu Beschäftigung zu finden, und in Beschäftigung zu bleiben.

Der Ansatz ist: Je höher Qualität und Leistung von Bildung ist, desto besser können sich auch persönliche, berufliche, gesellschaftliche Entwicklungen entfalten. Dass dies, siehe oben, differenziert zu interpretieren ist, steht außer Streit. Und gerade dazu leisten internationale Organisationen wertvolle Beiträge. Ohne die internationalen Vergleichsstudien wären viele Prozesse auch in Österreich nicht in Gang gekommen.

9. Vielfältige Zugänge internationaler Organisationen

Erst vor wenigen Jahren hat sich die OECD umfassend mit dem Thema des „Schulversagens" auseinandergesetzt. Dass der inhaltliche Ansatz des „Overcoming school failure: Policies that work" (STVG 2011) in Österreich vorrangig individuell adressiert wird, während die OECD prioritär auf den systemischen Ansatz fokussiert, damit setzt sich der Beitrag von Fraundorfer (Fraundorfer 2014) an anderer Stelle in diesem Band ausführlich auseinander.

Der präventive und systemische Ansatz ist wichtig. Es geht jedoch um mehr als um das „Vermeiden von Versagen". Es geht um die Betrachtung aller Ansatzpunkte, die offensive, fördernde, stärkende Entwicklungen für Bildung und Beschäftigung unterstützen.

Die OECD hat sich dazu seit Jahren ganz essenziell mit Fragen des Zusammenhangs von Bildung und Beschäftigung auseinandergesetzt. Im Endbericht des drei-Jahres-Projektes „From Initial Education to Working Life – Making Transitions Work" wird festgehalten, worauf es ankommt:

> „... a healthy economy and labour market, well organised pathways from initial education to work and further study, opportunities to combine study and workplace experience, safety nets for those at risk, effective information and guidance systems, and policy processes involving both governments and other stakeholders." (OECD 2000).

Dies setzt sich fort in dem großen OECD Projekt „Career Guidance Policies" (OECD 2004), zu dem Österreich in einem Nationalen Bericht wesentlich beigetragen hat (Härtel 2001) und das in Verbindung mit Entwicklungen in der Europäischen Union – etwa der „European Expert Group on Lifelong Guidance" – zu weitreichenden Aktivitäten in Verbindung von „Education", „Economy and Employment", zunehmend auch mit „Social Affairs" führten. Dies war auch die Geburtsstunde der heute allgemein verwendeten „Dachmarke" für Bildungs- und Berufsberatung in Österreich „IBOBB – Information, Beratung,Orientierung für Bildung und Beruf" – so lautete der in Österreich akkordierte Titel des Länderberichts zu „Career Guidance Policies" (Härtel 2001).

Die weiteren Entwicklungen waren beispielhaft für die Wechselwirkungen, die aus der Beteiligung an internationalen Projekten entstehen, und aus den Effekten, die national aus diesen Kooperationen abgeleitet werden können. Im Jahre 2006 wurde die österreichische Lifelong Guidance Strategy verabschiedet und an die Europäische Kommission berichtet (BM:UKK/BMWF 2007).

Diese Strategie hat einerseits viel von dem vorweggenommen, was in der Resolution des Europäischen Rates 2008 festgeschrieben wurde (EC 2008), andererseits in Österreich Wesentliches bewirkt. Eine Task group, geführt vom bm:ukk, unter Einbindung der Bundesministerien für Wissenschaft und Forschung, Arbeit und Soziales, Wirtschaft, Jugend und Familie, sowie aller Sozialpartner, und NGO´s wie der Steirischen Volkswirtschaftlichen Gesellschaft hat Konzepte zur weiteren Intensivierung von Aktivitäten zu Bildungs- und Berufsorientierung – IBOBB – entwickelt, umfangreiche Materialien erarbeitet, Qualifizierungsinitiativen für Lehrer/innen aus Berufsorientierung und für Schülerberater/innen sowie für Berufsorientierungskoordinatorinnen gestartet und bundesweite Vernetzungsaktivitäten im Hochschulbereich eingeleitet.

Letztlich sind Erkenntnisse aus dieser internationalen Kooperation – unterstützt von weiteren Europäischen Projekten wie CBI-NLLS – Cross-Border-Improvement – National Lifelong Guidance Strategies (CBI 2010) auch entscheidend in die weitere Entwicklung und Umsetzung der „Strategie zum lebensbegleitenden Lernen für Österreich LLL:2020" (BM:UKK 2011) eingeflossen. Auch die Zusammenarbeit im ELGPN – European Lifelong Guidance Policy Network – in dem Österreich seit der Konstituierung im Jahr 2007 bis heute eine verantwortliche Rolle einnimmt, hat die Entwicklung im Lande wesentlich mit beeinflusst (ELGPN 2014).

10. Wirkungen internationaler Auseinandersetzung mit Bildung und Beschäftigung

Das Beispiel im vorigen Abschnitt ist nur eines von Vielen.

Schon die TIMSS – Third International Maths and Science Study – im Jahr 1995, übrigens die erste internationale Vergleichsstudie, an der sich Österreich beteiligte - brachte für Österreich eher überraschende Ergebnisse. Am Ende der Volksschule waren die Ergebnisse im internationalen Vergleich ganz gut, nach acht Jahren Schulzeit mittelmäßig, am Ende der Sekundarstufe – sehr - mäßig…

Die ersten PISA Ergebnisse für Österreich im Jahre 2000 bestätigten im Grunde die Positionierung im internationalen Vergleich, also eher Mittelmaß. Sie wurden jedoch noch eher „beruhigend" aufgenommen („besser als Deutschland"), das hat sich dann – auf statistische Spezifika wird hier nicht weiter eingegangen – rasch relativiert. Auf Details der PISA Debatte braucht hier nicht weiter eingegangen zu werden. Offensichtlich ist, dass viele Diskurse im Lande nicht in Gang gekommen wären ohne internationale Vergleichsdaten. Das betrifft nicht nur Leseförderungs-Programme- und -Projekte, das greift weiter. Die Entwicklung von Maßnahmen und Standards zur Überprüfung, was wirklich das Ergebnis von Lernprozessen im Bildungswesen ist, wäre ohne diesen internationalen Diskurs nicht in dieser Weise von statten gegangen. Man kann im Detail über „Sprachstandsfeststellungen", „Bildungsstandards", „Zentralmatura" diskutieren – unbestreitbar ist jedoch, dass damit erstmals eine Entwicklung eingeleitet wurde, die nicht nur Vorgänge des Lehrens, des Unterrichts im Blickfeld hat, sondern auch darauf schaut, was davon bleibt.

Als These wird hier formuliert: Alle wesentlichen Entwicklungen im österreichischen Bildungswesen der letzten Jahre, auch in Hinblick auf Wirkung auf Beschäftigung, sind entscheidend durch die Auseinandersetzung mit internationalen Aspekten, und der Wirkung von internationalen Vergleichsstudien geprägt.

11. Bestärkung und Bestätigung durch internationale Vergleiche

Dies gilt auch im Gegenzug für jene Bereiche – und das ist ganz bedeutend – wo Österreich beispielgebende Entwicklungen vorzuweisen hat. Dies ist vorwiegend in der Berufsbildung der Fall. Die Besonderheit der zwei Schienen berufsbildender Ausbildungswege auf der Sekundarstufe II – duale Berufsbildung in Unternehmen und Schule oder Vollzeit-schulische Bildung – ist eine Stärke, die gerade im internationalen Vergleich sichtbar wird. Auch darauf weisen weitere OECD Berichte hin. „Learning for Jobs“ (Hoeckel 2011) zeigt auf, was in Österreich im berufsbildenden Sektor geleistet wird.

12. Verantwortung für Politik: Nutzen von Evidence

Für alle relevanten Bereiche von Bildung und Beschäftigung liegen umfangreiche Daten, Quellen, Materialen vor. Die OECD hat – mit Unterstützung und Beteiligung der involvierten Mitgliedsländer – wertvolle weitere Dokumente erstellt, die Bildung und Beschäftigung berühren. Als Beispiele sei hier das Dokument genannt „Skills beyond School“ (Musset 2011), das all jene, vielfältigen, Ausbildungen erfasst, die nach der schulischen Erstbildung, aber nicht-hochschulisch angeboten werden.

Es wäre aller Anstrengungen wert, die Fülle von Erkenntnissen, Evidenzen und Dokumente gezielt auszuwerten und zusammenzuführen, die von internationalen, europäischen und nationalen Stellen zur Verfügung gestellt werden. Es ist davon auszugehen, dass all diese Dokumente bekannt sind, aber nicht strukturiert, gebündelt und gewichtet angewandt werden. Dies ist eine Aufgabe, die „Bildung und Beschäftigung“ – auch in Verbindung mit sozialen und gesellschaftlichen Fragestellungen – wesentlich befördern könnte.

Um diesem Ansatz näher zu kommen, hat die OECD im Jahr 2012 die „Skills Strategy“ ins Leben gerufen, die das Ziel verfolgt, aus allen verfügbaren Daten und Erkenntnissen Konsequenzen abzuleiten, die der – in vielen europäischen Ländern ja viel dramatischeren Situation als in Österreich – von Beschäftigung, Jugendarbeitslosigkeit und den damit verbundenen sozialen, gesellschaftspolitischen Herausforderungen begegnen soll, mit folgendem Motto:

„Dahinter steht der Gedanke, einen von allen Regierungsressorts und -ebenen getragenen Ansatz zur Formulierung und Umsetzung sinnvoller Aus- und Weiterbildungspolitiken zu konzipieren, der die zuständigen Ministerien für Bildung, Migration, Familie, Wissenschaft und Technologie sowie Beschäftigung einbezieht. Dabei wird auch die Mitwirkung von Gewerkschaften, Arbeitgeberverbänden, Industrie- und Handelskammern, Nichtregierungsorganisationen, Hochschulen und sonstigen interessierten Partnern gefragt sein. Das Endergebnis wird eine Blaupause für die Gestaltung und Umsetzung von Politiken sein, die das Humankapital der einzelnen Länder durch die Steigerung – und Nutzung – der Qualifikationen ihrer Bürger optimieren, um Wirtschaftswachstum und soziale Inklusion zu fördern"

Daran wird weiter zu arbeiten sein.

Literatur

Becker Gary S. (1964) Human Capital: A Theoretical and Empirical Analysis, with Special Reference to Education. Chicago: University of Chicago Press

Becker Gary S. (1993) Der ökonomische Ansatz zur Erklärung menschlichen Verhaltens. Tübingen. Mohr. 1993

BM:UKK/BMWF (Hg.) (2007): Österreichischer Bericht über die Umsetzung des EU-Arbeitsprogrammes „Allgemeine und Berufliche Bildung 2010" Wien

Europäische Kommission (2001): Europäisches Regieren. Ein Weißbuch, Juli 2001

Europäische Kommission (2012): Neue Denkansätze für die Bildung, Straßburg

European Commission (2012) Rethinking Education: Country Analysis, Brussels

European Council (2008): Council resolution on better integrating lifelong guidance into lifelong learning strategies. Brussels

Fraundorfer, A. (2014): Zum Phänomen Schulversagen. In dieser Publikation

Galbraith, J.K. (1958): The Affluent Society, dt. „Gesellschaft im Überfluss", 1963, München: Droemer Knaur

Härtel Peter. (2001): Länderbericht Österreich - Information, Beratung, Orientierung für Bildung und Beruf. OECD BM:UKK Wien

Härtel Peter. (2001): National Report Austria „Career Guidance Policies", OECD, BM:UKK Vienna

Härtel Peter. (2008): Ökonomie oder Bildung? In: Bauer Thomas A. et.al. (Hrsg.): Bildung für Europa. Paderborn: B+B Medien, S. 84-94

Heinrich, Walter. (1957): Wirtschaft und Persönlichkeit. Salzburg: Müller Verlag

Hoeckel, Karin. (2010): Learning for Jobs. Paris: OECD

Liessmann, Konrad Paul (2014): Geisterstunde Die Praxis der Unbildung. Wien: Zsolnay Verlag

Musset, P., et al. (2013): A Skills beyond School Review of Austria, OECD Reviews of Vocational Education and Training. Paris: OECD Publishing

OECD (1960): Convention on the Organisation for Economic Co-operation and Development. Paris. 14th December 1960
OECD (2000): From Initial Education to Working Life: Making Transitions Work. Paris
OECD (2004): Career Guidance Policies - Bridging the Gap. Paris
OECD (2014): Education at a Glance 2014: Highlights, OECD Publishing
OECD (2014): Education at a Glance, OECD Publishing
OECD (2014): Employment Outlook 2014, OECD Publishing
Smith, Adam (1776): An Inquiry into the Nature and Causes of the Wealth of Nations.
Styrian Association for Education and Economics (STVG) (2011): OECD Country Report Austria, Overcoming School Failure: Policies that Work, BMUKK Vienna.

http://www.oecd.org/berlin/themen/pisa-internationaleschulleistungsstudiederoecd.htm, (Zugriff am 22.11.2014)
http://www.cvce.eu/obj/die_europaische_relance_und_die_romischen_vertrage_historischer_zusammenhang-de; (Zugriff am 22.11.2004)
http://www.dcu.ie/news/2014/jun/s0614o.shtml, abgerufen 22.11.2014, bald auch wieder für Austria verfügbar
http://www.bertelsmann-stiftung.de, (Zugriff am 09.11.2014)
http://hdr.undp.org/en/data, (Zugriff am 09.11.2014)
www.cbi-nlls.net, (Zugriff am 22.11.2014)
http://www.esf.at/esf/wp-content/uploads/LLL-Strategiepapier_20111.pdf, (Zugriff am 22.11.2014)
www.elgpn.eu, Zugriff am 22.11.2014

Zum Phänomen Schulversagen – pädagogische, soziale und systemische Perspektiven sowie strategische Ansätze und Maßnahmen in Österreich zu dessen Verhinderung

Andrea Fraundorfer

1. Vorbemerkungen

Der folgende Beitrag widmet sich dem Phänomen Schulversagen bzw. Schulabbruch aus mehreren, teils recht unterschiedlichen Perspektiven, die sowohl neuere Forschungserkenntnisse als auch bildungspolitische Empfehlungen und strategische Ansätze berücksichtigen. Zunächst wird im Teil I mit Rückgriff auf die entsprechenden Forschungsarbeiten Schulversagen als ein äußerst vielschichtiges Phänomen, an dessen Entstehung viele Akteure und diverse Konstellationen beteiligt sind, diskutiert. Dabei wird u.a. die Frage beleuchtet, inwiefern scheiternde Schulkarrieren als komplexe Phänomene des Ineinandergreifens von strukturellem, pädagogischem und individuellem Versagens und damit auch als ein Spiegel misslingender Vermittlungs- und Bildungsprozesse rekonstruiert werden können.

Teil II beschäftigt sich unter dem Titel *Internationale Diskurse revisted* mit ausgewählten internationalen Strategieansätzen und Empfehlungen, um Schulversagen bzw. das frühzeitige Verlassen der Schule ohne entsprechende Zertifikate zu vermindern. Dazu werden aktuelle Diskurse der OECD und der Europäischen Kommission analysiert, die die bildungspolitischen, strukturellen und angebotsbezogenen Entwicklungen in Österreich voranzutreiben beabsichtigen. Dieser Abschnitt thematisiert zudem die Unterschiede und Gemeinsamkeiten der vorliegenden strategischer Ansätze und der damit verbundenen Empfehlungen, die vor dem Hintergrund dynamisierter Gesellschaften und prekärer Ökonomieentwicklungen zu lesen sind. Ebenfalls in den Blick genommen wird die Steuerung von Bildungssystemen über Zielgrößen (Benchmarks), die einen Paradigmenwechsel von der Input-orientierten Steuerung zu einer *Target-driven Policy* markiert.

Im dritten Abschnitt wird mit Bezug auf nationale Entwicklungen eine Zusammenschau versucht, welche Studien und Papiere maßgeblich für den österreichischen Diskurs und die Weiterentwicklung der strategischen Ansätze sowie der damit verbundenen Maßnahmen sind. Hier ist vor allem die *Nationale Strategie zur Verhinderung frühzeitigen Schul- und Ausbildungsabbruchs* als *das* bildungspolitische Leitdokument innerhalb des nationalen Diskurses, das die aktuellen Maßnahmen in Österreich strategisch zu bündeln versucht, zu nennen.

In den *Schlussbetrachtungen* werden die Grenzen des relativ jungen Steuerungsparadigma über internationale Benchmarks in Bezug auf Schulabbruch thematisiert. Angesichts des komplexen Phänomens Schulabbruch, bei dem individuelle, soziale und institutionelle Dimensionen eng miteinander verwoben sind, greift möglicherweise die Steuerung über konkrete Zielvorgaben zu kurz. Der Ausblick zeigt, dass Schule wieder pädagogisch und damit aus der Sicht der Lernenden gedacht werden muss, will man Bildungsbenachteiligung und Schulabbrüche verringern.

2. Zum Phänomen Schulversagen bzw. (Aus-)Bildungsabbruch

In der Fachliteratur wurde bereits ausführlich beschrieben, dass Schulabbruch und die damit einhergehende Bildungsarmut nicht nur ein individuelles Problem darstellen, sondern auch gesellschaftliche, soziale, arbeitsmarktpolitische sowie demokratiepolitische Implikationen haben.[1.] Eine geringe Ausbildung bzw. fehlende Schulabschlüsse bergen langfristig nicht nur die Gefahr erhöhter bzw. verlängerter Arbeitslosigkeit in sich, sondern zeigen auch Auswirkungen auf den individuellen Gesundheitszustand, auf die Weiterbildungsmotivation, die Lebenszufriedenheit insgesamt sowie auf die gesellschaftliche Partizipations- und Demokratiefähigkeit. Die Bekämpfung von Ausgrenzungsgefährdung junger Menschen zielt daher darauf ab, dass diese nicht von höherwertigen Bildungswegen ausgeschlossen werden und durch die Sicherung vielseitiger Bildungszugänge die Partizipation am ökonomischen, sozialen und kulturellen Wohlstand eines Landes garantiert wird. Dieser Ansatz wird unter dem Stichwort Chancengerechtigkeit bzw. Chancengleichheit seit Jahrzehnten verfolgt, wobei sich zeigt, dass sich die Mobilität der sozialen Milieus im Sinne eines Bildungsaufstiegs nur langsam verbessert.

Der folgende Abschnitt richtet vor dem Hintergrund der genannten Implikationen von Schulabbruch/Schulversagen den Blick auf die *Mehrdimen-*

---

1 Vgl. dazu Steiner 2009; OECD 2012; European Commission 2013

sionalität und Komplexität des Phänomens. Ich werde dazu neuere Studien vor allem aus dem deutschsprachigen Raum diskutieren, die mit Erkenntnissen u.a. aus schülerbiographischer Sicht, aus der allgemeinen Unterrichts- und Professionalisierungsforschung sowie aus der institutionenkritischen Perspektive bzw. der Schulabbruchs- und Bildungsbenachteiligungsforschung einhergehen.

Die Sichtweise, einen Schul- bzw. Ausbildungsabbruch als unvorhergesehenes Ereignis in der Bildungsbiographie eines jungen Menschen zu betrachten, das zudem auf Defizite der Person bzw. auf deren sozioökonomischen Hintergrund zurückzuführen ist, gilt inzwischen als überholt. Bildungsabbrüche stellen vielmehr *kumulative und beobachtbare* Prozesse der Entfremdung vom schulischen/institutionellen Lernen dar, die in der konkreten Beendigung eines bestimmten (Aus-)Bildungsweges vor dessen regulärem Abschluss münden. Langandauernde frustrierende Erfahrungen innerhalb der eigenen Schulbiographie, Probleme mit schulischen Leistungsanforderungen, latente oder manifeste Leistungsrückstände im Vergleich zu den Gleichaltrigen, Probleme mit der Bildungssprache, mit der Peergroup, aber auch mit einzelnen Lehrpersonen tragen wesentlich dazu bei, dass es zu einer Zäsur im Bildungsverlauf kommt. Ebenso häufig spielen fehlende bzw. dysfunktionale familiäre und psychosoziale Unterstützungsstrukturen eine zentrale Rolle. Im mehrdimensionalen Phänomen Schulabbruch zeigt sich ein Verwobensein von individuellen Leistungs-, Motivations- und Persönlichkeitsfaktoren mit sozioökonomischen und familiären Hintergründen sowie mit schulischen bzw. strukturellen Faktoren, die auf mehr oder weniger gelingende Lernprozesse einwirken. Zudem werden in den letzten Jahren zunehmend mehr institutionelle Mechanismen und Routinen in den Blick genommen, die an der Perpetuierung von Bildungsbenachteiligung beteiligt sind und damit auch Einfluss auf den Abbruch eines Ausbildungsweges haben.

Eine umfassende Analyse des Phänomens Schulabbruch/Schulversagen setzt bei der Mikro- (Individuum), der Meso- (Schule, Peers und Familie) sowie der Makroebene (Gesellschaft, Schulsystem und Arbeitsmarkt) gleichzeitig an (BMUKK 2012: 12). Aus einer solchen Perspektive erscheint es weder sinnvoll, die Verantwortung für einen (Aus-)Bildungsabbruch alleine auf das Individuum und auf dessen sozioökonomische Herkunft zurückzuführen, noch dem System Schule und ihren Akteuren die alleinige Verantwortung beim Misslingen von Bildungskarrieren zuzuschreiben. Erst die Analyse der Interdependenzen zwischen Person(en) und System(en) zeigt, das sich das Phänomen der Entfremdung vom schulischen Lernen sukzessiv entfaltet und es zu jedem Zeitpunkt Interventionsmaßnahmen gäbe, die der Kumulation dieser Distanzierungs- und Demotivationsprozesse entgegenwirken könnten.

Schulabbruch wird zunehmend mehr in Verbindung mit der Nichterreichung eines national bzw. international definierten Bildungsminimums diskutiert; wird dieses Bildungsminimum nicht erreicht, spricht man von Bildungsarmut. Diese wird wiederum unterteilt in Zertifikatsarmut (dem Nichterreichen bestimmter Abschlüsse) und Kompetenzarmut (dem Nichterreichen eines bestimmten Kompetenzniveaus) (Bruneforth et al. 2012: 206). Zertifikatsarmut bezeichnet das Faktum, dass ein Jugendlicher vor Erreichen des angestrebten Abschlusses seinen Bildungsweg abgebrochen hat. Für Österreich werden dazu drei gängige Indikatoren diskutiert: das Nichterreichen des Pflichtschulabschlusses, der Anteil der 15-Jährigen, die keine weitere Ausbildung machen und die Anzahl der SchulabbrecherInnen zwischen 18-24 Jahren gemäß der gängigen EU-Definition. Bruneforth et al. stellen im *Nationalen Bildungsbericht 2012* fest, dass ein wesentlich höherer Anteil der österreichischen Jugendlichen von Kompetenzarmut betroffen sind, als die Zahl der Schulabbrecher und damit die der Zertifikatsarmen vermuten lässt (Bruneforth et al. 2012: 208f.; 214).[2] Dieser Zusammenhang wird seit der Einführung von internationalen Leistungsvergleichstests und dem Vergleich der Testergebnisse von nationalen Bildungsstandards mit den vergebenen Schulabschlüssen verstärkt diskutiert.

In den letzten Jahren zeigt sich eine Zunahme der Forschungsarbeiten sowie auch der Expertisen, die im Feld der Bekämpfung von Schulabbruch erstellt wurden. Die traditionelle Schulabbruchsforschung konzentrierte sich bisher vor allem auf Risikogruppen und Risikofaktoren, die schulische Entfremdungsprozesse und Schulabbruch forcieren. Eine solche individualzentrierte Sichtweise legt nahe, das ‚Versagen' und damit die ‚Schuld' einseitig bei den als defizitär eingestuften Individuen und ihren sozialen Hintergründen zu suchen. Diese defizitorientierte und individualistische Sichtweise wird heute zunehmend von einer Mehrebenen-Perspektive abgelöst, die Schulversagen aus institutioneller und individueller Sicht zu rekonstruieren beabsichtigt.[3]

---

2 Die am häufigsten zitierte Schulabbruchsquote ist jene, die sich an den EU-Vorgaben und damit an den Berechnungen von EUROSTAT orientiert. Nach dieser Definition sind frühe Schulabgänger Jugendliche zwischen 18 und 24 Jahren, die sich nicht in Ausbildung befinden und keinen Abschluss der Sekundarstufe II erreichen konnten, d.h. maximal ISCED 3C (z.B. einjährige Haushaltsschule) zuzurechnen sind. Im Jahr 2013 betrug die Anzahl der frühen Schulabgänger/innen (Early School Leavers) in Österreich 7,3 %, wobei hier auch jene Jugendlichen berücksichtigt werden, die sich im Zeitraum der Befragung gerade in einer Weiterbildungsmaßnahme befinden.

3 Vgl. dazu auch die Definition von Schulabbruch aus einer systemischen *und* einer individuellen Perspektive, wie sie die OECD im Anschluss an die Arbeiten zu „Ten Steps to Equity in Education" vorgelegt hat (OECD 2012: 18).

Beiträge zum Gesamtverständnis, welche Prozesse und biografischen Ereignisse für das Phänomen Schulabbruch konstituierend sind, leisten Forschungsarbeiten, die Schulversagen aus einer biographischen Perspektive analysieren; diese lassen sich bis in 1980-er Jahre zurückverfolgen. So versucht ein Strang der sogenannten Schülerbiographieforschung, institutionelle Rollenanforderungen an die Lernenden seitens der Schule mit ihren Krisen und Übergängigen bzw. bedeutsamen bildungsbiographischen Ereignissen zu rekonstruieren und diese lebensgeschichtlich einzuordnen. Bereits in der Befindungsstudie von SchülerInnen an österreichischen Schulen aus 2007, die unter der Leitung von Ferdinand Eder durchgeführt wurde, werden einige neuralgische Punkte angesprochen, die die SchülerInnen selbst als Quelle für massive Belastungen und Stress im Kontext Schule nennen, dabei treten vor allem die drei Komponenten Zeitmangel, Überforderung und Erfolgsdruck in der Schule zutage. Schwere Belastungssituationen entstehen vor allem nach Schulübergängen, die Situation nach Transitionen wird von den in der Befindungsstudie interviewten SchülerInnen als Überlebenskampf beschrieben. SchülerInnen erzählen in den Tiefeninterviews, dass der Unterricht ohne Rücksicht auf ihre Aufnahmefähigkeit durchzubringen versucht werde, die Orientierung vorwiegend an den guten SchülerInnen erfolge, die Leistungsanforderungen auf Seiten der Schule unkoordiniert und die Beziehungen zu den LehrerInnen belastet seien. „Eine nicht wohlwollende, unfaire Behandlung drückt sich vor allem darin aus, dass bei bestehenden Alternativen die für die SchülerInnen schlechtere gewählt wird, dass Fehlverhalten der SchülerInnen unfair bestraft, schlechte Noten als Sanktionsmittel verwendet, Prüfungen verweigert oder zumindest verbal ausgedrückt wird, dass SchülerInnen das Schuljahr nicht bestehen werden.“ Für viele Befragte dieser Studie ist der Bereich der Beurteilung schulischer Leistungen mit negativen Emotionen verknüpft. Angst vor Misserfolg, Unzufriedenheit mit den Lehrpersonen und dem Stoffdruck und pubertär bedingte Sinnkrisen spielen laut Eder bei der Zerstörung der Lernmotivation eine massive Rolle. Zusammenfassend konstatiert Eder, dass die beschriebenen schulischen Belastungen die „Folge eines Geflechts aus schlechtem Unterricht, beeinträchtigten sozialen Beziehungen und eingeschränkten motivationalen Voraussetzungen auf Seiten der Schülerinnen und Schüler“ sind. Nun erscheint es unangemessen, die Aussagen dieser belastenden Jugendlichen als repräsentativ für die österreichische Schule darzustellen. Nachdenklich machen sollten diese Aussagen allemal, zudem sie ja das oben beschriebene Phänomen der Entfremdung von Schule und Bildung empirisch untermauern und exemplarisch aufzeigen, dass an bzw. nach Übergängen Frustrationserfahrungen und Distanzierungsprozesse häufiger auftreten und diese Abbrüche des eingeschlagenen

Bildungsweges wahrscheinlicher machen. Zusammenhänge zwischen Schülerbefinden und Schul- und Klassenklima wurden mehrfach beforscht und direkte Interdependenzen zwischen Schulklima und schulischen Leistungen in mehreren Studien bestätigt. Das Schulklima scheint nach Ramelow et al. sogar ein wichtigerer Einfluss auf die schulische Leistung(sfähigkeit) als die soziale und materielle Umwelt zu sein; demnach haben SchülerInnen, die sich ihrer Schule emotional verbunden fühlen, unabhängig von ihren schulischen Leistungen ein geringeres Risiko, diese frühzeitig abzubrechen (Ramelow et al. 2013).

Eine Zugangsweise zum Verstehen von Schulabbruch stellt der Versuch einer Typenbildung in Bezug auf Schulabbrecher da, um dahinterliegende Muster zu erkennen, die Vorhersagbarkeit von Abbrüchen zu verbessern und mit diesem Wissen zielgruppenspezifischere Maßnahmen für die Verhinderung von Schulabbruch bzw. für den Wiedereinstieg der Jugendlichen entwickeln zu können. So hat Margrit Stamm 2009 eine Kategorisierung vorgelegt, die Schulabbrecher einteilt in ‚Außenseiter', ‚Schulversager', ‚Schulmüde' und ‚Rebellen', wobei die ersten drei unauffälligeres Verhalten zeigen und letztere zu auffälligem bis sehr auffälligem Verhalten tendieren.[4] So erkenntnisreich die Ausarbeitung von Typologien auch sein mag, birgt sie doch die Gefahr in sich, dass das Phänomen aus einer individualistischen Sicht rekonstruiert wird und damit eine Verkürzung stattfindet, die in der Missachtung der engen Verwobenheit von institutionellen mit individuellen/sozialen Dimensionen liegt. Auch die Zuteilung zu einem bestimmten ‚Habitustyp' läuft in einer verkürzten Rezeption möglicherweise Gefahr, zu sehr auf das Individuum zu konzentrieren und mit der Habitusbestimmung das soziale Feld zu vernachlässigen, in dem sich der entsprechende Habitus erst nach und nach herausbildet.[5] Durch die Kategorisierungen entsteht der Eindruck, dass Schulabbruch eine ‚Eigenschaft' des bzw. der Jugendlichen ist, sozusagen ein Makel im Sinne von Orientierungslosigkeit, Realitätsflucht oder Unangepasstheit. Damit greift die Rekonstruktion dessen, was zu Schulabbruch führt, m.E. zu kurz. Auch wenn diese Ergebnisse wertvolle Einblicke in die Wahrnehmungs-, Denk- und Verhaltensmuster gefährdeter Jugendlicher bieten, nehmen sie doch die Interaktion zwischen den Lebenswelten der Jugendlichen, dem sozialen Feld der Schule und den schulischen Strukturen selbst noch zu wenig in den Blick und ermöglichen kaum

4 Vgl. Stamm 2009: 7f. Einige Jahre später wird diese Typologie auf die Einteilung in ‚Gemobbte', ‚Schulmüde', ‚Delinquente', ‚Hänger' und familiär Belastete' revidiert (Stamm 2012).

5 Nairz-Wirth hat mit ihrer Unterscheidung der Habitusformen in „der Statusorientierte", „der Unangepasste", „der Orientierungslose", „der Realitätsflüchtige", „der Ambitionierte" und „der Resignierte" versucht, eine Ordnung in die Muster der sozialen Praxis der gefährdeten Schüler/innen zu bringen. Nairz-Wirth 2010; Nairz-Wirth et al. 2012b: 17

eine kritische Analyse der Institution, die die Habitusbildung wesentlich mitbestimmt.

Im Gegensatz zu der in den 1990er Jahren vorherrschenden Tendenz, einer auf das Individuum und seine soziale bzw. ethnische Herkunft fokussierenden und damit möglicherweise psychologisch reduktionistischen Defizitsicht zu folgen, nehmen die neueren multiperspektivischen Sichtweisen Struktur- und Systemfaktoren kritisch in den Blick. Dass neben strukturellen Faktoren wie die frühe Selektion oder mangelndes Schnittstellenmanagement vor allem innerschulische Faktoren wie die Schul- und Lernkultur, das Professionsverständnis der Lehrenden, schulische Normen und Leistungserwartungen, Diagnosewerkzeuge und Fördermaßnahmen, interprofessionelle Kommunikations- und Kooperationsformen, Elternarbeit u.a. einen wesentlichen Einfluss auf Schulerfolge bzw. -versagen haben, ist eine in den Erziehungswissenschaft inzwischen anerkannte Tatsache (Nairz-Wirth 2012b: 5). Hinlänglich beschrieben sind auch beobachtbare Entfremdungsprozesse von der Institution, die sich in einem Kontinuum von Verhaltensänderungen, innerem Rückzug, verschiedenen Formen der Leistungsverweigerung bis hin zu ausgeprägtem Schulabsentismus und delinquentem Verhalten zeigen können (OECCD 1996: 40f.; Nairz-Wirth 2012a). Vor allem das unentschuldigte Fernbleiben vom Unterricht und längerfristige Leistungseinbrüche bzw. zunehmende Kompetenzrückstände und Klassenwiederholungen stellen Indikatoren dar, die deutlich auf die Gefahr von Schulabbruch hinweisen. Mario Steiner arbeitet in seinem Beitrag zum frühen Bildungsabbruch im *Nationalen Bildungsbericht 2009* einige Erklärungselemente heraus und nennt hier vor allem „die Selektivität des Bildungssystems, das dadurch untergrabene Leistungsselbstkonzept sowie die geringe Motivation der SchülerInnen…“ (Steiner 2009: 158), die Schuldistanz und schließlich Schulabbrüche mitbedingen. Die Orientierung an den Schwächen statt an den Stärken der SchülerInnen sieht Steiner als eines der grundsätzlichen Probleme in den Haltungen der Lehrenden, die Bildungsbenachteiligung verstärken und damit auch Schulabbrüche forcieren.

Eine mehrperspektivische Herangehensweise in der Beforschung von Schulabbruch bzw. Schulversagen verfolgt den Anspruch, alle Akteure einzubeziehen, ihre Wahrnehmungen, Einstellungen, Routinen und Handlungsspielräume vor dem Hintergrund gegebener Bedingungen auszuloten und die Ursachen gemeinsam zu ergründen, warum es häufig zu einem wenig konstruktiven Arbeitsbündnis zwischen Lehrerenden und Lernenden kommt. Die oben dargestellten Schülererfahrungen in einer Mehrebenen-Perspektive mit Analysen der Mikrostruktur des Unterrichts sowie Narrativen seitens der Lehrenden zu kontrastieren, würde daher einen beträchtlichen Erkenntnisgewinn bringen. Mit der Analyse von LehrerInneninterviews könnte sichtbar gemacht werden, unter welchen – teils sehr herausfordernden und widersprüchlichen – Bedingungen Lehrende bildungsbenachteiligte Kinder zum Schulerfolg führen sollten und wo möglicherweise die Grenzen schulischer Einflussnahme auf die Bildungserfolge der Jugendlichen liegen. Die Mikroebene des Unterrichts zu erschließen könnte gerade im Hinblick auf die Entstehung und Perpetuierung von Bildungsbenachteiligung und beginnender Ausgrenzung wertvolle Hinweise darauf liefern, welche subtilen Mechanismen in den Interaktionsformen und schulischen Routinen vorherrschen, die erfolgreiches Lernen *und* Lehren – trotz vieler Anstrengungen seitens der Lehrenden – konterkarieren. In diesem Zusammenhang konstatiert Bernd Hackl, dass jede

> „sorgfältige Analyse wirklichen Unterrichts ein bis in die kleinsten Bausteine der unterrichten Interaktion wirksames Lavieren zwischen dem Anspruch eines ‚sich negierenden Zwangsverhältnisses' (Benner 1996, 187f.) und dem Versuch technokratischer Kontrolle, einem beständigen Wechsel zwischen fördernden und übergriffigen Maßnahmen, zwischen Aufklärung und Indoktrination [zeigt]" (Hackl 2013: 69f).

Die Widersprüche der Lehrenden entfalten sich demnach zwischen dem (pädagogischen) Anspruch auf Individualisierung des Lernens bzw. auf Orientierung am Lernenden und dem ökonomischen Zugriff auf die Schule, um die Jugendlichen fit und wettbewerbsfähig für die Ansprüche des 21. Jahrhundert zu machen. So müssen Lehrende ihren Weg zwischen Individualisierung und Standardisierung, zwischen Fördern und Selektieren, zwischen Bildung und Qualifikation und zwischen Aufklärung und Zurichtung suchen. Dass diese Widersprüche sich gerade dort zuspitzen, wo die Bildungsvoraussetzungen sehr unterschiedlich und erfolgreiche Lern- und Bildungsprozesse gefährdet erscheinen, liegt auf der Hand. Diese Widersprüche auch im Kontext der Entstehung von Schulabbruch zu diskutieren, könnte ein weiterer Baustein sein, um ein Gesamtverständnis der komplexen Thematik zu forcieren.

Wenig erforscht im Zusammenhang mit Schulabbrüchen ist auch das Zusammenspiel von Risiko- und Schutzfaktoren für den Erfolg bzw. für das Misslingen einer Bildungsbiographie. Die Rezeption der Resilienzforschung in der Jugendarbeit und Sozialpädagogik hat zwar auch die Bildungsforschung befruchtet, im Hinblick auf den Topos Schulabbruch wurde im deutschen Sprachraum meines Wissens nach noch nicht mit einem pädagogisch adaptierten Resilienzkonzept gearbeitet. Hier wäre die Frage zu stellen, inwieweit sich z.B. das salutogenetische Prinzip mit seinen Dimensionen der Verstehbarkeit, der Handhab- oder Bewältigbarkeit und der Sinnhaftigkeit bzw. Bedeutsamkeit als hilfreich für die Klärung des Phänomens einer krisenhaften Entwicklung in Richtung Schulabbruch erweist (Perchinig/Schmid 2012: 31f.). Interessant wäre zudem, einerseits die Grundorientierungen von Jugendlichen selbst zu untersuchen, die Relevanz in Bezug auf schulische Krisen und Brüche in der Bildungsbiographie haben, und andererseits die Rolle von Bildungsinstitutionen für die (Wieder-)Herstellung positiver Grundorientierungen für schulischen Erfolg zu analysieren. Antworten auf Forschungsfragen, die sich mit der Selbstwirksamkeit von Jugendlichen in schulischen Krisensituationen und dem Beitrag der Unterrichtenden zur Entwicklung und Stärkung der Selbstwirksamkeit und Bildungsmotivation beschäftigen, wären ebenso von Interesse wie die Beforschung von konkreten Bewältigungsstrategien und der Aktivierung personaler/sozialer Ressourcen in prekären schulischen Situationen. Schutz- und Risikofaktoren müssten hier konzeptionell breiter gefasst und alle Ebenen – die individuelle, soziale und institutionelle – empirisch in den Blick genommen und in einen größeren theoretischen Rahmen gestellt werden. Bisherige Forschungsergebnisse lassen die Vermutung zu, dass ein positives Schul- bzw. Klassenklima, hohe Leistungserwartungen in Verbindung mit qualitativ hochwertigem Unterricht, respektvolle Lehrer-Schüler-Beziehungen relevante Schutzfaktoren sind, die auf institutioneller Ebene eine effiziente Prävention von Schulabbruch ermöglichen. Ebenso spielt das Vorhandensein effizienter psychosozialer Beratungssysteme, die mit Hilfe von Beratung und begleitender Unterstützung als soziale Ressource in schwierigen Lernsituationen oder in Transitionsphasen fungieren, eine wesentliche Rolle für die Prävention von Schulversagen.

Der englische Terminus ‚*Students at Risk*' (bzw. der deutsche Begriff der ‚Ausgrenzungsgefährdung') zeigt bereits, dass zwar Risikofaktoren im Kontext von Schulabbruch diskutiert werden, aber die Orientierung an positiven personalen und sozialen Ressourcen (und letztendlich auch an institutionellen Ressourcen) bisher eher vernachlässigt wurde. Gerade wenn es um die Sensibilisierung der Lehrenden geht und damit um die Schärfung der Fähigkeit, mit Bildungsbenachteiligung und Ausgrenzungsgefährdung in einer konstruktiven Weise umzugehen, könnte sich das Verstehen der Zusammenhänge von Schutz- und Risikofaktoren als hilfreich erweisen. Zu verdanken ist der Resilienzforschung auch, dass sie eine Abkehr von der gängigen Defizitorientierung vorgenommen hat und vielmehr auf die Ressourcen *in* der Person und in der sozialen Umwelt fokussiert. Lern- und Bildungsprozesse im Spannungsfeld von personalen und sozialen Schutz- und Risikofaktoren zu analysieren, könnte LehrerInnen im Rahmen ihres Professionalisierungsprozesses dabei unterstützen, ihre eigene Rolle besser als bisher zu reflektieren und effizientere Handlungsoptionen zu finden, wenn es um den konstruktiven Umgang mit schulmüden und demotivierten SchülerInnen geht.

Beleuchtet man das Phänomen zudem aus einer institutionenkritischen Perspektive, so lässt sich feststellen, dass es der Schule häufig nicht gelingt,

Nachteile, die SchülerInnen aufgrund unterschiedlicher Bildungsvoraussetzungen haben, systematisch auszugleichen. Im Gegenteil: Die bei Schuleintritt vorhandenen Differenzen zwischen den Lernenden verfestigen sich zunehmend und tragen damit zu einer Festschreibung von Ungleichheit bei, die schließlich zum Bildungsabbruch führen kann. Dies gilt vor allem für SchülerInnen mit anderen Erstsprachen und / oder aus schwachen sozioökonomischen Milieus, die bei den SchulabbrecherInnen zahlenmäßig überrepräsentiert sind.[6] Beobachtbar ist, dass in der Praxis schulisches Versagen vorwiegend den Defiziten der Jugendlichen bzw. deren Familien zugeschrieben wird und die Verantwortung weitaus weniger der Bildungsinstitution und damit den in ihr Lehrenden zugerechnet wird. Dass dahinter wirkmächtige, häufig unreflektierte Zuschreibungs- und Allokationsmuster hinsichtlich Leistung bzw. zukünftiger Leistungsfähigkeit bestimmte SchülerInnengruppen steckt, ist das Ergebnis von institutionskritischen Analysen, die die Verkettung von diskriminierenden Effekten über eine Schulkarriere hinweg in den Blick nehmen. Den kritischen Blick auf den in Institutionen eingeschriebenen Mechanismen und Routinen, die in enger Verbindung mit den strukturellen Gegebenheiten zu sehen sind, haben wir den Arbeiten von Mechthild Gomolla und Frank-Olaf Radtke zu verdanken. Die beiden Forscher beschrieben im Anschluss an Rassismus kritische Arbeiten aus dem angloamerikanischen Raum das Phänomen der *Institutionellen Diskriminierung*, im Zuge dessen vor allem SchülerInnen z.B. aus schwächeren Sozialmilieus oder/und mit anderen Erstsprachen subtile Benachteiligungen innerhalb der Bildungsinstitution erfahren (Gomollo/Radkte 2002). Der Begriff der *Institutionellen Diskriminierung* dient hier als Erklärungsansatz, der Bildungsungleichheit (und damit das Scheitern von Bildungskarrieren) als Resultat organisatorischen Handelns konzipiert, das von den gegebenen Strukturen, von den politischen und sozialen Kontexten und den spezifischen Arbeitsweisen in der Institution präformiert wird. Diskriminierungen entstehen demnach entlang gängiger Normalitätsvorstellungen bezüglich der Sprach- und Leistungsfähigkeit, die sich an bildungsbürgerlichen Mittelschichtsnormen orientiert und z.B. die Chancen von Kindern mit anderen Erstsprachen verringern (Bruneforth et al. 2012: 195). Benachteiligungen zeigen sich in diesem Erklärungsansatz z.B. in Schullaufbahnempfehlungen für weniger akademisch orientierte Schularten, in einer von Erstsprache und Ethnie beeinflussten Notengebung, in mangelhafter kompensatorischer Unterstützungsleistung seitens der Bildungsinstitution bis hin zu konkretem Bullying. Dass in Österreich

6 2013 brachen 19,8 % der ersten Generation und 16,9% der zweiten Generation entsprechend der EUROSTAT-Berechnungen die Schule bzw. Ausbildung ab, im Vergleich dazu waren es 4,6 % Schüler/innen ohne Migrationshintergrund. https://www.bmbf.gv.at/schulen/unterricht/ba/ESL-Daten2003-13.pdf?4e6r7w

SchülerInnen mit anderen Erstsprachen als Deutsch noch immer häufig einen sonderpädagogischen Bedarf erhalten (Nusche et al. 2009: 9) (häufig mit der Begründung, die Kinder anders nicht ausreichend fördern zu können), zeigt exemplarisch die Mechanismen auf, die aufgrund struktureller Gegebenheiten die Entscheidungen der Lehrenden determinieren, die wiederum zu Benachteiligungserfahrungen führen. Der Erklärungsansatz der *Institutionellen Diskriminierung* fand bisher vor allem zur Plausibilisierung der Leistungsunterschiede von zugewanderten und nicht-zugewanderten SchülerInnen Verwendung; für das Phänomen Schulabbruch gibt es noch keine ausreichenden Erklärungsmodelle bzw. empirischen Erkenntnisse, in welcher Weise die beschriebenen Mechanismen Schulabbruchskarrieren mitbedingen. Die komplexe Verkettung diskriminierender Effekte mit individuellen, sozialen sowie lebensgeschichtlichen Aspekten wurde bisher noch wenig beschrieben, stößt aber zunehmend auf Interesse der Forschenden.

Einen interessanten Erklärungsansatz, der den wechselseitigen Zusammenhang zwischen schulischen Interaktionsformen und Bildungsbiographie in den Blick nimmt, bietet auch der anerkennungstheoretische Zugang, wie ihn Sabine Sandring im Anschluss an Axel Honneth vorgelegt hat. Sandring fokussiert in ihrer empirischen Studie auf das Zusammenspiel von schulischen Interaktionsbezügen und biographischen Anerkennungserfahrungen bzw. schulischen Missachtungserfahrungen. Damit nähert sie sich mit der Lupe Mechanismen institutioneller Diskriminierung an, ohne diese explizit zu problematisieren, da sich ihre Analysen vor dem Hintergrund der Anerkennungstheorie von Honneth bewegen. Sie geht von der mehrfach geäußerten Beobachtung aus, dass pädagogisches Handeln und damit die Lehrer-Schüler-Beziehungen besonders anfällig für Missachtung und Autonomieverletzung sind. Demnach sind im schulisch-interaktiven Geschehen Jugendliche mit schulischen Versagenserfahrungen „besonders gefährdet, über die institutionell vorstrukturierte Zuweisung von Erfolg oder Versagen sozialen Entwertungen und Beschämungen ausgesetzt zu sein" (Sandring 2013: 10). Über die Rekonstruktion kontrastierter Fallbeispiele zeigt sie, wie Anerkennungserfahrungen bzw. Missachtungs- und Versagenserfahrungen Bildungskarrieren beeinflussen. Hier wird die Nähe zu Ansätzen sichtbar, die die Selbstwirksamkeit von SchülerInnen und ihre Widerstandsfähigkeit, die sich über Anerkennungsbezüge im sozialen Kontext herausbilden, in den Blick nehmen; über die Rekonstruktion von Anerkennungserfahrungen bzw. deren Gegenteil wird auch nachvollziehbar, wie die sich individuell ausformenden Selbstkonzepte als Lernende/r die schulischen Leistungen und schließlich die erreichten Abschlüsse determinieren.

Im deutschsprachigen Schulabbruchs-Diskurs wird die Rolle der Schule im Sinne der Analyse der Strukturen, ihrer Rahmenbedingungen, der Handlungsroutinen, des Schulklimas, der Einstellungen etc. noch wenig diskutiert. Magrit Stamm konstatierte bereits vor Jahren, dass Schulen sehr wohl das Abbruchs-Verhalten über die genannten Aspekte beeinflussen und

> „SchülerInnen zum allmählichen Aussteigen (fade-out) oder zum Verlassen der Schule (push-out) möglicherweise (…) drängen. Vieles deutet daraufhin, dass die Einzelschule als wesentliches Faktorenbündel in die Diskussion einbezogen und sie von bisherigen Unschuldsvermutungen befreit werden muss“ (Stamm 2007: 30 in: Nairz-Wirth 2010: 33).

Wendet man den Blick von der Makroebene auf die Mikroebene des Unterrichts, so kommt das Lernen und Lehren in den Fokus, aber auch die konkrete kognitive, soziale und emotionale Unterstützung, die SchülerInnen bei Lernproblemen oder in bildungsbiographischen Krisensituationen erwarten können. Findet man im öffentlichen und im bildungspolitischen Diskurs noch viele Forderungen, doch mehr Unterstützung für abbruchs- und damit ausgrenzungsgefährdete Jugendliche anzubieten, zeigt sich eine gewisse Ratlosigkeit unter Lehrenden, in welcher Weise den betroffenen Jugendlichen im Hinblick auf ihre meist sehr unterschiedlichen Fallgeschichten und diversen Lernproblematiken geholfen werden könne. Zudem kommt, dass in Bezug auf schwache Schulleistungen viele Lehrende nicht mit einer Verstärkung ihrer pädagogisch-didaktischen Bemühungen reagieren, sondern mit mehr oder minder offenen Schuldzuweisungen an die SchülerInnen, deren Eltern und dem sozioökonomischen bzw. ethnischen Milieu. Perchinig und Schmid konstatieren in ihrer Studie zu *Hebel zu einer kompensatorischen Bildung* zudem, dass LehrerInnen aufgrund ihrer (widersprüchlichen) Rolle „einigen Experten nicht geeignet zur Übernahme der Rolle einer unterstützenden und wertschätzenden Bezugsperson“ (Perchinig/Schmid 2012: 97) erscheinen und auch nicht die dazu notwendige sozialpädagogische Ausbildung vorweisen können. Was aber nicht zu leugnen ist, dass – trotz Anerkennung der schwierigen Ausgangsbedingungen bei manchen Schülergruppen sowie herausfordernden Rahmenbedingungen des Unterrichtens – Vermittlungs- und Bildungsprozesse auf erschreckende Weise nicht gelingen. Das schließt mit ein, dass – so der allgemeine Tenor – die Lehrerkompetenzen zur Diagnose von Lerndefiziten seitens der SchülerInnen stark verbesserungsfähig seien, häufig eine Verweigerung der (Mit-) Verantwortung der Schule und Lernenden für den Lernerfolg der Kinder zu beobachten sei sowie die konkrete Vermittlung von Wissen in fachlicher, didaktischer und pädagogischer Hinsicht zu wünschen übrig lasse. Daraus ergibt sich die Forderung vieler ForscherInnen, dass die LehrerInnenprofessionalisierung im Kontext von Bildungsbenachteiligung und Schulabbruch vorangetrieben werden muss und diese Themen nicht von der Frage eines guten Unterrichts und einer qualitätsvollen Schule, in der hohe Leistungserwartungen, ein didaktisch durchdachter Unterricht, eine elaborierte Förderkultur, einem konstruktiven Lernklima und eine hohe Reflexionskultur vorherrschend sind, zu trennen ist (Nairz-Wirth et al. 2012a; 2012b).

3. Internationale Diskurse revisited

Die OECD ist neben der Europäischen Kommission eine im Feld der Bildungspolitik sehr aktive internationale (Wirtschafts-)Organisation, die sich in fundierter Weise mit dem Thema Schulversagen („*School Failure*") auseinandergesetzt hat. Die OECD-Arbeiten zu Schulversagen reichen bis in die 1990er Jahre zurück, verdichten sich im konzeptionellen Rahmen *No More Failures: Ten Steps to Equity*, auf dem die einschlägige thematische OECD Länderprüfung (*Review on Overcoming School Failure: Policies that Work*) aufbaut und finden ihren Niederschlag in der Publikation *Equity and Quality in Education* (OECD 2012). Auch Österreich nimmt an der Länderprüfung – wenn auch nicht in vollem Umfang – teil. Im Rahmen dieser Review legt Österreich einen Länderbericht vor (Steiner and the Styrian Assocation for Education and Economics 2011), der die Situation in Österreich in Bezug auf relevante Steuerungsstrukturen (‚*Governance*'), in Bezug auf faire und inklusive Bildung und deren Praktiken bzw. Problemstellungen (Schülerselektion und Schulwahl, Klassenwiederholungen, Leistungsgruppensystem, schulstrukturelle Herausforderungen, Ressourcen etc.) analysiert und den Ist-Stand in Österreich anhand der von der OECD vorgeschlagenen *Ten Steps to Equity* prüft (OECD 2008). Der 2012 erschienene Bericht *Equity and Quality in Education* greift – basierend auf den Erkenntnissen der verschiedenen Länderprüfungen – bildungsökonomische und -politische, strukturelle, soziale, schulreformorientierte, aber auch pädagogisch-didaktische Aspekte im Kontext von Schulabbruch auf und thematisiert Chancengleichheit und Schulqualität als Schlüssel zur Verhinderung von Schulabbruch.

Ein Blick auf die in unterschiedlichen Diskursen verwendeten Termine zeigt, dass die Diskurse von unterschiedlichen Paradigmen gespeist werden. Aktuell findet der Begriff des Schul- bzw. Ausbildungsabbruchs (in der personalisierten Form: Schul-/AusbildungsabbrecherInnen bzw. *Early Leavers from Education and Training*) sowohl im europäischen als auch im österreichischen Diskurs am häufigsten Verwendung. Der Gebrauch des Begriffes *Schulversagen* (School Failure) findet sich vor allem in OECD Dokumenten und zeigt, dass die OECD stärker die Strukturen von Schulsystemen in den Blick nimmt und Fragen der Auswirkungen von strukturellen

Gegebenheiten auf die Bildungsergebnisse und damit auf die Abbruchsthematik problematisiert. Generell nimmt die OECD die Position ein,

> „that new policies and practices can revamp educational systems and the classes and schools which the systems are built upon so that the effects of difference on student achievement are counter-balanced, and, ideally effectively neutralized" (Faubert 2012: 3).

In seiner *Literature Review of School Practices to Overcome School Failure,* die im Auftrag der OECD verfasst wird, definiert Brenton Faubert Schulversagen "as the failure of schools and the school system to provide the appropriate level of, and adequately defined services for, all students to be successful" (Faubert 2012: 4). Damit spricht Faubert alle Strategien und Praktiken in Schulen wie Schulleitung, Pädagogik, professionelles Lernen etc. an. Weiters führt der Autor aus:

> „This definition stands in contrast to the more conventional view of failure as an outcome for students when they do not acquire the skills, knowledge or credits expected or required to advance in the age/grade model. The definition used here embeds a different causal relationship in that it is the failure of schools which results in the failure of students. Following from this, the focus for redress and remedy is the school, rather the student" (ebd.).

Die Strategien und Praktiken, die Faubert anschließend diskutiert, fokussieren daher auf Schulversagen als das *Versagen der Institution*, das – in dieser Lesart – das Versagen des Individuums zur Folge hat. Dieser zunächst radikal anmutende Ansatz des Versagens der Institution findet sich interessanterweise in abgewandelter Form in den bereits erwähnten Analysen zur *Institutionellen Diskriminierung* wieder, die zu ähnlichen Erkenntnissen führen.

Die Analysen von Faubert gehen jedoch über allgemeine Fragen der Schulstruktur und der Chancengleichheit hinaus und identifizieren unter den Kategorien *Pädagogik, Schulführung, Lernunterstützung auf Klassen- und Schulebene* sowie *schulische und Klassenraumbedingungen* jene Maßnahmen, die zur Reduktion von Schulversagen beitragen (Faubert 2012: 19). In Bezug auf die Chancengleichheit wurde von der OECD wiederholt darauf hingewiesen, dass sich die hohe Selektivität des österreichischen Schulsystems, also das *Early Tracking* an der Schnittstelle zwischen Volksschule und Sekundarstufe I, negativ auf den Erfolg von Bildungslaufbahnen auswirkt. [7] An den Übergangsstellen im Bildungssystem treten nämlich Abbrüche bzw. auch Fehlentscheidungen

7 Vgl. dazu auch Nusche et al. 2009

hinsichtlich der Bildungslaufbahn häufiger auf. Ähnlich kritisch äußern sich dazu auch Perchinig/Schmid in ihrer Studie zu *Hebel zu einer kompensatorischen Bildung*, vor allem im Kontext der Zersplitterung und Komplexität des österreichischen Bildungssystems. Die Kritik richtet sich darauf, dass es keine Instanz gäbe, die für den gesamten Bildungsverlauf von Kindern und Jugendlichen verantwortlich sei und es keine institutionenübergreifenden Feedbackschleifen gäbe, ebenso wenig wie Anreize zur erfolgreichen Gestaltung des Wechsels zwischen den Bildungsinstitutionen. Zudem hängt der Bildungserfolg in Österreich stark vom sozioökonomischen Milieu ab, was zur Folge hat, dass höhere Bildungsabschlüsse in sozioökonomisch benachteiligten Milieus schwieriger zu erreichen sind. Diesen Befund bestätigen Bruneforth et al. im *Nationalen Bildungsbericht 2012* und untermauern diesen mit den entsprechenden Daten (Bruneforth et al. 2012).

Die Empfehlungen der OECD fokussieren vor allem auf die Herstellung von mehr Chancengerechtigkeit und damit auf eine *inklusive und faire* Bildung und verfolgen dabei zwei Stränge, nämlich die „Chancengerechtigkeit behindernden Strukturen auf Ebene der Schulstruktur zu beseitigen sowie gezielt auf Schulen mit unzureichenden Leistungsergebnisse einzuwirken"(OECD 2012: 9f.). Die Politiken, die Schulversagen auf Systemebene vermeiden sollten, beziehen sich auf die Abschaffung von Klassenwiederholungen, die Vermeidung der frühzeitigen Selektion der SchülerInnen in verschiedene Schultypen, die Vermeidung von Segregationseffekten bei der Schulauswahl, die Anpassung der Finanzierungsstrategien an die Bedürfnisse der Lernenden und Schulen sowie die Konzeption äquivalenter Bildungswege auf der Sekundarstufe II. Im zweiten bildungspolitischen Strang wird vorgeschlagen, die Schulleitungen zu stärken und zu unterstützen, Anreize für ein dem Lernprozess förderliches Schulklima und Umfeld zu schaffen, qualitätsvolle Lehrende anzuwerben, zu unterstützen und zu binden, für wirksame Unterrichtsstrategien zu sorgen und den Beziehungen zwischen Schulen und Eltern sowie Schulen und Gemeinden besondere Priorität einzuräumen (OECD 2012: 10f.). Damit legt die OECD Empfehlungen für umfassende Änderungen in den Schulsystemen ihrer Mitgliedstaaten vor, die nicht rein ökonomischen Zwecken dienen, sondern auf humanistisch orientierten Gerechtigkeitsvorstellungen aufbauen und den Anspruch erkennen lassen, Schule pädagogisch verbessern zu wollen.

Einen etwas anderen Weg schlägt die Europäische Kommission ein, indem sie eine *‚Target-driven'*-Politik im Bereich Schulabbruch verfolgt. Diese im Bildungsbereich relativ junge Politik ist im Kontext des Paradigmenwechsels von der Input- zur Output-Steuerung zu sehen. Über die (meist akkordierte) Definition von zu erreichenden Zielen wird versucht, die Bildungsergebnisse und -abschlüsse besser als zuvor zu steuern. In einer wichtigen Empfehlung des

Rates der Europäischen Union werden die Mitgliedsstaaten zudem aufgefordert, auf nationaler Ebene sicherzustellen, „dass bis Ende 2012 umfassende Strategien bezüglich der Schulabbruchsquote vorliegen und dass sie im Einklang mit den nationalen Prioritäten und den Zielen der Strategie Europa 2020 umgesetzt werden […]“[8]. Über das Setzen von Benchmarks und den daran anschließenden europäischen Vergleich zwischen den Mitgliedstaaten wird versucht, Bewusstsein bei den involvierten Akteuren für die ökonomischen, wettbewerbsbezogenen, sozialen, demokratiepolitischen und individuellen Implikationen von Schulabbruch zu schaffen. In diesem Paradigma fungieren Vergleichszahlen und definierte Benchmarks, also zu erreichende Zielgrößen, als Anker bzw. Anreize, um neue strategische Wege in der Bekämpfung von Schulabbruch zu finden und Innovationen im Bildungsbereich anzuregen. Dabei zielt die EU-Benchmark „Early Leaving from Education and Training“ im Rahmen der ET 2020-Strateige auf die nachhaltige Reduktion von Schulabbruch bis zum Jahr 2020.[9] Im Gegensatz zu den eher systemkritischen OECD-Empfehlungen versucht die EU-Kommission, über akkordierte, zu erreichende Ziele nachhaltige Veränderungen im Schulsystem herbeizuführen. Konkret heißt das, dass sich die Mitgliedsstaaten darauf geeignet haben, bis 2020 weniger als 10% SchulabbrecherInnen in der Altersgruppe zwischen 18-24 Jahren zu erreichen (Rat der Europäischen Union 2011). Wie erfolgreich bzw. nachhaltig diese Politik ist, ist derzeit noch nicht absehbar; die europäische Durchschnittsrate von frühzeitigen Schulabbrechern ist zwar im Sinken begriffen (ca. 12% in 2013), eine *direkte* Kausalität zwischen der Ziel bzw. Benchmark orientierten Politik und den aktuellen Entwicklungen kann jedoch (noch) nicht hergestellt werden, denn die Schulabbruchsquote hängt auch mit Push- und Pull-Faktoren seitens der nationalen Ökonomien, der jeweiligen Arbeitsmarktsituation und den Mitteln für

8 Weiters heißt es: „Es werden umfassende Strategie eingesetzt, die Präventions-, Interventions- und Kompensationsmaßnahmen beinhalten, wobei letztere darauf abzielen, Schulabbrecher wieder in das Bildungssystem zurückzuholen.“ Amtsblatt der Europäischen Union 2011: 2
http://eur-lex.europa.eu/LexUriServ/LexUriServ.do?uri=OJ:C:2011:191:0001:0006:DE:PDF

9 Von SchulabbrecherInnen im Kontext der EU-Benchmark spricht man dann, wenn 18-24 Jährige über keinen Sekundarstufen-II-Abschluss bzw. Lehrabschluss verfügen und sich aktuell nicht in Ausbildung befinden. Österreich hat den Zielwert von unter 10 % SchulabbrecherInnen mit einem Wert von 7,3 % im Jahr 2013 bereits erreicht. Trotzdem besteht laut Experten und Expertinnen dringender Handlungsbedarf, da die Daten zur EU-Benchmark nicht die reinen Abbruchszahlen an Schulen darstellen, sondern wie in der Arbeitslosenstatistik auch aktuelle Weiterbildungsmaßnahmen der Jugendlichen berücksichtigen, wodurch die ESL-Rate wesentlich niedriger als die tatsächliche Schulabbruchsquote erscheint.

kompensatorische Maßnahmen zusammen. Vielmehr dient das Benchmarking für eine systematische Sensibilisierung aller Akteure und dem Erzeugen eines gewissen Handlungsdruckes in den Mitgliedstaaten.

Die Europäische Kommission versteht sich im Bildungsbereich auch als ein Forum, das beim Austausch von Good Practice, in der Sammlung und Dissemination von Informationen, Daten und Expertisen unterstützt und den Reformprozess im Bildungsbereich durch bildungspolitische Empfehlungen und durch so genannte peer-learning-Aktivitäten voranzutreiben versucht.[10] 2013 legte die von der Kommission geleitete *Thematic Working Group on Early School Leaving* entsprechende bildungspolitische Empfehlungen vor (EU Commission 2013). Der Endbericht identifiziert die Bedingungen für eine erfolgreiche Strategie zur Bekämpfung von Schulabbruch auf europäischer Ebene und legt zwölf Kernbotschaften mit entsprechendem Aufforderungscharakter vor. Beginnend mit der bildungspolitischen Aufforderung „Ensure long-term political and financial commitment to reducing ESL and keep it high on the agenda“ (EU Commission 2013: 4) über Empfehlungen zur Entwicklung nachhaltiger ESL-Strategien, der Verbesserung der Lernbedingungen und der Zusammenarbeit multiprofessioneller Teams bis hin zur Erleichterung des Zugang zu Nachbildungswegen reichen die aufgelisteten bildungspolitischen Schlüsselbotschaften. Der Bericht endet mit Praxisbeispielen aus den Mitgliedsländern, z.B. Governance-Strategien, institutionenübergreifende Koordination, Datentransparenz bis hin zu den konkreten Maßnahmen im Bereich Prävention, Intervention und Kompensation.

Die Analysen zeigen, dass sich die Diskurse und Herangehensweisen der OECD im Vergleich zur EU im Kontext der Bekämpfung von Schulversagen/Schulabbruch etwas unterscheiden. Dabei setzt die EU Kommission bildungspolitisch auf einschlägige Ratsempfehlungen und auf eine ‚*Target-driven Policy*‘ im Sinne der Definition von Benchmarks und dem Vergleich der Daten zu Early School Leaving. Werden von der OECD mehr die Methode der thematischen Länder-Reviews und einschlägige Expertenteams für die Erstellung von forschungsbasierten Empfehlungen eingesetzt, fokussiert die EU – basierend auf den Empfehlungen des Rates 2011 – auf die Unterstützung der Mitgliedsländer in Form thematischer Arbeitsgruppen zu Early School Leaving, die in Kooperation zwischen EU-ExpertInnen und VertreterInnen der Mitgliedstaaten Expertisen mit bildungspolitischen Empfehlungen erarbeiten. Die OECD hingegen bot über das Verfahren einer *Country Review on School Failure* an, gemeinsam mit OECD-Experten die konkrete Situation eines Mitgliedsstaates zu

10 Zum politischen Kontext vgl. die Ausführungen von Mario Steiner im Nationalen Bildungsbericht 2009.

analysieren und über Empfehlungen in Form einer Country Note die Politikentwicklung im jeweiligen Land voranzutreiben. Im Rahmen der aktuellen EU-Strategiegruppe zu Schulabbruch werden – nachdem die Handlungsempfehlungen bereits vorliegen – so genannte *Peer Learning Activities* angeboten, um die Austauschprozesse zwischen den Mitgliedstaaten voranzutreiben und von innovativen Praxismodellen zu lernen.

Wie gezeigt wurde, ist die Bekämpfung frühzeitigen Schul- und Ausbildungsabbruchs auf internationaler Ebene ein zentrales bildungspolitisches Anliegen, dessen konkrete Umsetzung sowohl auf allgemeine, qualitätsverbessernde als auch auf zielgruppenspezifische Maßnahmen zielt und je nach bildungspolitischer Prioritätensetzung Wirkungen in den einzelnen Mitgliedsländern entfaltet.

4. Strategische Ansätze und Maßnahmen im nationalen Kontext

Im Nationalen Bildungsbericht 2009 nimmt Mario Steiner eine fundierte Analyse zu *Early School Leaving und Schulversagen im österreichischen Bildungssystem* vor.[11] Neben dem Ausmaß und der Betroffenheit von frühem Bildungsabbruch, den politischen und internationalen Hintergründen sowie den Ursachen thematisiert Steiner Interventionsstrategien und Maßnahmen gegen frühen Bildungsabbruch. Steiner identifiziert zwei idealtypische Erklärungsmuster für Interventionsstrategien gegen Schulabbruch und Jugendarbeitslosigkeit, nämlich eine universalistische und eine beschäftigungszentrierte:

> „Auf Seite des beschäftigungszentrierten Ansatzes stehen individualisierte Zuschreibungen von Benachteiligungen im Sinne von (Sozialisations-) Defiziten, die kompensatorische Maßnahmen nach sich ziehen und – wie in Österreich – vornehmlich auf die Integration in den Arbeitsmarkt zielen. Auf der anderen Seite werden z. B. in Dänemark und in Finnland nicht so sehr die individuellen Defizite, sondern noch nicht ausgenützte Potenziale der Jugendlichen gesehen" (Steiner 2009: 156).

Die stark beschäftigungszentrierte Ausrichtung der österreichischen Interventionen gegen Schul- und Ausbildungsabbruch sieht Steiner durchaus kritisch. Eine universalistische würde demnach stärker auch Prävention und Intervention im Erstausbildungsbereich fokussieren. Auch spart der Wissen-

11 2007 legt Steiner im Auftrag des damaligen Unterrichtsministeriums bereits eine Dropoutstrategie für Österreich vor. Steiner/Wagner 2007 und Steiner 2009.

schaftler nicht mit Kritik am nach wie vor gängigen Selektionsparadigma, das ermöglicht, unterschiedliche Bildungsvoraussetzungen über die Bildungsbiographie hinweg fest zu zementieren. Neben den notwendigen strukturellen Veränderungen problematisiert Steiner auch die Didaktik sowie die Organisation des Unterrichts an sich und dessen Reform. Ähnlich wie Ferdinand Eder arbeitet Steiner heraus, dass die

> „Motivation der SchülerInnen auch unter als lebensfern empfundenen Curricula sowie einer dementsprechenden Unterrichtsgestaltung leidet. Das Entwicklungspotenzial zeigt eine mehr lebenspraktische und projektorientierte Ausrichtung der Ausbildungen anstelle des derzeitigen Fächerkanons im 50-Minuten-Takt. Adressat und Träger dieser Veränderungsoptionen sind letztlich die LehrerInnen, die jedoch zusätzlicher Unterstützung für die Bewältigung dieser Herausforderungen und alltäglichen Problemlagen in Schulen bedürfen. Angesprochen sind hierbei ein Ausbau der Schulpsychologie auf eine deutlich günstigere Relation, als dies momentan der Fall ist, bzw. eine Institutionalisierung von Schulsozialarbeit [...]" (Steiner 2009: 158).

Steiners Forderung geht in Richtung Erstellung einer umfassenden Strategie, die als Voraussetzung ihrer Erarbeitung die Schließung von Forschungslücken in diesem Bereich hätte und die wesentlichen Akteure in Kooperationsplattformen und einem übergeordneten Kompetenzzentrum zusammenbringen würde.

Die Forderung nach einem strategischen Dach für die nunmehr verstärkten Präventions- und Interventionsmaßnahmen wurde inzwischen mit der *Nationalen Strategie zur Verhinderung frühzeitigen (Aus-)Bildungsabbruch* erfüllt. Diese basiert auf dem von der EU-Kommission entwickelten Drei-Säulen-Modell der Prävention, Intervention und Kompensation. Als Prävention werden schulreformerische Maßnahmen, die auf die Verbesserung der Qualität des schulischen Lernens und Lehrens und bildungspolitisch auf die Verbesserung der Chancengerechtigkeit zielen, eingestuft. Die nationale Strategie definiert Prävention als vorausschauende Problemvermeidung und richtet den Blick auf den Lernenden selbst und damit auf die Individualisierung des Lernens und Lehrens. Demnach bedeutet Prävention im Zusammenhang von ESL

> „vor allem, mit geeigneten Methoden bei den SchülerInnen entstehende Kompetenzrückstände rechtzeitig zu diagnostizieren und dem entsprechend individualisierte Förderpläne zu erstellen, aber auch in engem Kontakt mit den Erziehungsberechtigten zu sein, um der Entstehung von Kompetenzrückständen vorzubeugen" (BMUKK 2012: 30).

Im Gegensatz dazu setzt Intervention dort an, wo Schulabbruchsgefahr, Krisen, zunehmende schulische Entfremdung, Orientierungslosigkeit etc. bereits diagnostiziert werden können. Die nationale Strategie beschreibt, dass es in der Intervention um die

> "Aktivierung von personalen und sozialen Ressourcen (geht), um eine nicht alleine bewältigbare Entwicklungsherausforderung (z.B. vernünftige Bildungslaufbahnentscheidungen zu treffen) oder eine Krisensituation (in Zusammenhang mit multiplen Problemlagen) zu bewältigen" (BMUKK 2012: 38).

Die vom Sozialministerium initiierte und vom Bildungsministerium unterstützte Maßnahme Jugendcoaching stellt im Bereich der Intervention die zentrale Aktivität dar, die mit Hilfe eines Case-Management-Ansatzes gefährdete Jugendliche ab dem individuellen 9. Schulbesuchsjahr aufwärts berät, orientiert und intensiv begleitet.

Die in der Strategie beschriebene Kompensationssäule bündelt Maßnahmen, „die auf eine defizitausgleichende Förderung kognitiver Fähigkeiten sowie für die weitere Bildungs- und Erwerbslaufbahn notwendiger Kompetenzen zielen" (BMUKK 2012: 38). Darunter fällt vor allem das Nachholen fehlender Bildungsabschlüsse, z.B. im Rahmen der *Initiative Erwachsenenbildung*[12] oder auch die zuletzt eingeführte Maßnahme Ausbildungsfit[13], die auf die Nachreifung junger Menschen und die Herstellung ihrer Ausbildungsfähigkeit im Rahmen innovativer und praxisorientierter Lernsettings zielt.

Die Verhinderung von frühzeitigem Schul- und Ausbildungsabbruch ist entsprechend der österreichischen Strategie in dem Dreieck *System - Schule - Person* mit den jeweiligen Handlungsfeldern verortet: Die Strategie geht davon aus, dass es erst durch das Ineinandergreifen (schul)systembezogener, schul(standort)bezogener (=organisationsbezogener) und personenbezogener Maßnahmen zu einer deutlichen Reduktion von Abbrüchen kommt. Hier werden die systemisch-strukturellen, schulstandortspezifischen und die auf Individuen zielenden Maßnahmen sowohl als qualitätssichernde und qualitätsverbessernde als auch als präventive Ansätze aufgefasst. Um das erfolgreiche Ineinandergreifen der drei genannten Handlungsfelder *System – Schule – Person* zu gewährleisten, bedarf es dem strategischen Papier zufolge der Abstimmung der Maßnahmen auf den jeweiligen Ebenen Bund, Länder und Bildungsregionen. Gemeinsam soll versucht werden, die AkteurInnen auf der jeweiligen Ebene –

12 Die Initiative Erwachsenenbildung steht für die österreichische Länder-Bund-Initiative zur Förderung grundlegender Bildungsabschlüsse für Erwachsene. Ihr Ziel ist es, Jugendlichen und Erwachsenen den Erwerb grundlegender Kompetenzen und Bildungsabschlüsse unentgeltlich auch nach Beendigung der Schule zu ermöglichen. Siehe: https://www.initiative-erwachsenenbildung.at/

13 Siehe: http://ausbildungsfit.at/

Bildungspolitik, Schulaufsicht, SchulleiterInnen und Lehrende sowie inner- und außerschulisch Beratende – zu sensibilisieren, die bisherigen Aktivitäten auf ihre Effektivität hin zu prüfen und bei Bedarf entsprechend zu verbessern. Von den Autoren der Strategie wird weiters vorgeschlagen, das strategische Dreieck *System – Schule – Person* wiederum auf der Hintergrundfolie des Drei-Säulen-Modells zu lesen. Durch diesen strategischen Rahmen werden die Maßnahmen in die Dimensionen Prävention, Intervention und Kompensation unterteilt, wobei die Grenzen zwischen diesen teilweise verschwimmen und umfassende Maßnahmen wie z.B. das Jugendcoaching und das Lehrlingscoaching sowohl als Präventions- als auch als Interventionsmaßnahme eingestuft werden können. Die Aufteilung in die genannten Dimensionen diene vor allem dazu, mehr Klarheit hinsichtlich ihres zeitlichen und strukturellen Ineinandergreifens zu bekommen; die Prävention zielt auf die Gesamtpopulation der SchülerInnen, die Intervention auf eine identifizierte Risikogruppe und die Kompensation auf jene, deren Risiken durch fehlende Kompetenzen bzw. Bildungsabschlüsse am höchsten sind und die spezielle Angebote zum Ausgleich vorhandener Defizite benötigen.

Um die Ziele der Strategie – *Vermeidung von Bildungsarmut, die Optimierung von Bildungswegen und die Hebung von Bildungsabschlüssen* – bis 2020 zu erreichen, braucht es neben der Kooperation zwischen allen Ebenen des Bildungssystems vor allem die Zusammenarbeit der Lehrenden und der (extern) Beratenden, die den Bildungsweg des Einzelnen im Blick behalten und diesen Bildungsweg gemeinsam mit dem Jugendlichen und dessen Eltern als Bildungspartner zu optimieren versuchen. Den Schulleitern und SchulleiterInnen kommt in diesem Prozess eine besondere Rolle zu; in ihrer Verantwortung liegt es, das eigene Team für das Phänomen Schulabbruch zu sensibilisieren und im Rahmen von Schulqualitätsmaßnahmen und den darin aufgehobenen Schul- und Unterrichtsentwicklungsprozessen die Situation für ausgrenzungsgefährdete SchülerInnen nachhaltig zu verbessern.

Die *Nationale Strategie zur Verhinderung von frühzeitigem (Aus-) Bildungsabbruch* kann als ambitioniertes Strategiepapier angesehen werden, dessen erfolgreiche Umsetzung in der Praxis davon abhängig ist, inwieweit die Sensibilisierung und Einbindung wichtiger Akteure – allen voran der Lehrenden an Schulen – gelingt und inwieweit die Zusammenarbeit der verschiedenen Institutionen und Verantwortungsträger verbessert wird. Zudem wird die bildungspolitische Prioritätensetzung der nächsten Jahre zeigen, inwieweit die strategischen Ansätze und die damit verbundenen Maßnahmen weiterverfolgt werden können.

Neben der Erstellung der nationalen Strategie wurde in den letzten Jahren eine Reihe von Studien in Auftrag gegeben, die neben der bestehenden quantitativ empirischen Forschung vor allem qualitativ empirische Analysen vorlegen. Im Auftrag der Stadt Wien wurden 2012 Handlungsempfehlungen zur erfolgreichen Prävention von Schulabsentismus und Schulabbruch für Lehrende, Schulleitung und Eltern publiziert (Nairz-Wirth 2012a). Die AutorInnen legen einen Maßnahmenkatalog von 59 Handlungsanweisungen vor, die sich u.a. an internationalen Good-Practice-Modellen orientieren. Die Handlungsempfehlungen reichen von der einheitlichen und lückenlosen Aufzeichnung von Schülerfehlzeiten, über die Individualisierung des Lernens, Mentoring- und Tutoring-Programme etc. bis zur Verbesserung der Kommunikation mit Eltern schulabbruchsgefährdeter SchülerInnen und der Schaffung einer Infrastruktur für die rasche Unterstützung in Problemsituationen. Im Auftrag des damaligen Bundesministerium für Unterricht, Kunst und Kultur legen Erna Nairz-Wirth et al. eine weitere Studie vor, und zwar zum Thema Professionalisierung von LehrerInnen im Bereich der Prävention und Intervention von Schul- und Ausbildungsabbruch. Die Studie sollte einen Beitrag dazu leisten, einen theoretischen Rahmen zu liefern, um Unterricht und Schule über die fortschreitende Professionalisierung der Lehrenden verändern zu können. Professionalisierung zielt ja auf die Reflexion und Weiterentwicklung professioneller Einstellungen, Haltungen und Handlungsroutinen, die unter sich verändernden Bedingungen unter Veränderungsdruck geraten. Vielfach werden der Verbesserung der LehrerInnengrundausbildung, der Fort- und Weiterbildung im Rahmen von qualitätssichernden Maßnahmen sowie der Schulentwicklung das Potential zugeschrieben, nachhaltigere Veränderungen im Schulsystem bewirken zu können und eine realistischere Option zu den – so manche Kritiker – ausbleibenden Strukturreformen zu sein.

Einige Stimmen im österreichischen Diskurs betonen die Wichtigkeit, die Lehrerschaft stärker für das Thema Bildungsbenachteiligung und Schulabbruch zu sensibilisieren und ihre Professionalisierung dahingehend voranzutreiben. Ausgehend von der Erkenntnis, dass professionelle Haltungen im Lehrberuf für den Bildungserfolg von SchülerInnen von großer Bedeutung sind, versuchen Erna Nairz-Wirth et al. in der oben genannten Studie zur Professionalisierung Habitusformen bzw. -typen von LehrerInnen zu rekonstruieren. Ausgehend von den auf Pierre Bourdieu basierenden Arbeiten zur Habitusentwicklung (und damit zu Habitusformen im Lehrberuf), stellt Nairz-Wirth die Frage, wie im Rahmen von *Professional Communities* ein professioneller Habitus entwickelt werden kann, der die nachhaltige Förderung von so genannten RisikoschülerInnen ins Zentrum stellt und Einstellungen und Handlungsweisen ermöglicht, die im Kontext von Bildungsbenachteiligung und Schulabbruch präventiven Charakter haben (Nairz-Wirth et al. 2012b: 7f.). Die häufig geforderte Reflexionskompetenz von LehrerInnen wäre demnach in diese habitustheoretischen Überlegungen einzubetten und ein Professionsverständnis zu entwickeln, das SchülerInnenleistungen als Maß der eigenen Leistung als Lehrender ausweist, was in den skandinavischen Ländern stärker als in Österreich der Fall ist. Professionalisierung kann nach Nairz-Wirth als ein Prozess konzeptualisiert werden, der in unterschiedlichen Feldern bzw. in verschiedenen biographischen Abschnitten stattfindet, nämlich zunächst in der Schulbiographie der später Lehrenden, daran anschließend in Form der tertiären Sozialisation an der Universität bzw. Pädagogischen Hochschule als Lehramtsstudierende/r und später in der beruflichen Sozialisation in den jeweiligen Schulen, in denen unterrichtet wird. Unterricht und Schule werden im besten Fall in professionellen Arbeitsgemeinschaften reflektiert und weiterentwickelt und dazu braucht es eine entsprechende Fort- und Weiterbildung. In all diesen Feldern konstituiert und stabilisiert sich ein professioneller Habitus, der sich nach Nairz-Wirth et al. auf einem Kontinuum zwischen defensiv-kontrollorientiert und professionell-dynamisch beschreiben lässt (Nairz-Wirth et al. 2012b: 56f.). Die AutorInnen der Studie legen den Schluss nahe, dass die Professionalisierung der Lehrenden mit dem Schwerpunkt auf Schuldistanzierung und Schulabbruch bisher unzureichend erfolgte. Das sei ihren Analysen zufolge auch daran festzustellen, „dass ein differenziertes Bewusstsein, das auf diesen Mangelzustand hinweist, nur bei sehr wenigen LehrerInnen im Ansatz aus den Aussagen im Interview rekonstruiert werden konnte“ (Nairz-Wirth et al. 2012b: 69).

Das von Nairz-Wirth et al. vorgelegte Konzept zur verbesserten Habitusentwicklung im Kontext von Schulabbruch könnte einen Beitrag zur allgemeinen Professionalisierungsdebatte leisten, wobei noch unklar ist, in welcher Form theoretische Professionalisierungsmodelle Eingang in die Struktur und Inhalte sowohl der LehrerInnengrundausbildung als auch in die Fort- und Weiterbildung finden und die konkrete Schulpraxis befruchten können.

Festzuhalten bleibt, dass aufgrund der begrenzt vorhandenen nationalen Forschungsergebnisse der nationale Diskurs nach wie vor auf die Rezeption internationaler Expertisen angewiesen ist. Eine Bündelung der Forschungsergebnisse im Bereich Bildungsbenachteiligung, Bildungsarmut, Schulabbruch, aber auch in Bezug auf Institutionelle Diskriminierung und kompensatorische Bildung bzw. Erwachsenenbildung wäre zudem hilfreich.

5. Schlussbetrachtungen

Der vorliegende Beitrag zielte darauf ab, einerseits das Phänomen Schulabbruch in seiner Mehrdimensionalität und Verwobenheit von individuellen, sozialen, sozioökonomischen *und* institutionellen Faktorenbündeln zu problematisieren als auch exemplarisch den nationalen sowie den internationalen Diskurs zu beschreiben. Gezeigt wurde, dass der internationale Austausch – konkret der zwischen OECD bzw. EU und ihren Mitgliedsstaaten – den nationalen Diskurs in den letzten Jahren nachhaltig befruchtet und das Problembewusstsein generell geschärft hat. Die Literaturrecherche im deutschen Sprachraum zeigt, dass eine umfassende Rekonstruktion des Phänomens Schulabbruch/Schulversagen in Form einer interdisziplinären Theoriebildung noch ausständig ist. Einzelne Studien, die auf unterschiedliche Dimensionen von Schulabbruch fokussieren und aus verschiedenen Perspektiven dem Phänomen Schulabbruch näher zu kommen versuchen, liegen vor, wobei größere qualitative Feldstudien zum Zusammenwirken individueller, sozialer und institutioneller Faktorenbündel fehlen. Eine umfassende Theoriebildung zum besagten Phänomen könnte pädagogische, bildungstheoretische und -soziologische, schul- und institutionenkritische, professions- und anerkennungstheoretische, psychologisch-resilienzorientierte sowie andere themenrelevante Perspektiven zusammenführen, um ein größeres Bild der Komplexität gelingender bzw. nicht-gelingender institutioneller Bildung zu zeichnen.

Beobachtbar ist, dass das Problembewusstsein auf bildungs- und sozialpolitischer Ebene sowohl national als auch international gestiegen ist, jedoch das Problembewusstsein im Schulsystem selbst und damit bei den Lehrenden häufig als noch nicht ausreichend bezeichnet werden kann. Vor allem mit PraktikerInnen vorgenommene Feldforschung und entsprechende Analysen zur Rolle der Institution Schule sowie der Professionalisierung der Lehrenden in der Entstehung von Schulabbruch und in der Perpetuierung von Bildungsbenachteiligung wären hilfreich, um weiße Flecken auf der Forschungslandkarte zu füllen. Mit diesem Wissen könnten schließlich systemrelevante und präventive Maßnahmen entwickelt und umgesetzt werden. Wichtig erscheint in diesem Zusammenhang auch, dass die Anstrengungen, Unterricht und Schule permanent weiterzuentwickeln, fortgeführt werden und die Schulen im Rahmen der Qualitätsentwicklung und -sicherung die Schulleistungen ihrer SchülerInnen und Abbruchsquoten als Impulse zur Weiterentwicklung der Standorte nutzen.

Mit einer genaueren Analyse des komplexen Phänomens Schulabbruch wird auch sichtbar, worin die Möglichkeiten, vor allem aber die Grenzen eines vorrangig ‚*Target-driven*' Zugriffs auf Lernen, Bildung und auf deren Institutionen liegen und warum dieses Steuerungsparadigma der Komplexität erfolgreichen menschlichen Lernens und Sich-Bildens möglicherweise nicht im gewünschten Ausmaß gerecht werden kann. Grundsätzlich ist es von Vorteil, wenn Bildungsinstitutionen einen klaren Auftrag haben, nämlich *allen* SchülerInnen bis 18 Jahren eine fundierte Ausbildung mit Abschluss zu ermöglichen. Dies ist auch das erklärte Ziel der aktuellen österreichischen Bundesregierung unter dem Titel „Ausbildung bis 18" (Republik Österreich

2013: 10). Bildungssysteme vorwiegend über Zielvorgaben und Benchmarks zu steuern, könnte aber aufgrund der Tatsache, dass Bildungs- und Lernprozesse sowie deren Ergebnisse keine nach betriebswirtschaftlichen Kriterien zu steuernden Prozesse darstellen und sich Institutionen nicht einfach ‚von oben herab' reformieren lassen, möglicherweise zum Scheitern verurteilt sein. Vielmehr sollte Schule wieder verstärkt als pädagogischer Raum und nicht als wettbewerbsfähiges Unternehmen, das Zertifikate produziert, gestaltet werden. Lernen und Verstehen, Sich-die-Welt-Aneignen und Sich-Bilden müssen wieder mehr in den Vordergrund gestellt werden, und diese Aufgabe kann Schule nur erfüllen, wenn LehrerInnen ihre Aufgabe im Sinne guten Unterrichtens und Erziehens unter verbesserten Bedingungen auch professionell erfüllen können und die institutionellen Strukturen dahingehend aufgeweicht werden, dass auch SchülerInnen mit weniger günstigen Bildungsvoraussetzungen gleiche Chancen erfahren.

Im Rahmen seiner Kritik am gängigen Output- und Optimierungsparadigma der heutigen Bildungssysteme zieht auch der Frankfurter Erziehungswissenschafter Andreas Gruschka in Zweifel, ob das betriebswirtschaftliche Denken und die Anwendung psychologischer Kompetenzmodelle die spezifischen Probleme schulischer Vermittlungs- und Bildungsprozesse lösen könne. Vielmehr würde damit die pädagogische Substanz der Aufgabe der Schule verfehlt. Dieses Misslingen beruhe nach Gruschka darauf, „dass die Maßnahmen keine Rücksicht auf die ‚Eigenstruktur des Pädagogischen' (so Herwig Blankertz) von Schule und Unterricht nehmen." Damit drängt sich die Erkenntnis auf, dass im Kontext der Entstehung von Schuldistanz bis hin zum Schulabbruch die Eigenstruktur des Pädagogischen nicht erfolgreich zur Geltung gebracht wurde. Was bedeutet das im Hinblick auf Schule und Unterricht? Nach Gruschka geht es zunächst darum, dass die Schule als pädagogische Einrichtung die ihnen anvertrauten Kinder zu *Lernenden* werden lässt und dementsprechend zu einem Verhalten erzieht, das ihnen erlaubt, *dem Unterricht produktiv zu folgen*. Nun bestünde das Eigengesetzliche der Schule darin – und damit angesprochen werden vor allem die Fähigkeiten der Lehrenden – „das als allgemeine Bildung aufgebaute Weltwissen und Können mit geeigneten didaktischen Mitteln im Unterricht zu repräsentieren, es in Aufgaben für die Schüler zu übertragen und deren Bearbeitung und Verhandlung so anzuleiten, dass die Schüler die Inhalte sich auch tatsächlich aneignen können". Lernen setzt jedoch das Verstehen des zu lernenden Inhalts voraus, daher konstatiert Gruschka, dass sich die Gegenstände nicht in Form standardisierter Aufgaben und Testformate domestizieren lassen und sich das Wissen nur über Verstehensprozesse seitens des lernenden Subjekts erschließen lässt. Die schulische Bildungsarbeit bestünde demnach darin, diese Bildungsbewegungen immer wieder von neuem anzustoßen, und damit Erziehung zur Selbsterziehung sowie Bildung zur Selbstbildung zu sein. Dass diese Prozesse bei Kindern und Jugendlichen nicht in einem technokratischen Sinn herstellbar bzw. steuerbar sind, ergibt sich aus der Natur menschlichen Lernens. Trotzdem wäre der Anspruch aufrecht zu erhalten, den pädagogischen Sinn der Schule zurück zu gewinnen, ein reflexives Ich-Weltverhältnis auf Seite der Heranwachsenden entfalten zu lassen und durch verstehendes Lernen Sinn und Bedeutung für den Lernenden selbst zu generieren. Denn gerade dieser Sinn- und Lebensweltbezug ist vielen, deren Bildungsbiographie gefährdet ist, abhandengekommen. Die Rückbesinnung sowohl auf die beschriebene Eigengesetzlichkeit des Pädagogischen als auch auf die didaktischen Fähigkeiten der Lehrenden, einen reflexiven Weltzugang über schulische Verstehens- und Bildungsprozesse anzuleiten, wäre somit notwendig. Ob die derzeitigen Entwicklungen, die abrufbare und messbare Kompetenzen in den Vordergrund stellen sowie Unterricht als auch die Leistungsüberprüfung zu standardisieren beabsichtigen, einem solchen Bildungsverständnis zuträglich sind und die Schule nachhaltig verbessern, bleibt abzuwarten.

Von Bedeutung erweisen sich vor dem skizzierten Hintergrund einer Schule mit pädagogischem Anspruch vor allem auch die professionellen Haltungen der Lehrenden, z.B. inwieweit sich Schulen bzw. Lehrende für den Schulerfolg bzw. den Abschluss eines Ausbildungsweges verantwortlich fühlen. Gelingt die den Lehrenden überantwortete Vermittlungsarbeit zwischen Lernenden und Welt bzw. den Sachverhalten des Unterrichts, so ist die Gefahr, dass sich junge Menschen von schulischer Bildung entfremden, weitaus geringer. Guter Unterricht ist also eine Voraussetzung für den Erhalt der Bildungsmotivation bei steigenden intellektuellen und sachlichen Ansprüchen und damit für den Verbleib in einer Bildungseinrichtung. Die Verantwortung für gelingende Lern- und Verstehensprozesse ist damit auch in einer konstruktiven Lehrer-Schüler-Beziehung und in einer reflektierten Lehr- und Schulkultur verortet.

Wird Schulversagen mit Unterrichts- und Schulqualität in Beziehung gesetzt, so muss der Einwand Berücksichtigung finden, dass sich trotz schulreformerischer, (sozial)pädagogischer und didaktischer Anstrengungen das lernende Subjekt dem direkten Zugriff auf seine Bildungsbiographie immer wieder entziehen kann. Ähnlich wie Bildungsprozesse immer ein Moment des Scheiterns in sich tragen, werden auch Institutionen immer wieder daran scheitern, alle Jugendlichen gleichermaßen zu den von Ökonomie und Gesellschaft geforderten Bildungsabschlüssen und den damit verbundenen Qualifikationen hinzuführen. Der humanistische Anspruch auf eine qualitätsvolle Schule und guten Unterricht, in denen Bildungsprozesse viel mehr als nur *Aus*bildungsprozesse sind, dürfte dabei nicht aufgegeben werden.

Literatur

Bruneforth, Michael/Weber, Christoph/Bacher, Johann (2012): Chancengleichheit und garantiertes Bildungsminimum in Österreich. In: Herzog-Punzenberger, Barbara (Hrsg.).: Nationaler Bildungsbericht Österreich 2012, Band 2: Fokussierte Analysen bildungspolitischer Schwerpunktthemen. Graz: Leykam, 189-227

Bundesministerium für Unterricht, Kunst und Kultur (BMUKK) (2012): Nationale Strategie zur Verhinderung frühzeitigen (Aus-)Bildungsabbruchs, Wien. https://www.bmbf.gv.at/schulen/unterricht/ba/schulabbruch_eslstrategie_24401.pdf?4dzgm2. (Zugriff im Juli 2014)

Eder, Ferdinand (2007): Das Befinden von Kindern und Jugendlichen in der österreichischen Schule. Befragung 2005. Innsbruck: Studienverlag

European Commission (2013): Reducing early school leaving: Key messages and policy support: Final Report of the Thematic Working Group on Early School Leaving. Brussels. http://ec.europa.eu/education/policy/strategic-framework/doc/esl-group-report_en.pdf. (Zugriff im Juli 2014)

Europäischen Union (2011): Amtsblatt der Europäischen Union 2011: 2 http://eur-lex.europa.eu/LexUriServ/LexUriServ.do?uri=OJ:C:2011:191:0001:0006:DE:PDF

Faubert, Brenton (2012): A Literature Review of School Practices to Overcome School Failure, OECD Education Working Papers, No. 68, OECD Publishing. http://www.oecd-ilibrary.org/education/a-literature-review-of-school-practices-to-overcome-school-failure_5k9flcwwv9tk-en. (Zugriff im Juli 2014)

Gomolla, Mechtild/Radtke, Frank-Olaf (2002): Institutionelle Diskriminierung – Die Herstellung ethnischer Differenz in der Schule. Wiesbaden, Verlag für Sozialwissenschaften/Springer

Gruschka, Andreas (2011): Verstehen lehren. Ein Plädoyer für guten Unterricht. Stuttgart: Reclam

Hackl, Bernd (2013): Ein gutes Durcheinander. In: Sackgassen der Bildungsreform. Hrsg. von Konrad Paul Liessmann und Katharina Lacina. Wien: Facultas, 59-75

ISW - IBE - JKU (2013): Studie zur Unterstützung der arbeitsmarktpolitischen Zielgruppe „NEET". Eine Studie im Auftrag des Bundesministeriums für Arbeit, Soziales und Konsumentenschutz, Linz-Wien. http://www.sozialministerium.at/cms/site/attachments/0/0/9/CH2247/CMS1318326022365/bmask_neet-studie.pdf

Linde, Susanne/Linde-Leimer, Klaus (2014): „...damit niemand rausfällt!" Grundlagen, Methoden und Werkzeuge für Schulen zur Verhinderung von frühzeitigem (Aus-) Bildungsabbruch. Wien. Handreichung im Auftrag des Bundesministeriums für Bildung und Frauen. 2. Auflage 2014

Nairz-Wirth, Erna (2010): Quo Vadis Bildung? Eine Studie zum Habitus von Early School Leavers. Studie im Auftrag der Arbeiterkammer Wien

Nairz-Wirth, Erna/Feldmann, Klaus/Diexer, Barbara (2012a): Handlungsempfehlungen für Lehrende, Schulleitung und Eltern zur erfolgreichen Prävention von Schul-

absentismus und Schulabbruch. Aufbruch zu einer neuen Schulkultur. Wien: Wirtschaftsuniversität Wien
Nairz-Wirth, Erna/Feldmann, Klaus/Wendebourg, Elisabeth (2012b): Professionalisierung von Lehrerinnen und Lehrern im Bereich der Prävention und Intervention von Schul- und Ausbildungsabbruch. Entwicklung einer auf der Theorie von P. Bourdieu und internationalen geprüften Modellen beruhenden Konzeption. Wien: Studie im Auftrag des Bundesministeriums für Unterricht, Kunst und Kultur
Nusche, Deborah et al. (2009): OECD-Länderprüfung Migration und Bildung, Österreich. http://www.oecd.org/education/innovation-education/44584913.pdf. (Zugriff im Juli 2014)
OECD (1996): Combating Failure at School: Report on the Activity. Part I: Dimensions of the Problem, Country Experiences and Policy Implications. Paris
OECD (2008): No More Failures: Ten Steps to Equity in Education. http://www.oecd.org/edu/school/39676364.pdf. (Zugriff im Juli 2014)
OECD (2012): Equity and Quality in Education: Supporting Disadvantaged Students and Schools. OECD Publishing
Perchinig, Bernhard/Schmid, Kurt (2012): Hebel zu einer kompensatorischen Bildung. Pilotstudie. Hrsg. vom Institut für Bildungsforschung der Wirtschaft (ibw). ibw-Forschungsbericht Nr. 173, Wien
Ramelow, Daniela/Unterweger, Karin/Gugglberger, Lisa/Felder-Puig, Rosemarie (2013): Die Bedeutung des Schulklimas für die Gesundheit von Schüler/inne/n und Lehrer/inne/n. Wien: LBIHPR Forschungsbericht
Rat der Europäischen Union (2011): Empfehlungen des Rates zur Senkung der Schulabbrecherquote. Amtsblatt der Europäischen Kommission. http://eur-lex.europa.eu/LexUriServ/LexUriServ.do?uri=OJ:C:2011:191:0001:0006:DE:PDF. (Stand Juli 2014)
Republik Österreich (2013): Arbeitsprogramm der Österreichischen Bundesregierung 2013-2018. Erfolgreich. Österreich. Wien
Sandring, Sabine (2013): Schulversagen und Anerkennung. Scheiternde Schulkarrieren im Spiegel der Anerkennungsbedürfnisse Jugendlicher. Studien zur Schul- und Bildungsforschung. Band 41. Wiesbaden: Springer Verlag
Stamm, Magrit (2009): Typen von Schulabbrechern. In: Die deutsche Schule, 2, 168-180
Stamm, Magrit (2012): Schulabbrecher in unserem Bildungssystem. Unter Mitarbeit von Melanie Holzinger-Neulinger und Peter Suter. Wiesbaden: Springer Verlag
Statistik Austria: Bildung in Zahlen 2011/12 - Schlüsselindikatoren und Analysen, Wien 2013.http://www.statistik.at/web_de/dynamic/services/publikationen/5/publdetail?id=5&listid=5&detail=560. (Zugriff im Juli 2014)
Steiner, Mario/Wagner, Elfriede (2007): Dropoutstrategie. Grundlagen von Dropouts in Ausbildung und Beschäftigung. IHS. Projektbericht. Studie im Auftrag des Bundesministeriums für Unterricht, Kunst und Kultur. Wien
Steiner, Mario (2009): Early School Leaving und Schulversagen im österreichischen Bildungssystem. Nationaler Bildungsbericht, Band 2. Fokussierte Analysen bildungspolitischer Schwerpunktthemen. Hrsg. von Werner Specht. Graz: Leykam Verlag, 141-159
https://www.bifie.at/buch/1024/b/1

Steiner, Mario/Styrian Association for Education and Economics) (2011): OECD Country Report Austria. Overcoming School Failure: Policies that work. Commissioned by the Federal Ministry of Education, the Arts and Culture. http://www.oecd.org/austria/49528170.pdf Juli 2014. (Zugriff im Juli 2014)

Steiner, Mario/Pessl, Gabriele/Wagner, Elfriede/Karaszek, Johannes (2013): Evaluierung „Jugendcoaching"- Endbericht. Studie im Auftrag des BMASK. Wien

Wetzel, Konstanze (2011): Schulversagen, Neue Mittelschule und Ganztagsbildung. In: Spitzer, Helmut et al. (Hrsg.): Soziallandschaften. Perspektiven Sozialer Arbeit als Profession und Disziplin. Wiesbaden: VS Verlag für Sozialwissenschaften, 175-190

Die Rolle der Sozialen Arbeit im Übergangssystem Schule – Arbeitswelt

Helmut Arnold

Zu Beginn der Erwerbsbiografie hat jeder Jugendliche den Übergang von der Schule in die Arbeitswelt zu meistern. Dabei herrscht im Alltagsverständnis die Vorstellung, dass der Eintritt in die Arbeitswelt ohne großes Zutun recht selbstverständlich gelingt. Man muss als junger Mensch grob wissen, was man will, muss sich umtun und seine Chancen sichten und braucht hie und da ein bisschen Rat und Unterstützung durch die Eltern. Und dann klappt das schon.

Dagegen sprechen die Befunde, die zeigen, dass dieses Normalitätsgefüge erschüttert ist. Die Statuspassagen zum Erwachsen-sein über die Berufsfindung und den vollzogenen Berufseintritt befinden sich ganz erheblich im Umbruch: Viele Jugendliche schaffen es nicht, eine ihrem Berufswunsch entsprechende Ausbildungsstelle zu ergattern und münden in das sog. Übergangssystem, das ihnen ‚ersatzweise' vielfältige Unterstützungsleistungen bietet, um sie zunächst zur ‚Berufsreife' zu führen und generell ihre Chancen für einen Einstieg in eine Berufsausbildung samt deren Abschluss als akzeptierte Eintrittskarte in die Arbeitswelt zu erhöhen.

Das Übergangssystem fungiert also in struktureller Hinsicht als Auffangbecken für alle jene, die – aus welchen Gründen auch immer – im Ausleseprozess des Marktes übrig gebliebenen sind, sammelt sie auf und versucht, sie für eine zweite oder dritte Runde zu präparieren. Geht man davon aus, dass die arbeitsmarktbezogenen Bildungs-, Qualifizierungs- und Beschäftigungsmaßnahmen möglichst in reale Ausbildung bzw. Beschäftigung ‚am Markt' führen sollen, so sind die Integrationschancen und -erfolge in den Projekten des Übergangssystems immer auch in Relation zur Beschaffenheit des Arbeitsmarkts zu sehen. Vorgelagert dazu muss zudem die schulische Bildungslandschaft in Blick genommen werden, da diese den Grundstein für die Chancenstrukturen am Arbeitsmarkt legt. Schule ist jedoch nicht Thema dieses Beitrags. Das Augenmerk wird hier auf das Übergangssystem in Deutschland gerichtet, wobei die Problematiken in allen mitteleuropäischen Ländern, in denen die duale Lehre das Herzstück der Berufsbildung darstellt, vergleichsweise ähnlich gelagert sind.

Die Funktion der Übergangshilfen kann in die Formel ‚Brücke zur Arbeitswelt' gefasst werden. Zwar wurde von Michael Galuske (1993) unter Hinweis auf seine frühe Feldstudie mit Praktiker/innen der Jugendberufshilfe bereits in den 1990er Jahren hinterfragt, ob die Brücken-Metapher angesichts der Krise am Arbeitsmarkt und der Erosion der statussichernden Passagen generell noch zutreffend ist; vor allem im Hinblick auf ein adäquates Professionsverständnis sei zu fragen, ob das Brückenmodell sinnvolle Perspektiven für die Handlungsorientierung in der Jugendberufshilfepraxis freilegen kann. Dennoch bleibt unbestritten, dass die Integration ins und Teilhabe am Erwerbsleben die Lebenschancen Jugendlicher und ebenso Erwachsener entscheidend bestimmen. Wer den Anschluss nicht schafft, dem droht eine Hartz-IV Karriere, der vielbeschworene Teufelskreis der Armut.

Wenn wir also daran festhalten, dass die Verwiesenheit auf den Arbeitsmarkt zur Sicherung der Existenz fortbesteht und damit die Arbeitsgesellschaft das vorherrschende Ordnungsmodell abgibt, dann ist es die zentrale Aufgabe der Jugendberufshilfe – oder genereller: der arbeitsweltbezogenen Sozialen Arbeit – Zugänge zur Arbeitswelt zu ermöglichen und dabei den vulnerable groups besonderes Augenmerk zu schenken. Wohl haben sich die Eintritte in Maßnahmen des Übergangssystems in den letzten zehn Jahren halbiert, was sowohl einer starken Nachfrage nach beruflichem Nachwuchs einer prosperierenden und somit aufnahmefähigen Wirtschaft wie einer sinkenden Kohortenstärke unter den Schulabgängern zuzurechnen ist. Dennoch kann bei einer Einmündung von ¼ Million junger Menschen, die ihre Berufslaufbahn in Deutschland im Übergangssystem beginnen – die Altnachfrager und Mehrfach-„Kunden" nicht mitgezählt – von Entspannung nicht die Rede sein.

Als Königsweg der Berufsausbildung gilt in den deutschsprachigen Ländern die Lehre im dualen System. Die überwiegend dreijährige Ausbildungszeit ist gesplittet in Einheiten zwischen den Lernorten Betrieb und Berufsschule. Steht in der Berufsschule neben allgemeinbildenden Fächern vor allem die Vermittlung von Wissensgrundlagen des Lehrberufs im Zentrum, so geht es im Betrieb um die Ausbildung berufspraktischer Fertigkeiten, die Einübung von Arbeitsabläufen auch unter Termindruck und Einschluss kollegialer Kooperation und nicht zuletzt um eine Haltung, die man früher als Berufsstolz bezeichnete.

In ihrer beruflichen Sozialisation lernen die Azubis demzufolge die Regeln ihres ‚Berufsstands'. In vielen klassischen Berufen allen voran im Handwerk aber auch im industrie-technischen Bereich sind diese Regeln bis heute in tradierte Rituale eingefasst, sie gelten als Identifikationsfolie und wer diese nicht kennt und nicht weiß, wie man sich nach außen zünftig und nach innen gesellig zu verhalten hat, gehört nicht dazu. Ute Clement (2012) hat in einer historisch-systematisch angelegten Studie den Begriff der Ehre für die berufliche Sozialisationsforschung wiederentdeckt und aufgezeigt, dass den „schwachen" Jugendlichen die Zugänge zur Berufswelt versperrt bleiben, dies oft auch als Folge mangelnder Balance zwischen Selbstbezogenheit und Anpassung, und sie ihr Feld der Ehre dann eher jenseits beruflicher Anstrengungen und Erfolge suchen – oder wie Lothar Böhnisch sagen würde: zur Herstellung von Handlungsfähigkeit über funktionale Äquivalente mit Selbstwirksamkeits-Qualität bis weit hinein ins abweichende Verhalten suchen müssen.

1. Das Übergangssystem

Nun steht allen jungen Menschen, aber insbesondere denjenigen unter ihnen, die wir als Problemgruppen typisieren, eine Vielzahl von Unterstützungsmöglichkeiten zur Seite. Diese Übergangshilfen sind teilweise unübersichtlich ausgestaltet, teilweise werden sie auch parallel veranstaltet, so dass Kritiker von einem ‚Maßnahmendschungel' sprechen. Es fehlt also nicht an Modellen und Expertise, und es geht auch weniger um das übliche Lamento fehlender finanzieller Ressourcen, sondern eher darum bestehende und erprobte Maßnahmenkonzepte in bedarfsgerechte und passfähige Arrangements zu bringen, so dass die angebotenen Maßnahmen zu produktiven Wegen in der beruflichen und persönlichen Biografie der Jugendlichen werden.

Bei kritischem Blick auf die Maßnahmenwelt stellen sich folgende Fragen: Wie viele Jugendliche befinden sich in Maßnahmen welchen Typs? Dazu liefert der alljährliche Berufsbildungsbericht quantitativ exakte Daten, eine aktuelle Übersicht findet sich etwa im BBB 2014 auf Seite 38. Unter qualitativen Aspekten wäre zu fragen, worin die Besonderheiten und Stärken einer Maßnahme liegen und welches Setting für welche Zielgruppen geeignet ist oder genauer: Wie kann das vorgehaltene Standard-Setting so modifiziert werden, dass es für die jungen Menschen biografisch nutzbringend ist? Nicht umsonst ist schon im deutschen SGB II das Prinzip der ‚Individualisierung' von Maßnahmen als gesetzlicher Anspruch verankert, eine weitreichende und im Kern sozialpädagogische Forderung, die hier in einem juristischen Regelwerk, das freilich leichter verdammt als konstruktiv ausgelegt wird, einen Niederschlag gefunden hat und als Anker für eine sinnvolle Gestaltung der Unterstützungslandschaft herhalten kann.

Angesichts dieser Ausgangslage stellt sich die Frage nach adäquaten Unterstützungsarrangements – und damit nach der Beschaffenheit und Zweckmäßigkeit des Übergangssystems und den sich in ihm ggf. abzeichnenden

Reformperspektiven. Man kann das Übergangssystem als einen verwirrenden Dschungel auffassen, in dem immer neue Programme aufgelegt und diese mit immer neuen Maßnahmen – selbstredend innovativ und modellhaft – untersetzt werden. Diese Wahrnehmung ist nicht unbegründet. Man kann aber ebenso einen nüchternen Blick auf die Landschaft der arbeitsweltbezogenen Integrationshilfen werfen. Und einen solchen Blick ermöglicht uns das Modell der zwei Schwellen, das bis heute in der Wissenschaft gebräuchlich ist und zugleich auch sinnvolle Zuordnungen erlaubt.

Denn dieses Schwellenmodell stellt ein recht simples und deshalb auch griffiges Ordnungsraster dar, das aufzeigt, an welchem Punkt der beginnenden Berufsbiografie Probleme lokalisierbar und ggf. entsprechende Hilfen zielgerichtet einsetzbar sind – also zugleich eine Verortung möglicher Interventionen. An der ersten Schwelle geht es um die berufliche Ausbildung nach der Schule, den Übergang an der zweiten Schwelle mit dem Ziel Berufsstart haben bereits etwas ältere Jugendliche zu meistern. In nachfolgender Skizze sind die wichtigsten Aufgabenbereiche im Übergangssystem dargestellt und kommentiert.

1. Schwelle

▪ **Berufsorientierung**
- Für alle beginnend in Schule (in Kooperation mit Schul-Sozialarbeit);
- BIZ Info, Zielgruppen-bezogene Kampagnen (MINT ...)
- BOR-Projekte auch über Jugendzentrum = lebensweltnah

☒ *sozialarbeiterische Begleitung optional*

▪ **Berufsvorbereitung**
- Förderkurse zur Ausbildungs-Reife
- möglichst modular mit Qualifizierungs-Bausteinen aus anerkannten Ausbildungsberufen

☒ *immer sozialpädagogisch begleitet!*

▪ **außerbetriebliche Ausbildung**
- in Berufshilfe-Werkstätten mit Ziel Vollabschluss oder Teilfacharbeiter (z.B. Fahrradmechaniker/in)
- Zielgruppe Lernschwache & „Verhaltensauffällige"

☒ *i.d.R. sozialpädagogisch begleitet!*

▪ **betriebliche Ausbildung**
- zusätzlich eingerichtete Lehrstellen in Marktbetrieben oder den Regelbetrieb in Marktbetrieben begleitend

☒ *sozialpädagogisch flankiert*

→ Alltags-Coach = Aufstehen, wenn Wecker klingelt ...
→ oft Lerncoach = ausbildungssichernde Lernhilfen

2. Schwelle

▪ **„Outplacement"**
- Übergangscoaching
- Bewerbungstraining (auch bei 1. Schwelle),
- Jobfinder/Integrationsmanagement
- Job Assistenz

→ Ziel: jobready & Start in Job

☒ *alle Aufgaben können Sozialarbeiter/innen leisten*

▪ **sinnvolle Beschäftigungsprojekte**

→ Ziel: Arbeitsintegration mit Nachqualifizierung („Arbeiten & Lernen") für spez. Zielgruppen:
JE mit biografischen Brüchen (ohne HSA, mit Knast-, Drogen- & Psychiatriekarriere),
alleinerz. junge Mütter,
exmatrikulierte Langzeit-Studierende, Weltenbummler & Heimkehrer ...

☒ Begleitung durch Sozialarbeit unverzichtbar!

▪ **Existenzgründungsberatung & Existenzgründungsbegleitung?**

→ nur sinnvoll, wenn wirtschaftlich tragfähiges Konzept und „Unternehmergeist" vorhanden

Abb.: Arbeitsweltbezogene Integrationshilfe-Aufgaben & Zielgruppen; eigene Darstellung

2. Reformperspektiven im Ausbildungs- und Übergangssystem

Bei einer kritischen Bilanzierung der Reformperspektiven ist prinzipiell zu unterscheiden zwischen Vorschlägen, die direkt auf das Regelsystem ausgerichtet sind, und solchen, die auf die Übergangshilfen abzielen und deren Beschaffenheit oder auch deren Ertrag hinterfragen. Klar ist, dass je besser das Regelsystem funktioniert, desto weniger das ersatzweise zum Tragen kommende Übergangssystem benötigt wird.

Direkt auf das Regelsystem zielt ein gewichtiger Reformvorschlag, der nun schon seit Jahrzehnten vorgetragen wird und dessen Umsetzung sich allmählich in zaghaften Ansätzen feststellen lässt: nämlich die Forderung nach stärkerer Flexibilisierung des festgezurrten dualen Ausbildungssystems durch Modularisierung (erstmals Kloas 1993). Durch eine zielgruppenorientierte Qualifizierung in Portionen könnte es insbesondere LehrabbrecherInnen sowie ungelernten älteren Jugendlichen ermöglicht werden, ihre Ausbildung z.B. nach einer Schwangerschaft oder einem biografischen Intermezzo (Gefängnis, Suchttherapie u.a.) wieder aufzunehmen oder über Nachqualifizierungskurse am Ende einen vollwertigen und anerkannten Abschluss zu erreichen.

Ein weiterer Punkt ist die Einführung von einfachen Berufsbildern, die insbesondere Menschen mit Beeinträchtigung erlaubt, zu einem Berufsabschluss zu gelangen. Es geht dabei nicht um die Frage, ob Henry auf das Gymnasium wechseln darf, sondern ob Menschen, die geistigen Einschränkungen unterliegen, im Gegenzug mit ihren vorhandenen praktischen Fähigkeiten so erfolgreich reüssieren können, dass sie eine Lehre durchstehen. Als Paradebeispiel gelten der Beruf Zweiradmechaniker/in oder auch Dienstleistungstätigkeiten im Hotel- und Gaststättenbereich. Viele Explorationen wurden im Kontext der Gemeinschaftsinitiative EQUAL vorangetrieben, eine gute Übersicht bietet etwa der Ergebnisbericht 2008 vom EQUAL-Büro Österreich zum Thema ‚Reintegration von Menschen mit Behinderung' und der Tagungsband *Mind Change* von Barbara Hardt-Stremayr und Thomas Stenitzer (2013). Nicht verschwiegen werden darf an diesem Punkt die Kritik der Gewerkschaften an den ‚Einfachberufen', die diese vor allem als Einfallstore eines ausufernden Lohndumpings sehen.

Eine ganz besondere Herausforderung stellt sich mit der Ankunft der Abertausenden von Flüchtlingen, die auf abenteuerlichen Wegen Bürgerkrieg, Tod und Verfolgung in ihren Heimatländern, der Ausbeutung und Erniedrigung auf den Fluchtwegen oder auch „nur" dem Hunger und Elend entkommen sind. Wir alle wissen, dass ein frühmögliches Erlernen der Sprache und Anstrengungen zur beruflichen Integration der Königsweg sind, um hier Fuß zu fassen. Praktiziert wird vielerorts das Gegenteilt: Die Flüchtlinge werden räumlich konzentriert und sind durch Verbot der Arbeitsaufnahme von der Arbeitswelt und oft auch von jeglicher sinnvoller Betätigung ausgeschlossen, eine Passivierung in Reinkultur, wo Ausbrüche, Ausflippen und auch Gewalt untereinander quasi vorprogrammiert ist. Vorprogrammiert sind damit ebenso das Unverständnis und Ängste von Nachbarn, die ansonsten gutmeinend sind, aber Einzelfälle in einem aufgeheizten Sozialklima als angstverstärkende Belege ihrer Sorgen wahrnehmen. Das ganze Szenario spricht nicht nur einen Hohn auf das an allen anderen Fronten hochgehaltene Prinzip des Fördern & Fordern des aktivierenden Sozialstaats, es verletzt auch die Menschenwürde durch Arrangements struktureller Gewalt[1].

Blicken wir nun vom Regelsystem auf die Übergangshilfen, so zeigen sich diese, wie bereits erwähnt, in einer oft verwirrenden Unübersichtlichkeit. Auch hier macht es Sinn, die Vielzahl der Programme und der mit ihnen korrespondierenden Maßnahmen nach dem Schwellenmodell zu sortieren und danach, auf welche Zielgruppen die Unterstützungskonzepte ausgerichtet sind. Für einen Durchgang der einzelnen Programme fehlt hier der Platz, dafür sollen einige übergreifende Aspekte angesprochen werden.

Eine zentrale Diskussion rankt sich um das Thema ‚lokale Bildungsverantwortung'. Da die Landschaft der Übergangshilfen offenkundig durch eine Vielzahl von Herangehensweisen, Maßnahmen und sich teilweise überlappender Programme geprägt ist, an denen ein Heer operativer und institutioneller Akteure beteiligt ist, bei denen jeder wohl zwar seinen spezifischen Auftrag selektiv wahrnimmt, es aber an einer Gesamtorchestrierung fehlt, wird seit vielen Jahren die Frage nach der Orchesterleitung aufgeworfen. So hat Frank Braun (1996) in seiner Politikfeldanalyse die zersplitterten Zuständigkeiten und die unterschiedlich gelagerten Interessen der beteiligten Akteure als systemische Achillesferse erkannt und eine Steuerungsverantwortung auf lokaler Ebene

---

1 An dieser Stelle erlaube ich mir eine persönliche, vielleicht unbotmäßige Anmerkung zum Hilfekonzept einiger, auch prominenter Flüchtlingsvereine und -initiativen: Es mag wohl so sein, dass Kriegsflüchtlinge traumatisiert sind so wie bei uns nach dem Krieg wohl auch Millionen mit schwerer Seele heimkehrten, aus den Luftschutzkellern krochen und in Flüchtlingstrecks sich eine neue Heimat suchen mussten. Dieser Vergleich soll nicht verharmlosen, sondern auf die Frage hinlenken: was tun? Ich plädiere weniger für einen Ausbau der psychotherapeutischen Behandlung, wie eben vielerorts gefordert, bei der dem Flüchtling die passive Rolle des Patienten zugewiesen ist, sondern für die Bündelung der Mittel und Kräfte in Richtung Aktivierung, etwa durch sinnvolle Beschäftigung und durch viele kleine Gelegenheiten, sich nützlich zu zeigen und ins Gemeinwesen einbringen zu können, vor allem durch eine rasche Schul- und solide Berufsbildung für die Jungen.

angemahnt. Dazu wurde seitens der deutschen Bundesregierung 2008 ein bis heute laufendes Förderprogramm unter dem Titel *regionales Übergangsmanagement* initiiert.

Besonders exponiert hat sich in dieser Frage die Weinheimer Initiative (2013), die als Zusammenschluss von etwa 20 Städten mittlerer Größe und gesponsert durch die Freudenberg-Stiftung aus Weinheim eine Art brain trust bildet und sich für eine lokale Bildungsverantwortung stark macht. Die Federführung für alle Initiativen zum Übergang von der Schule in die Arbeitswelt soll demnach vor Ort in kommunaler Verantwortung wahrgenommen werden – und in kühneren Entwürfen sogar unter Einschluss der Bildungslandschaft ab dem Kita-Bereich bis zur Erwachsenenbildung in den Volkshochschulen. Dies ist durchaus als konstruktive Alternative zu sehen zum allerorts beobachtbaren Spiel, den Schwarzen Peter den jeweils anderen zuzuschieben (siehe dazu Deinet in diesem Band).

Folgt man der Leitidee, passgenaue Hilfen anzusetzen, d. h. gleichsam möglichst für jeden Jugendlichen einen Maßanzug zu schneidern und diesen in einen individuellen Förderplan einzufassen – für beide Konzepte wurde die Berufshilfe im Übrigen bei den Erziehungshilfen fündig und hat von dort das Instrument des Hilfeplans auf ihr Handlungsfeld übertragen –, dann kommt es darauf an, durch ein praktikables Profiling zu klären, an welcher Stelle die einzelnen Jugendlichen stehen und welche Unterstützungsformen im Einzelfall bedarfsgerecht und ggf. auch zusätzlich erforderlich sind.

Aus der Praxisbegleitforschung wissen wir, dass diagnostische Verfahren dann besonders fruchten, wenn sie weniger als Tests angelegt und stattdessen niederschwellig in den Projektalltag eingebunden sind, wenn sie dort beobachtbare Konfliktsituationen aufnehmen, Stärken der Jugendlichen entdecken, aber auch deren ungünstige Bewältigungsstrategien markieren. Andreas Oehme (2008) beschreibt die Praxis eines so gelagerten diagnostischen Verfahrens am Beispiel eines Bootsbau-Arbeitsprojekts für junge Erwachsene mit erheblichen biografischen Scheiternserfahrungen. Einen instruktiven Überblick zu den Kompetenzfeststellungsverfahren, die im Feld der Berufshilfe gut anwendbar sind, haben Christian Bleck und Ruth Enggruber (2008) zusammengestellt; als jüngstes Produkt der Kompetenzbilanzierung gilt der NRW-Talent-Kompass.

Eine weitere Risikozone der Übergangshilfen sind jene rein schulischen Bildungsgänge ohne Anrechnung und allen voran das viel kritisierte Berufsvorbereitungsjahr (BVJ) in Deutschland, wo die Übriggebliebenen und ‚Berufsunreifen' aufgesammelt werden, damit sie ihre Schulpflicht ableisten. Hier wird manifest, dass solche Arrangements wirklich nur ‚Warteschleifen' sind und den bereits noch im Schulsystem angelegten Weg in berufliche Sackgassen weiterpflastern (Mack 2013). Solange diese Regelung strukturell-gesetzlich fortbesteht, wäre zumindest zu fragen, ob etwa durch interne Methodenvarianz und noch stärkere Praxisorientierung dem Absentismus und der Frustration gegengesteuert werden kann. In dieser Absicht wird in der Schul- und Berufsbildungsdebatte gefordert, dass man die besten Lehrer zum Unterrichten und vor allem auch zum Erziehen in diese schwierigen Klassen entsenden möge. Im Lehrerkollegium aber gilt es zumeist als Strafe, diese Klassen unterrichten zu müssen.

3. Herausforderungen für die Soziale Arbeit

Die arbeitsweltbezogenen Übergangshilfen treten in Gestalt der Jugendberufshilfe auf und sie bedürfen als Movens der Sozialen Arbeit: Es geht um das Auffangen, das Aufrichten und Mutmachen, um das Herstellen von Arrangements, die Selbstwirksamkeit ermöglichen. Inzwischen unterstreichen selbst hauseigene Expertisen der Ministerien und der Arbeitsverwaltung die Unverzichtbarkeit Sozialer Arbeit in den Maßnahmen für besondere Zielgruppen. Dass Personen mit mehrfachen Vermittlungshemmnissen im normalen Regelsetting der Jobcenter kaum mehr erreichbar sind, ist ein offenes Geheimnis.

In der Praxis gilt es, via Kompetenzansatz personale, soziale und berufsbezogene Aspekte miteinander zu verbinden. Es ist schon ein Evergreen, dass als bessere Hälfte der doppelgesichtigen Münze der Kompetenzansatz gepriesen und die Defizitorientierung ins Dunkel verbannt wird (Ketter 2001). Etwas übergreifender fordert Krafeld (2008), die ganze Blickrichtung zu ändern: vom Belastungsansatz zur Bewältigungsperspektive. Er kritisiert, dass im Feld der arbeitsweltbezogenen Integrationshilfen – aber nicht nur hier – immer noch Defizitorientierung und Belastungsdenken vorherrscht. Es sei Allgemeingut, die ökonomischen, psychischen, sozialen und gesundheitlichen Belastungen durch Arbeitslosigkeit herbeten zu können. Ganz wenig wisse man aber darüber, wie es Menschen gelingt, diese negativen Auswirkungen zu verringern oder ganz zu vermeiden. So kritisiert Krafeld auch an der Marienthal-Studie, dass den „Ungebrochenen“ als jenem Krisenbewältigungstyp, der mehr oder weniger unversehrt die Arbeitslosigkeit durchsteht, das geringste Untersuchungsinteresse eingeräumt wurde. Hier sind auch die Resilienz-Studien anschlussfähig.

Der Belastungsansatz sieht Arbeitslose als relativ ohnmächtig und einflusslos den gesellschaftlichen Verhältnissen ausgesetzt, die zwar dezidiert kritisch beleuchtet werden, denen die Betroffenen jedoch ohnmächtig gegenüber stehen; der Belastungsansatz verstärke somit die Resignation und die

Abhängigkeitsgefühle. Der Bewältigungsansatz hingegen sieht Arbeitslose als aktiv handelnde Subjekte und fragt nach deren Handlungsoptionen. Er setzt dabei auf Empowerment, denn jede Situation gilt prinzipiell als veränderbar. In der Sozialen Arbeit ist es inzwischen common sense, dass gerade jene Zielgruppen, die in schwieriger Lebenslage verbunden mit biografischen Brüchen und Versagensängsten entmutigt sind, zuallererst selbstwertstabilisierende Erfolgserfahrungen brauchen, damit sie – mit Lothar Böhnisch gesprochen – durch diese Erfahrungen der Selbstwirksamkeit aus ihrer Lethargie herausfinden und neues Zutrauen zu sich und zu der Welt fassen.

Das bedeutet, dass gerade für die schwierigeren Fälle mit angekratztem Selbstwert ein passenden und nutzbares Unterstützungs-Setting erforderlich ist, und dieses eher individuell zugeschnitten werden muss, dass das Setting aber auch herausfordernd sein muss, damit es gelingt, aus der Apathie der Is- ja-eh-wurscht-Versagensabwehr herauszufinden.

Ob dieser hehre Anspruch eingelöst wird, bleibt eine empirisch zu prüfende Aufgabe – auch durch Begleitforschung. Bei allen Schwierigkeiten der Erfolgsbewertung ist es aus meiner Sicht notwendig, ein verstärktes Augenmerk auf Ausschluss- und Abbruchgründe zu legen. In der Jugendberufshilfe sollte dieselbe Maxime gelten wie in der Heimerziehung: Abschiebepraxis wenn immer möglich vermeiden und keine Maßnahmenkarrieren produzieren. Denn die erniedrigenden Erfahrungen des ständigen Weitergeschoben-Werdens, weil man nicht ins Projekt passe, wirken sich verheerend auf den Selbstwert und die biografische Entwicklung Jugendlicher aus (Schmölzer/Watzenig 2014).

Junge Menschen brauchen Erwachsene, von denen sie etwas für ihr Leben mitnehmen können, Erwachsene, von denen sie ernst genommen werden, die für sie Zeit und Geduld haben. Aus Begleitstudien wissen wir von einigen Projekten, wo dieses – zugegeben anstrengende – Setting sehr gute Erfolge zeitigt und zu Recht das Prädikat good practice beanspruchen darf (die Praxisstudien in Arnold u. a. 2007; Arnold/Lempp 2008; Walbrö 2009; ein exzellentes Archiv bietet das Good Practice Center Benachteiligtenförderung des BIBB). Wegweisend sind auch die dichten Beschreibungen von Projektsettings für ganz unterschiedliche, meist als schwierig geltende Jugendliche, die Burkhard Müller und Mathias Schwabe (2009) zwar im Handlungsfeld der Erziehungshilfen aufzeigen, die sich aber mühelos auf arbeitsweltbezogene Integrationssettings übertragen lassen.

4. Gestaltungsmaximen

Im Wesentlichen kommt es darauf an, durch ein vernünftig angelegtes Profiling zu klären, an welcher Stelle die einzelnen Jugendlichen bzw. jungen

Erwachsenen stehen und darauf bezogen festzulegen, welche Unterstützung erforderlich und hilfreich ist (vgl. dazu auch den Beitrag von Andreas Jesse in diesem Band). Nicht zuletzt gilt es, einer frühzeitigen Ausmusterung der Schwachen beim Konkurrenzkampf um knappe Lehrstellen entgegen zu treten (Zirra 2010). Eine zentrale Kritik am konzeptionellen Mainstream der Übergangshilfen lautet nun, dass über ein rein kursförmiges Lernsetting gerade die schwierige Klientel – also die Bildungs- und Arbeitsmarktfernen! – kaum erreicht werden können. Denn erfahrungsgemäß finden gerade die schwierigeren Fälle mit angekratztem Selbstwert in bloßen Bildungskursen keine Bodenhaftung: Die schulischen Misserfolgserfahrungen werden so eher wiederholt und im Ergebnis bricht dann die Motivation vollends zusammen. Genau hier gilt es für die projektbegleitende Soziale Arbeit, ihre subjektorientierten Potentiale zu entfalten und auf die Anwendung folgender Leitmaximen guter Praxis zu insistieren:

- Den Werkstatt-Alltag soll ein guter Mix aus Lernen und Arbeiten kennzeichnen.
- Bildung und Lernen soll für die Lernschwachen möglichst nach der Projektmethode konfiguriert werden. Dies gilt ebenso für die Nachqualifizierung von mehrfach gescheiterten älteren Jugendlichen.
- Im Mittelpunkt steht der Kompetenzansatz, aber auch zutage tretende Defizite werden erkannt und aufgearbeitet.
- Es werden erreichbare Ziele vereinbart, um Selbstwirksamkeit durch Erfolgserlebnisse zu erfahren.
- „Keiner darf verloren gehen!“ Dies bedeutet konkret, keine Maßnahmenkarrieren zu produzieren und die vielfach beobachtbare Abschiebepraxis zu stoppen. Dazu ist erforderlich, das Setting an die Klientel anzupassen und nicht umgekehrt. Die Begründungen, durch die der Ausschluss von Schwierigen aus Maßnahmen legitimiert werden soll, sind mit aller Schärfe zu hinterfragen.
- Besonders erfolgversprechend zur Vermeidung von Output-Karrieren ist eine frühzeitige, kontinuierliche und vor allem individuelle Begleitung der Jugendlichen.

Die Soziale Arbeit kann hier mit ihren besonderen Zugängen zu Jugendlichen auftrumpfen. Sie – und oft nur noch sie – kann Jugendliche erreichen, die nach vielen Misserfolgen aufgegeben haben und auch auf der ‚Überholspur des Business‘ (Bude 2012) gescheitert sind. Soziale Arbeit kann im Handlungsfeld der Schulsozialarbeit frühzeitig Kontakte zu den richtigen Zielgruppen knüpfen und Vertrauensbeziehungen aufbauen, auf die man in Krisensituationen zugreifen kann, um Abbrüche in Schulkarrieren zu minimieren – oder zumindest ein „danach“ mitzugestalten.

Einen ganz besonderen Zugang bietet auch die offene Jugendarbeit. Beim Interesse für die Berufsorientierung macht oft das Setting den entscheidenden Unterschied aus, ob coole Jugendliche erreicht werden können: Im Komm-Setting besucht die Gruppe etwa als ganze Schulklasse das BIZ und einige beenden ihren BIZ-Besuch rauchend an der Türschwelle, bevor er überhaupt stattgefunden hat. Wie gerade solche lässig-coole und scheinbar desinteressierte Jugendliche erreichbar sind, kann man an vielen Beispiele aufzeigen (Stauber 2014). So kann die Berufsberatung ins Jugendzentrum als vertrauten Ort der Jugendlichen hinausgehen, die Sozialarbeiter/in im JuZe bereitet dies vor und stimmt ihre Schützlinge ein. In simpler Rollenteilung motiviert und moderiert die SozialarbeiterIn, während die Berufsberatung in der Expertenrolle Rede und Antwort steht. Oft sind Lösungen ganz einfach und ohne großen Aufwand machbar.

Literatur

Arbeitsgemeinschaft Weinheimer Initiative (Hrsg.) (2013): Lokale Bildungsverantwortung. Kommunale Koordinierung beim Übergang von der Schule in die Arbeitswelt. Stuttgart: Kohlhammer

Arnold, Helmut u.a. (2014): Integration arbeitsmarktferner Personen. Abschlussbericht zur Evaluierung des Kärntner Programms. Feldkirchen i. K.

Arnold, Helmut/Lempp, Theresa (Hrsg.) (2008): Regionale Gestaltung von Übergängen in Beschäftigung. Praxisansätze zur Kompetenzförderung junger Erwachsener und Perspektiven für die Regionalentwicklung. Weinheim und München: Juventa-Verlag

Arnold, Helmut u.a. (2007): Vielfalt entwickeln - Beschäftigung fördern. Berlin: Eigendruck-Broschüre der BAG Arbeit

Bleck, Christian; Enggruber, Ruth (2008): Modelle der Kompetenzfeststellung im beschäftigungs- und bildungstheoretischen Diskurs. In: Arnold/Lempp, 171-196

Böhnisch, Lothar/Schröer, Wolfgang (2012): Sozialpolitik und Soziale Arbeit – Eine Einführung. Weinheim und Basel: Beltz Juventa

Braun, Frank (1996): Lokale Politik gegen Jugendarbeitslosigkeit. Arbeitsweltbezogene Jugendsozialarbeit 1. Weinheim und München: Juventa-Verlag

Braun, Frank/Reißig, Birgit (2009): Ausbildungslosigkeit von bildungsbenachteiligten Jugendlichen. In: Sozial Extra, Heft 9-10 (2009), 41-44

Bude, Heinz (2014): Gesellschaft der Angst. Hamburg: Verlag des Hamburger Instituts für Sozialforschung

Bude, Heinz (2012): Bildungspanik - Was unsere Gesellschaft spaltet. Vortrag SWR-Tele-Akademie am 14. 10. 2012

Bundesministerium für Bildung und Forschung (Hrsg.) (2014): Berufsbildungsbericht 2014. Berlin

Clement, Ute (2012): Ehrbare Berufe für coole Jungs. Wie Ausbildung für schwache Jugendliche gelingen kann. Weinheim und Basel: Beltz Juventa

Elsen, Susanne (2011) (Hrsg.): Ökosoziale Transformation. Solidarische Ökonomie und die Gestaltung des Gemeinwesens. Perspektiven und Ansätze von unten. Neu-Ulm

Galuske, Michael (1993): Das Orientierungsdilemma. Jugendberufshilfe, sozialpädagogische Selbstvergewisserung und die modernisierte Arbeitsgesellschaft, Bielefeld

Good Practice Center - Benachteiligtenförderung. www.good-practice.bibb.de

Göckler, Rainer (2006): Beschäftigungsorientiertes Fallmanagement. Regensburg, Berlin: Walhalla

Hardt-Stremayr, Barbara/Stenitzer, Thomas (2013) (Hrsg.): Tagungsband der 1. Europäischen Mind Change Konferenz 2012. Feldkirchen i. K.

Ketter, Peter-M. (2001): Der Kompetenzansatz in der Benachteiligtenförderung. In: Fülbier, P./Münchmeier, R. (Hrsg.): Handbuch Jugendsozialarbeit. Band 2. Münster: Votum, 821-826

Kloas, Peter (1993): Modulare Weiterbildung - Zur Kombination von Beschäftigung und Qualifizierung mit dem Ziel anerkannter Berufsabschlüsse. In: BBJ consult info. Berlin, Heft 3

Krafeld, Franz Josef (2008): Leben mit ungewisser Berufsintegration – eine vernachlässigte Aufgabe gelingender Lebensbewältigung. In: Maier, Konrad (Hrsg.): Soziale Arbeit in der Krise der Arbeitsgesellschaft. FEL-Verlag Forschung-Entwicklung-Lehre, 79-90.

Mack, Wolfgang (2013): Riskante Übergangsprozesse. Bildungs- und bewältigungstheoretische Überlegungen. In: Maier/Vogel, Wiesbaden: Springer VS, 323-332

Maier, Maja S./Vogel, Thomas (Hrsg.) (2013): Übergänge in eine neue Arbeitswelt? Blinde Flecke der Debatte zum Übergangssystem Schule-Beruf. Wiesbaden: Springer VS

Müller, Burkhard/Schwabe, Mathias (2009): Pädagogik mit schwierigen Jugendlichen. Ethnografische Erkundungen zur Einführung in die Hilfen zur Erziehung. Weinheim und Basel: Beltz Juventa

Oehme, Andreas (2008): Verschränkung von Beschäftigungshilfen und Hilfen zur Erziehung. In: Arnold/Lempp, 197-214

Schmölzer, Wolfgang/Watzenig Silke: Jugendliche als „Wanderpokal" – Anforderungen und Grenzen einer niederschwelligen Sozialen Arbeit. Unveröfftl. Masterarbeit. Feldkirchen 2014

Stauber, Barbara (2014): Backspin, Freeze und Powermoves. Zur Gestaltung biografischer Übergänge im jugendkulturellen Bereich. Wiesbaden: Springer VS

Walbrö, Peter (2009): JobDance. In: Sozial Extra, Heft 9-10 (2009), 45-48

Zirra, Sascha (2010): Die Europäisierung nationaler Beschäftigungspolitik. Europäische Koordinierung und institutionelle Reformen. Wiesbaden: Springer VS

Jugendcoaching als Reformansatz am Übergang Schule – Beruf

Andreas Jesse

In den Jahren 2001 bis 2012 wurde österreichweit das Clearing[1] für Jugendliche mit Behinderung, sonderpädagogischem Förderbedarf, Lernschwierigkeiten oder sozialen und emotionalen Beeinträchtigungen durch das Sozialministeriumservice[2] angeboten und 2004 von der Europäischen Kommission als „Best Practice“ Maßnahme ausgewählt. In diesen mehr als 10 Jahren hat sich Clearing am Übergang Schule - Beruf als probates Mittel zur Bekämpfung der Jugendarbeitslosigkeit bewährt (Bundessozialamt Österreich 2011: 4) und kann als ausschlaggebender Vorläufer des Jugendcoachings, das systemübergreifend und als strukturelle Weiterentwicklung darauf aufbaut, genannt werden. Es wurde differenziert und optimiert (Bundesministerium für Unterricht, Kunst und Kultur; Bundesministerium für Arbeit, Soziales und Konsumentenschutz 2012: 2). Als Hintergrund dafür können unterschiedliche Faktoren, welche die Arbeitsmarktchancen von Jugendlichen bzw. jungen Erwachsenen zwischen 15 und 24 Jahren negativ beeinflussen genannt werden. Oberstes Ziel ist es, mit langfristig angelegten Strategien die Jugendarbeitslosigkeit in Österreich zu reduzieren und dem diesbezüglich prognostizierten Aufwärtstrend entgegenzuwirken. Dabei gibt es zwei wesentliche Punkte: Erstens die Verminderung

---

1 Clearing ist ein Beratungs- und Betreuungsangebot, das behinderten und benachteiligten Jugendlichen am Übergang Schule-Beruf Perspektiven für ein künftiges Berufsleben aufzeigen soll. Es soll Entscheidungsgrundlagen für ein realistisches weiteres Vorgehen in Richtung berufliche Integration bereitstellen und Möglichkeiten erarbeiten, wie die eingeschränkte Beschäftigungsfähigkeit durch Unterstützungspakete und Maßnahmen, wie beispielsweise ausbildungs- und arbeitsbegleitende Hilfen und Qualifizierungsmaßnahmen, verbessert werden kann (Bundesministerium für Arbeit, Soziales und Konsumentenschutz 2011: 3-6).

2 An die Stelle der Kurzbezeichnung "Bundessozialamt" für das "Bundesamt für Soziales und Behindertenwesen" trat ab 1. Juni 2014 der Name "Sozialministeriumservice".

bzw. Verhinderung von Schul- und Ausbildungsabbrüchen sowie zweitens die Sicherstellung eines Ausbildungsplatzes für alle Jugendlichen in Österreich[3].

1. Vier zentrale Faktoren als Ausgangsbasis

1.1. Jugendarbeitslosigkeit

Die Jugendarbeitslosigkeit hatte sich in 10 Jahren verdoppelt und machte in Österreich 2012, gemäß Statistischem Amt der Europäischen Union, im Jahresdurchschnitt 9,2% aus. Im Vergleich dazu lag der Schnitt der EU 28, bei jungen Menschen zwischen 15 und 24 Jahren, bei 23,4%. Damit hatte Österreich innerhalb der EU die zweitniedrigste Jugendarbeitslosenquote und nahm dadurch im internationalen Vergleich eine Spitzenposition ein. Infolge dieses Vergleichs, erscheint die Jugendarbeitslosigkeit auf dem ersten Blick nicht dramatisch. Betrachtet man die Situation jedoch in absoluten Zahlen, sind rund 50.000 junge Menschen, deren Situation, Lebensumstände und Zukunftsaussichten dadurch fundamental beeinflusst bzw. beeinträchtigt ist, davon betroffen.

1.2. Early School Leavers

Ursachen steigender Jugendarbeitslosigkeit sind vielfältig. Der Strukturwandel in der Wirtschaft, ein massiver Rückgang an Lehrstellen, demographische Entwicklungen, Defizite in der Integrationspolitik sowie steigende Anforderungen an Arbeitskräfte von morgen sind maßgebende Faktoren (Kerler 2014: 1). Verschärft wird die Situation durch zu frühen Bildungsabbruch. Frühe Bildungsabbrechende (Early School Leavers) sind nach EU-Definition Jugendliche zwischen 18 und 24 Jahren, die sich aktuell nicht mehr in Ausbildung befinden. In Österreich sind das jährlich ca. 10.000 (Bundesministerium für Unterricht, Kunst und Kultur; Bundesministerium für Arbeit, Soziales und Konsumentenschutz 2012: 3). Dazu zählen Jugendliche erst dann nicht mehr, wenn sie vor Beendigung ihrer Bildungskarriere zumindest einen Lehrabschluss

3 Jugendlichen, die auf keine betriebliche Lehrstelle vermittelt werden können, wird im Rahmen der österreichischen Ausbildungsgarantie ein Platz in einer überbetrieblichen Ausbildungseinrichtung garantiert, die eine gleichwertige Lehrausbildung bis zum Lehrabschluss bietet (Bundesministerium für Arbeit, Soziales und Konsumentenschutz 2013: 91).

oder den Abschluss einer mehrjährigen Fachschule erreichen konnten. So reichen Hauptschulabschlüsse, der Abschluss einer Polytechnischen Schule oder einer einjährigen berufsbildenden mittleren Schule nicht aus (Meschnig/Nairz-Wirth 2010: 1).

1.3. Out-of-Labour-Force Risiko

Zu frühe Bildungsabbrüche bewirken ein doppeltes Risiko für Arbeitslosigkeit[4] (Bundesministerium für Unterricht, Kunst und Kultur; Bundesministerium für Arbeit, Soziales und Konsumentenschutz 2012: 3) und folglich ist der Anteil von Early School Leavers an der Kategorie „arbeitslos" überdurchschnittlich (Steiner 2009: 19). Sie gehen häufig Hilfstätigkeiten nach, was meist prekäre und ungesicherte Arbeitsverhältnisse bedeutet, unterbrochen durch Phasen von Arbeitslosigkeit und eine Abhängigkeit von staatlichen Transferleistungen impliziert.

1.4. Europa 2020

„Europa 2020" ist die Wachstumsstrategie der EU, zur Schaffung von intelligentem, nachhaltigem und integrativem Wachstum in den Bereichen Beschäftigung, Innovation, Bildung, Armutsbekämpfung und Klima/Energie. Bis 2020 soll die Beschäftigungsquote der Menschen im erwerbstätigen Alter erhöht und die vorzeitigen Bildungsabbrüche auf unter 10% reduziert werden (Bundesministerium für Unterricht, Kunst und Kultur; Bundesministerium für Arbeit, Soziales und Konsumentenschutz 2012: 3). Weiteres wird eine Steigerung der Zahl der jungen Menschen in der höheren oder einer vergleichbaren beruflichen Bildung und eine Senkung der Zahl der von Armut und sozialer Ausgrenzung betroffenen oder bedrohten Menschen angestrebt (Amt für Veröffentlichungen der Europäischen Union 2013: 3).

2. Das Konzept „Jugendcoaching" als Reformansatz

Vor diesen Hintergründen entstand ein Weiterentwicklungsbedarf. Erstrangig wurde die Maßnahme Clearing, welche als Leistung für Jugendliche mit

4 Erhöhte Arbeitslosigkeitsrisiken sowie Risiken arbeitsmarktferner Positionen werden als Out-of-Labour-Force Risiko bezeichnet (Steiner 2011: 287)

Behinderung bzw. Benachteiligung sehr gut an den Schulen, Hand in Hand mit den weiteren NEBA-Leistungen „Arbeitsassistenz für Jugendliche", „Berufsausbildungsassistenz" und „Jobcoaching"[5], etabliert war, erweitert. Das Jugendcoaching sollte kein Ersatz für bereits bestehende Angebote werden, sondern auf diesen aufbauen und systemübergreifend eine strukturelle Unterstützung für alle an der beruflichen Erstintegration tätigen Stellen bieten. Eine planvolle Umgestaltung der aktuellen Systeme sollte die Ausbildungschancen ausgrenzungsgefährdeter Jugendlicher durch Beratung, Begleitung und Case Management erhöhen. Ihren Fähigkeiten entsprechende Perspektiven sollten aufgezeigt und durch individuelle Unterstützungspakete die Leistungsfähigkeit gefördert werden. Eine anschließende Ausbildungsaufnahme in einer Schule, am allgemeinen Arbeitsmarkt oder in einer passenden arbeitsmarktpolitischen Maßnahme sollte vorbereitet werden. Ferner wurde die Zielgruppe auf ausgrenzungsgefährdete Jugendliche erweitert, Betreuungszeiträume verlängert und mehrmalige Inanspruchnahmen ermöglicht. So wurde weiter ausgestaltet und strukturiert um frühzeitige Schul- und (Aus)Bildungsabbrüche und damit Niedrigqualifikationen zu verhindern, Jugendliche möglichst bis zu ihrem 19. Lebensjahr im (Aus)Bildungsbereich zu halten und um allenfalls Jugendliche außerhalb des Schulsystems zu reintegrieren bzw. mit ihnen geeignete Perspektiven zu erarbeiten (Bundesministerium für Unterricht, Kunst und Kultur; Bundesministerium für Arbeit, Soziales und Konsumentenschutz 2012: 5).

3. Zielgruppen

Zielgruppen sind alle Jugendlichen mit Behinderung bzw. sonderpädagogischem Förderbedarf sowie jene mit Lernbehinderung oder sozialen und emotionalen Beeinträchtigungen, die diese Leistung benötigen, speziell, wenn sie sich an der Schnittstelle Schule - Beruf befinden. Das Angebot richtet sich auch an Jugendliche des 9. Schulbesuchsjahres sowie an jene unter 19 Jahre nach einem frühzeitigen Bildungsabbruch. Es werden diejenigen identifiziert und unterstützt, die durch individuelle Beeinträchtigungen sowie soziale Benachteiligungen gefährdet sind, die Schule frühzeitig abzubrechen und keinen Abschluss auf der Sekundarstufe I und/oder II erlangen können und/oder Unterstützung bei der Lehrstellensuche bzw. beim direkten Berufseintritt durch Übergabe bzw.

5 Österreich verfügt mit dem Netzwerk Berufliche Assistenz (NEBA) über ein sehr ausdifferenziertes und bedarfsgerechtes System zur Unterstützung von Menschen mit Behinderung und ausgrenzungsgefährdeten Jugendlichen (vgl. http://www.neba.at/)

Vernetzung an zuständige Stellen (z.B. AMS, Jugendarbeitsassistenz) benötigen (Bundesministerium für Arbeit, Soziales und Konsumentenschutz 2012: 4).

4. Methodische Konzeption

Jugendcoaching ist ein dreistufiges Modell der Einzelfallhilfe (Kerler 2014: 3). Damit wird eine Strategie forciert, die Jugendliche aus der Zielgruppe so lange wie möglich im Bildungs- bzw. Ausbildungssystem halten soll. Bei „out-of-school-Jugendlichen" bzw. „NEETs"[6] soll eine Reintegration in diese Systeme erreicht werden. Wenn aufgrund komplexer Problem- und Ausgangssituationen eine (Wieder-)Aufnahme in weiterführende Systeme (noch) nicht möglich ist, wird die Erreichung alternativer Ziele angestrebt. Beispiele dafür sind persönliche Stabilisierung, die Klärung familiärer Problemlagen oder die Aufnahme einer angelernten Hilfstätigkeit. Die Zielsetzung dahinter lautet, durch Beratung, Begleitung und diagnostische Tätigkeiten die Arbeitsmarktchancen dieser Gruppe zu verbessern. Zentrale Elemente dabei sind, dass jede bzw. jeder Jugendliche eine primäre Ansprechperson hat die bis zum Abschluss der Maßnahme der hauptverantwortliche Jugendcoach bleibt (Karaszek et. al. 2013: 8) und, dass das Angebot grundsätzlich auf dem Prinzip der Freiwilligkeit basiert.

4.1. Vernetzung und Kooperationen

Jugendcoaching bewegt sich an vielen kritischen Schnittstellen zwischen Schule und Berufsleben. Die Herausforderungen sind multipel und komplex. Um optimale Ergebnisse zu erreichen, bedarf es einer Zusammenarbeit mit allen Stakeholdern. Vernetzung und Kooperation sind somit von essentieller Bedeutung. Es geht um die Optimierung der „Transparenz" aller Maßnahmen des Jugendcoachings, der Rollen und Verantwortlichkeiten der einzelnen Stellen und Agierenden im Netzwerksystem und um deren Abstimmungs- und Koordinationsprozesse (Karaszek/Pessl/Steiner/Wagner 2013: 144-145). Als wesentliche Stellen sowie Agierende können die Bereiche Arbeitsmarktpolitik (z.B. BerufsInfoZentren, Arbeitstrainings; Berufsausbusbildungsassistenz), soziales System (z.B. Bezirkshauptmannschaften, Jugendwohlfahrt), Gesundheit

6 Zu dieser Gruppe zählen insbesondere systemferne Jugendliche, so genannte „out-of-school-Jugendliche" bzw. „NEET-Jugendliche" (Not in Education, Employment or Training)

(z.B. psychische Beeinträchtigungen), Einrichtungen der offenen Jugendarbeit und Jugendzentren, sowie Vorgängerprojekte genannt werden. Netzwerkarbeit in dieser Form ist zentral für ein effektives Unterstützungssystem.

4.1.1. Schulen

Prinzipiell beginnt Jugendcoaching in Kooperation mit den Schulen im 9. Schuljahr. Ziel ist die Identifizierung ausgrenzungsgefährdeter Jugendlicher über ein Frühmeldesystem. Lehrende haben einen direkten und engen Kontakt zu den Jugendlichen und sind in der Lage, anhand eindeutiger Indikatoren wie etwa schwache Lernleistungen oder vermehrtes Fernbleiben vom Unterricht, Ausgrenzungsgefährdung zu identifizieren. Ermittelt wird, ob das jeweilige Schuljahr positiv abgeschlossen werden kann und/oder es bereits eine konkrete Anschlussperspektive gibt, woraus sich ein eventueller Beratungs- bzw. Betreuungsbedarf ableiten lässt. Für eine gelingende Kommunikation zwischen Schule und Jugendcoaching ist die Schulleitung verantwortlich (Kerler 2014: 3). Die Zuweisung erfolgt dann durch die Lehrenden, die folgend laufend Kontakt mit den Jugendcoaches haben. Damit soll gesichert sein, dass sich Jugendliche bedarfsorientiert in kontinuierlicher Begleitung befinden und innerhalb des Systems die für sie individuell nötige Unterstützung erhalten bleibt (Bundesministerium für Arbeit, Soziales und Konsumentenschutz 2012: 5).

4.1.2. Offene Jugendarbeit, Jugendzentren und Jugendämter

Systemferne Jugendliche, also jene die nicht mehr in der Schule angetroffen werden, sollen durch eine enge Zusammenarbeit mit außerschulischen niederschwelligen Einrichtungen der offenen Jugendarbeit, Jugendzentren und Jugendämter identifiziert und erreicht werden.

4.1.3. Erziehungsberechtigte

Eltern bzw. Erziehungsberechtigte haben eine wesentliche Rolle im Jugendcoaching und sollen aktiv in Prozesse involviert werden. Begleitende Elternarbeit ist im Konzept in allen Phasen als Ziel definiert. Eltern bzw. Erziehungsberechtigte werden in Erstgespräche einbezogen, erhalten Basisinformationen und es werden mögliche Optionen besprochen, die Art und Weise der Zusammenarbeit geklärt sowie alle für die Anamnese und das Dokumentationssystem notwendige Daten und Informationen über die Jugendlichen eingeholt. Von allen Beteiligten wird dazu eine Zielvereinbarung und Zustimmungserklärung zur Teilnahme am Jugendcoaching unterschrieben. Eltern bzw. Erziehungsberechtigte sind auch Adressatinnen der Abschlussberichte (Karaszek/Pessl/Steiner/Wagner 2013: 16-17).

4.1.4. Wirtschaft

Unternehmen am allgemeinen Arbeitsmarkt gelten von Beginn an als potenzielle Arbeitgeberinnen und Arbeitgeber bzw. Ausbildungsträger. Jugendliche haben in den Jahren ihres Schulbesuchs die Spielregeln des Systems Schule mehr oder weniger gut gelernt Es fällt ihnen daher meist schwer sich auf das neue, genauso komplexe System der Arbeitswelt, einzustellen. Aus diesem Grund hat im Jugendcoaching die Kooperation mit der Wirtschaft einen bedeutenden Stellenwert. Berufsorientierende Maßnahmen sind in direkter Zusammenarbeit mit Unternehmen am förderlichsten. Sie unterstützen die Jugendlichen bei der Orientierung und helfen beim Matching von Fähigkeiten und beruflichen Anforderungen via Praktika bzw. Arbeitsversuchen (Bundesministerium für Unterricht, Kunst und Kultur; Bundesministerium für Arbeit, Soziales und Konsumentenschutz 2012: 4).

4.2. Drei-Stufen-Modell

Das Jugendcoaching basiert auf einem modularen 3-Stufen-Modell, unterteilt in die Bereiche Erstgespräch, Beratung mit Case Management Ansatz und Begleitung im Sinne eines Case Management. Die Stufe 1 durchlaufen alle Jugendlichen. Dabei bekommen die Jugendcoaches ein allgemeines Bild über Jugendliche und diese wiederum Informationen zum Angebot und ihre Möglichkeiten. Für viele Jugendliche reicht das aus, und sie können eigenständig die nächsten Schritte gehen. Andere, die mehr Unterstützung brauchen, gehen in die Stufe 2 oder 3 über. In der Stufe 2 erfolgt eine detailliertere Beratung und es gibt mehr Zeit für individuelle Berufsorientierung sowie eine Begleitung zu konkreten Ausbildungen. In der Stufe 3 sind dann Jugendliche, die besonderen Unterstützungsbedarf benötigen. Es wird eine Stärken- und Schwächenanalyse sowie ein Neigungs- und Fähigkeitsprofil erstellt. Die Begleitung der Jugendlichen bei Praktika hat in dieser Phase hohe Relevanz (Fliegenschnee 2013: 3-4).

4.2.1. Stufe 1

Alle identifizierten Jugendlichen und ihren Erziehungsberechtigten bekommen Basisinformationen bei Erstgesprächen, die auch als mobile Beratung angeboten werden. Maximal drei Stunden sind dafür vorgesehen. Ziel sind die Weitergabe von Informationen zum Jugendcoaching, der Aufbau eines Vertrauensverhältnisses, eine Abklärung der aktuellen Situation bzw. des ersten Eindrucks von der Problematik und den Ressourcen der Jugendlichen im Sinne einer Anamnese, das Feststellen von möglichen Erwartungshaltungen und Vorstellungen, sowie die Erarbeitung einer Zielvereinbarung. Auf dieser Basis wird dann, unter Einbeziehung aller Beteiligten, ein verbindliches Unterstützungsangebot entwickelt und schriftlich fixiert. Es ist genau festgehalten, wer welche Leistung zu welchen Bedingungen und in welchem Zeitrahmen erbringt. Je nach Individuallage der Jugendlichen und Ergebnisse der Gespräche kann nun ein Übertritt in die Stufen 2 oder3, den (Aus-)Bildungssektor, den Arbeitsmarkt oder in andere unterstützende Angebote erfolgen (Bundesministerium für Arbeit, Soziales und Konsumentenschutz 2012: 5-6).

4.2.2. Stufe 2

Die Stufe 2 dient der Beratung jener Jugendlichen, die mehr als Erstgespräche benötigen, aber keine verfestigten mehrdimensionalen Problemlagen haben. Der Fokus liegt, aufbauend auf die Analyse der Stufe 1, auf einer detaillierten Abklärung der Ist-Situation mit ihren Problemlagen, sowie der Feststellung individueller und familiärer Ressourcen. Ebenso werden in aktiver Zusammenarbeit die Wünsche und Bedürfnisse der Jugendlichen erarbeitet. Darüber hinaus wird allen Beteiligten allgemeine Beratung sowie Entscheidungs- und Orientierungsunterstützung, Berufsorientierung und Organisation von Praktika bzw. Schnuppertagen, zielgerichtete Vermittlung an begleitende Unterstützungs- und Betreuungsangebote sowie eine abgestimmte und koordinierte Übergabe an bzw. gegebenenfalls auch Begleitung in weiterführende Betreuungs- und/oder (Aus)Bildungssysteme (z.B. überbetriebliche oder betriebliche Lehrausbildung) geboten. Beendet wird die Stufe 2 mit einem Abschlussgespräch und der Übergabe einer Empfehlung in Form einer fachlichen Stellungnahme. Dieser ist ein standardisierter Kurz- bzw. Abschlussbericht, indem das Ergebnis inklusive Begründung festgehalten wird. Für Abklärung und fachliche Stellungnahme sind acht Stunden über einen Zeitraum von maximal drei Monaten veranschlagt. Das Konzept sieht weiteres vor, dass die Umsetzung der Empfehlung von Seiten der Jugendcoaches überprüft wird. Es muss gewährleistet sein, dass es zu einer qualifizierten Weiterverweisung der Jugendlichen an die geplante Folgemaßnahme und zu einer möglichst nahtlosen Weiterbegleitung kommt (Bundesministerium für Arbeit, Soziales und Konsumentenschutz 2012: 6-7).

4.2.3. Stufe 3

Jugendliche mit verfestigter, mehrdimensionaler Problematik sind laut Konzept solche mit besonderem Unterstützungsbedarf, welcher über die Beseitigung schulischer Defizite und Orientierungslosigkeit hinausgeht. Diese werden nach Erkennen der Problemlage im Rahmen der Stufe 1 direkt an die Stufe 3 weitergeleitet. Stützend auf Anamnese, Datenerhebung und Zielvereinbarung ermöglicht die Stufe 3 eine prozesshafte Abklärung. Ein Ausmaß von durchschnittlich 30 Stunden in einem Zeitrahmen von maximal einem Jahr ist möglich. Leistungen dieser Stufe sind Berufsorientierungsmaßnahmen und Organisation von Praktika, Kontakte zu Betrieben und potenziellen Arbeitgebenden bzw. Ausbildungsträgern, Erarbeitung von Stärken-/Schwächenanalysen sowie Neigungs- und Fähigkeitsprofile unter Einbeziehung des relevanten Umfelds, Koordination und Inanspruchnahme von externen Beratungs- und Betreuungseinrichtungen bzw. -leistungen sowie Einbeziehung des bzw. Zusammenarbeit mit dem familiären und sozialen Umfeld der Jugendlichen. Die Stufe 3 sieht im Konzept vor, dass mit größtmöglicher Methodenvielfalt und entsprechend erarbeiteten Qualitätskriterien auf die individuellen Bedürfnisse der Jugendlichen eingegangen wird. So soll die Selbstbestimmung der Jugendlichen im Sinne des Empowermentkonzepts gestärkt werden. Als weiteres Kriterium soll mittels praktischer Erfahrungen auf dem Arbeitsmarkt, ein Matching mit Anforderungen der Berufswelt zur Durchführung kommen. So können Probleme, die eine Integration in ein weiterführendes (Aus-)Bildungssystem verhindern, identifiziert werden, um dann gemeinsam mit den Jugendlichen und deren Umfeld aktiv an einer Problemlösung zu arbeiten. In einem standardisierten Abschlussbericht werden dann für alle Beteiligten die relevanten Daten aus dem Gesamtprozess zusammengefasst. Unter Bezugnahme auf die durchgeführten Methoden und die kooperierenden Stellen werden außerdem eine individuelle Empfehlung für die weitere Zukunftsplanung festgehalten und sowohl kurz- als auch mittel- und langfristige Ziele inklusive eines Zeitplans definiert. Die Übergabe des Berichts erfolgt bei einem Abschlussgespräch. Danach ist es eine weitere Aufgabe der Jugendcoaches, über alle Abläufe die Übersicht zu bewahren, um eine optimale Ressourcennutzung zu gewährleisten sowie für die Vernetzung aller beteiligten

Personen und Institutionen zu sorgen. Funktionierende Zusammenarbeit, wird als entscheidender Erfolgsfaktor gewertet (Bundesministerium für Arbeit, Soziales und Konsumentenschutz 2012: 7-8).

5. Wirkungsorientierung

Jugendcoaching wird im Sinne einer zielgerichteten Steuerung, der Qualitätssicherung sowie einer anforderungsgerechten Weiterentwicklung durch ein EDV-Unterstützungssystem, dem sogenannten „Monitoring Berufliche Integration (MBI)“ begleitet. Das MBI ist ein komplexes Modell einer standardisierten Dokumentation hinsichtlich Personendaten und des Beratungs- und Begleitungsverlaufs. Es werden Ausgangssituationen und Maßnahmenergebnisse erfasst. Eine Darstellung von Nachkarrieren ist ebenfalls möglich. So stehen aktuelle Daten über die Anzahl und die Verbleibdauer der Teilnehmenden zur Verfügung wodurch Aussagen über die Wirkungen der Maßnahme getroffen werden können. Die Daten werden regional und national ausgewertet, analysiert und professionell interpretiert. Eine wissenschaftliche Begleitforschung ist Teil des Konzepts. Ziel ist die Abstimmung und verbesserte Zusammenarbeit aller Akteurinnen und Akteure am Übergang Schule – Beruf in Österreich. Der Datenschutz aller bleibt dabei gewahrt (Bundessozialamt 2012: 3-4).

6. Erfahrungen und Ergebnisse

Nach einer Pilotierung in 3 Bundesländern wird das Konzept seit 2013 bundesweit umgesetzt. In Österreich arbeiten indessen 432 Personen in gesamt 45 Jugendcoaching Projekten aufgeteilt auf 36 Trägerorganisationen. 2013 sind österreichweit 27.546 Jugendliche ins Jugendcoaching eingetreten. Davon waren 45% weiblich. 57% absolvierten die Stufe 1, 25% Stufe 2 und 18% Stufe 3. 16% der Jugendlichen sind außerschulisch und 84% sind während eines Schulbesuchs eingetreten. Rund 23% weisen einen Sonderpädagogischen Förderbedarf auf (Bundesweite Koordinationsstelle Übergang Schule - Beruf 2014: 3). 2012 lag die Erfolgsquote bei 85 % was bedeutet, dass 15% der teilnehmenden Jugendlichen das Angebot vorzeitig oder ohne konkrete Zielorientierung verließen. 2013 lag die Erfolgsquote bei 91% was einer Reduzierung der Dropoutrate auf 9% entspricht. Das Programm wird gut angenommen und verbessert den Übergang Schule-Beruf. Es reduziert im 9. Schulbesuchsjahr die Zahl jener, die keine weiterführende Ausbildung beginnen. Ferner gibt es bei über zwei Drittel der Teilnehmenden signifikante Verbesserungen in Bereichen wie z.B. einem besseren Selbstbild oder der Konkretisierung von Berufsvorstellungen. Jugendliche mit Migrationshintergrund profitierten überdurchschnittlich (Bundesministerium für Arbeit, Soziales und Konsumentenschutz 2013: 81).

7. Ausblick

Mit dem Jugendcoaching ist es in Zeiten arbeitsmarktpolitischer Krisen gelungen, Jugendlichen bzw. jungen Erwachsenen aus der Zielgruppe, Perspektiven und Chancen auf Entwicklungsmöglichkeiten sowie eine Ausbildung zu geben. In diesem Kontext wurden in den letzten Jahren am Übergang Schule – Beruf zahlreiche Angebote entwickelt und weiter ausgebaut. Das Jugendcoaching zählt dabei zu einem Kernprojekt der österreichischen Arbeitsmarktpolitik für Jugendliche. Dieser Erfolg spiegelt sich darin, dass Österreich konstant zu den Ländern mit der niedrigsten Jugendarbeitslosigkeit in der EU zählt und damit als europaweites Vorbild gilt (Bundesministerium für Arbeit, Soziales und Konsumentenschutz 2013: 1). An einer sinnvollen Erweiterung der Zielgruppe, einer laufenden Qualitätssteigerung sowie einer anforderungsgerechten Weiterentwicklung wird mittels MBI gearbeitet, womit den arbeitsmarktpolitischen Umbrüchen adäquat begegnet wird.

Literatur

Bundesministerium für Arbeit, Soziales und Konsumentenschutz: Jugend und Arbeit in Österreich, Berichtsjahr 2012/2013. August 2013, BMASK, Wien

Bundesministerium für Arbeit, Soziales und Konsumentenschutz, Sektion IV, Gruppe A, Abteilung 6: Richtlinie Jugendcoaching des Bundesministers für Arbeit, Soziales und Konsumentenschutz zur Durchführung der Maßnahmen Jugendcoaching. 01.01.2012, BMASK, Wien

Bundesministerium für Arbeit, Soziales und Konsumentenschutz, Sektion IV, Abteilung 6: Richtlinie Begleitende Hilfen des Bundesministers für Arbeit, Soziales und Konsumentenschutz zur Durchführung der Maßnahmen Clearing, Berufsausbildungsassistenz, Arbeitsassistenz und Job Coaching. 01.01.2011; BMASK, Wien

Bundesministerium für Unterricht, Kunst und Kultur; Bundesministerium für Arbeit, Soziales und Konsumentenschutz: Pressemappe Jugendcoaching. 25.12.2012; BMUKK und BMASK, Wien

Bundessozialamt Österreich: 10 Jahre Clearing 2001-2011. 2011, Niederösterreichisches Pressehaus, St. Pölten

Bundessozialamt Österreich: Jugendcoaching - Benützungsleitfaden EDV Dokumentation Portal Austria. Version 2012, Bundessozialamt Österreich, Wien

Bundesweite Koordinationsstelle Übergang Schule - Beruf: Jahresbericht Jugendcoaching 2013. 11.07.2014, Bundes KOST, Wien

Europäische Kommission, Generaldirektion Kommunikation, Veröffentlichungen: Europa 2020: Europas Wachstumsstrategie. In: Die Europäische Union erklärt. 2013, Amt für Veröffentlichungen der Europäischen Union, Luxemburg

Fliegenschnee, Katrin: Bundes KOST Bundesweite Koordinationsstelle Übergang Schule - Beruf, 2013, Bundes KOST, Wien

Karaszek, Johannes/Pessl, Gabriele/Steiner, Mario/Wagner, Elfriede: Evaluierung „Jugendcoaching"-Endbericht. Studie im Auftrag des BMASK. Februar 2013, Institut für Höhere Studien, Wien

Kerler, Monira: Jugendliche und junge Erwachsene im Übergang von der Ausbildung zum Beruf - Ausgangslage und Rahmenbedingungen in Österreich. In: AMS info 274. 13.06.2014, Communicatio-Kommunikations- und PublikationsgmbH, Wien

Meschnig, Alexander/ Nairz-Wirth, Erna: Early School Leavers im österreichischen Bildungssystem. In: Wissenschafftplus. 03-09/2010, Werder, LK-Verlag UG

Steiner, Mario: Early School Leaving in Österreich 2008: Ausmaß, Unterschiede, Beschäftigungswirkung. In: Projektbericht/Research Report. 2009, Institut für Höhere Studien, Wien

Steiner, Mario (2011): Empirische Analyse der Beteiligung und Exklusion von MigrantInnen im österreichischen Schulsystem. In: Biffl, Gudrun & Dimmel, Nikolaus (Hrsg.): Migrationsmanagement. Grundzüge des Managements von Migration und Integration. Leobersdorf: Omnium, 275-290

Autorinnen und Autoren

Arnold, Helmut, Dr. phil., Dipl.-Päd., FH-Prof. für Soziale Arbeit, Studiengang Soziale Arbeit an der Fachhochschule Kärnten. Gründungvorstand IRIS e.V. Dresden. Arbeitsschwerpunkte: Handlungsfelder Sozialer Arbeit im Erwachsenenalter, europäische Sozialstaatsentwicklung und Arbeitsmarktpolitik.
E-Mail: h.arnold@fh-kaernten.at

Deinet, Ulrich, Dr. rer. soc., Professur für Didaktik/Methodik der Sozialpädagogik an der FH Düsseldorf, Leiter der Forschungsstelle für sozialraumorientierte Praxisforschung und -entwicklung; Mitherausgeber des Online-Journals „Sozialraum.de". Arbeitsschwerpunkte: Kooperation von Jugendhilfe und Schule, Sozialräumliche Jugendarbeit, Sozialraumorientierung, Konzept- und Qualitätsentwicklung.
E-Mail: Ulrich.Deinet@fh-duesseldorf.de

Eder, Ferdinand, Dr., Univ.-Prof. (i.R.) Fachbereich Erziehungswissenschaft an der Universität Salzburg. Arbeitsschwerpunkte: Schul- und Unterrichtsforschung, Qualitätsentwicklung im Schulbereich, Interessenforschung, Berufspsychologie.
E-Mail: Ferdinand.Eder@sbg.ac.at

Fraundorfer, Andrea, Dr.in phil., Mitarbeiterin im Bundesministerium für Bildung und Frauen mit den Schwerpunkten Schulabbruch, Bildungsbenachteiligung und Begabungsförderung. Publikationen u. a. im Bereich Innovation in Schulen, Migration und Begabung.
E-Mail: andrea.fraundorfer@bmbf.gv.at

Großegger, Beate, Mag.a Dr.in, stv. Vorsitzende und wissenschaftliche Leiterin des Instituts für Jugendkulturforschung in Wien sowie Lektorin an der Universität Wien und der Universität Innsbruck. Arbeitsschwerpunkte: Jugend und soziale Exklusion, Jugend und Arbeitswelt, Jugend und Politik, Medien und Zielgruppenkommunikation, Jugendkulturen und Lifestyles sowie Jugend aus Sicht der Generationenforschung.
E-Mail: bgrossegger@jugendkultur.at

Härtel, Peter, Dr., Studium der Volkswirtschaft, Promotion mit wirtschaftspädagogischem Schwerpunkt, Geschäftsführung der Steirischen und Österreichischen Volkswirtschaftlichen Gesellschaft, Vorsitzender Bildungsnetzwerk Steiermark, Österreichischer Delegierter im European Lifelong Guidance Policy Network.
E-Mail: ph@stvg.com

Jesse, Andreas, Abschluss Studium: MBA, Social Management an der Wirtschaftsuniversität Wien; Gründungsmitglied und Geschäftsführer der „autArK Soziale Dienstleistungs-GmbH". Arbeitsschwerpunkte: Berufliche Inklusion und Teilhabe von Menschen mit Benachteiligungen und Behinderungen; Sozialmanagement.
E-Mail: a.jesse@autark.co.at

Marterer, Michaela, Dr.[in], Geschäftsführung Steirische Volkswirtschaftliche Gesellschaft. Arbeitsschwerpunkte: Entwicklung und Durchführung von Projekten und Netzwerken an den Schnittstellen und Übergängen zu den Themen Bildung und Wirtschaft auf regionaler, nationaler und europäischer Ebene, Vernetzungsprojekt "Schulsozialarbeit in Österreich".
E-Mail: mm@stvg.com

Spies, Anke, Dr.[in], Professur für Erziehungswissenschaft an der Carl-von-Ossietzky Universität Oldenburg, Institut für Pädagogik. Arbeitsschwerpunkte: Bildungsformatfragen (Ganztagssettings) im Elementar- und Primarbereich; Neue Medien in der Grundschule; Kooperation Schule-Jugendhilfe/Schulsozialarbeit; Prozesse und Strukturen von Inklusion und Exklusion; Bildungsbiografien; Eltern als Kooperationspartner von Institutionen.
E-Mail : anke.spies@uni-oldenburg.de

Sting, Stephan, Prof. Dr., Professur für Sozial- und Integrationspädagogik an der Alpen-Adria-Universität Klagenfurt. Studium der Erziehungswissenschaft, Psychologie und Soziologie an der Freien Universität Berlin. Arbeitsschwerpunkte: Sozialpädagogik im Kindes- und Jugendalter, Sozialpädagogische Bildungsforschung, Soziale Arbeit und Gesundheit, Suchtprävention.
E-Mail: Stephan.Sting@uni-klu.ac.at

Trunk, Melitta, Mag.[a], Direktorin der Wirtschaftsakademie (vorm. Handelsakademie & Handelsschule) Villach. Arbeitsschwerpunkte: Soziologie der Arbeitsbeziehungen und der Systeme der Berufsbildung im Vergleich USA - Österreich, Sprache und Gesellschaft, Gewaltprävention, Qualitätsmanagement

in der Bildung, Wirtschaft & Kunst , Politische Bildung, Erziehung und Gesellschaft, Schule und Arbeitswelt, Entwicklung & Implementierung innovativer Schulformen.
E-Mail: melitta.trunk@lsr-ktn.gv.at

Wetzel, Konstanze, Dr.[in], FH - Professur für Soziale Arbeit/Schwerpunkt Bildung und Jugend, Studiengang Soziale Arbeit an der FH Kärnten. Arbeitsschwerpunkte: Pädagogische Handlungstheorie, Kinder- und Jugendarbeit, Kooperation zwischen Schule und Sozialer Arbeit, Visuelle Soziale Arbeit/ Sozialreportage.
E-Mailt: k.wetzel@fh-kaernten.at

Zimmerberger, Katharina, MMag.a, Koordinatorin bei den Kärntner Volkshochschulen für das Projekt „Pflichtschulabschluss nachholen". Arbeitsschwerpunkte: Berufs- und Erwachsenenbildung, Sozial- und Integrationspädagogik.
E-Mail: k.zimmerberger@vhsktn.at

Made in the USA
Las Vegas, NV
11 November 2024

11554461R00144